LE DROIT ET LES SENTIMENTS

Droit privé et sciences criminelles

Collection dirigée par Yves Strickler

Créée fin 2011 par Yves Strickler et le Centre d'études et de recherches en droit privé (devenu le Centre d'études et de recherches en droit des procédures en 2013) de la Faculté de droit et science politique de Nice, la présente collection a pour vocation principale de publier des ouvrages en liaison avec le thème retenu pour dénomination de la collection. Cette dernière rassemble des recherches originales, tirées notamment de travaux de recherche, de manifestations scientifiques ainsi que d'ouvrages collectifs sur les interrogations actuelles que rencontre la science juridique, spécialement dans le domaine du droit privé et des sciences criminelles.

Dernières parutions

Fonctionnaires et droit pénal, dir. Marc Dalloz et Christine Courtin, 2015.

L'expertise non judiciaire à l'aune des droits fondamentaux, par Thibault Goujon-Bethan, 2014.

Un art, un droit, une question, Triptyque juridico-artistique, dir. Diane Boustani, Dalida Chabri, Marion Combe, Sarah Farhi, Marie-Cécile Lasserre, 2014.

Le paiement, dir. M. Mignot et J. Lasserre Capdeville, 2014.

Le droit de l'exécution des peines : espoirs ou désillusions ?, dir. Fabienne Ghelfi, 2014.

Le vice de procédure. Réflexions désordonnées d'un artisan du droit sur l'article 2241, alinéa 2 du Code civil, par Denys Mas, 2014.

Variations juridiques et politiques. Clés pour la compréhension du monde contemporain, dir. Yves Strickler, 2013.

Les infractions de harcèlement, par Sylvana Paradiso, 2013.

Volonté et biens. Regards croisés, dir. Yves Strickler et Fabrice Siiriainen, 2013.

La réforme de la garde à vue, dir. Christine Courtin, 2013.

L'arbitrage. Questions contemporaines, dir. Yves Strickler et Jean-Baptiste Racine, 2012.

Le prix de la rupture. Au coeur des contentieux familiaux, dir. Laetitia Antonini-Cochin et Christine Courtin, 2012.

Responsables scientifiques :
Laurie BOLLERI-SCHENIQUE et Delphine LANZARA

Textes réunis par Fabienne GHELFI

LE DROIT ET LES SENTIMENTS

L'Harmattan

5-7, rue de l'Ecole-Polytechnique, 75005 Paris

http://www.harmattan.fr
diffusion.harmattan@wanadoo.fr
harmattan1@wanadoo.fr

ISBN : 978-2-343-07906-6
EAN : 9782343079066

Responsables scientifiques

Laurie BOLLERI-SCHENIQUE et Delphine LANZARA

Auteurs (ordre alphabétique) :

Laurie BOLLERI-SCHENIQUE, membre du CERDP, Docteur de l'Université Nice Sophia Antipolis

Audrey BOUILLEZ, Doctorante au CERDP, Université Nice Sophia Antipolis

Charlotte DAUTUN, Doctorante au CERDP, Université Nice Sophia Antipolis

Olympe DESIO, Doctorante au CERDP, Université Nice Sophia Antipolis

Emmanuelle DIVE, Doctorante au CERDP, Université Nice Sophia Antipolis

Joanna GENOVESE, Doctorante au CERDP, Université Nice Sophia Antipolis

Thibault GOUJON-BETHAN, Doctorant au CERDP, Université Nice Sophia Antipolis

Caroline HUCK, Doctorante au CERDP, Université Nice Sophia Antipolis

Hania KASSOUL, Doctorante au CERDP, Université Nice Sophia Antipolis

Delphine LANZARA, membre du CERDP, Docteur de l'Université Nice Sophia Antipolis

Frédéric ROUVIERE, Professeur agrégé des Facultés de droit, Université Aix-Marseille III

Sommaire

PREMIÈRE PARTIE

L'EMPRISE DES SENTIMENTS SUR LE DROIT

Propos introductifs[1]

Delphine LANZARA

> « *Une certaine dose d'enthousiasme, de passion pour le droit, est probablement nécessaire à l'exercice de l'art juridique* ».
>
> Christian Atias[2]

« *Le droit et les sentiments* ». Voici un thème inhabituel, presque improbable. Les sentiments – ces « *mouvements du cœur* »[3] – sont plus volontiers traités chez nos voisins, en Faculté des Lettres. Là-bas, ils y ont incontestablement leur place : les sentiments inspirent la littérature, le théâtre, la poésie - les arts en général. Mais, en Faculté de droit, que viendraient-ils donc faire ?

Il y a quelques années de cela, il s'était pourtant trouvé un Professeur de droit pour aborder la question. Ce Professeur aimait - il est vrai - les thèmes insolites et même, disons-le, embarrassants. Dans son cours de philosophie du droit, on envisageait des sujets aussi inattendus que « *les mots et le droit* », « *l'indignation du juriste* », ou encore « *la philosophie du droit dans les chansons de Georges Brassens* ». Son amphithéâtre entendait raisonner des noms peu familiers, de philosophes, comme Martin Heidegger, de poètes, comme Alfred de Vigny, ou de juristes oubliés, comme Antoine Augustin Cournot. On devait également à ce Professeur le sujet d'examen le plus original et le plus redoutable qui soit : « *posez votre propre question et répondez-y* ».

Si bien que lorsque ce Professeur arriva, un jour de janvier, pour annoncer que le thème du semestre allait être « *le droit et les sentiments* », ses étudiants toujours intrigués ne furent pourtant pas surpris. Au cours des semaines qui suivirent, ils l'écoutèrent parler de

---

[1] Le style oral de l'intervention a été conservé.
[2] C. Atias, *Devenir juriste, Le sens du droit*, LexisNexis, 2011, p. 179.
[3] G. Cornu, *Vocabulaire Juridique*, Puf, coll. « Quadrige », 7e éd., 2005.

« *la haine et du droit* », de « *l'enthousiasme et du droit* », de « *l'humilité et du droit* », de « *l'impatience et du droit* », de « *l'humanité et du droit* », etc. C'était, chaque mardi soir, une série d'envolées, un ravissement au sens premier du terme. Ceux qui ont eu la chance de côtoyer les bancs de son amphithéâtre auront su le reconnaître : c'était le Professeur Christian Atias[4]. Il nous a quittés en février dernier et c'est pour rendre un modeste hommage à ce grand juriste et philosophe du droit français, que nous avons choisi de reprendre ce thème tellement original, pour cette troisième édition du colloque des doctorants du CERDP[5].

Et le seul fait qu'il s'agisse d'un thème original le rend déjà intéressant. Car cela pose au moins deux questions. La première - ingénue - est tout simplement : pourquoi ce thème est-il original ? **Pourquoi les juristes s'intéressent-ils si peu aux sentiments ?** Sur ce point, la réponse paraît simple, presque évidente. Les juristes s'intéressent peu aux sentiments, parce qu'ils leur semblent étrangers au droit. Les sentiments paraissent relever d'un autre monde : le for intérieur de l'homme, cet espace d'intimité sur lequel le droit ne peut avoir d'influence. Les définitions du droit et des sentiments sont, d'ailleurs, aux antipodes l'une de l'autre : le droit est un « *ensemble de règles de conduite socialement édictées et sanctionnées* »[6], tandis que les sentiments sont des « *dispositions psychologiques relevant de*

---

[4] Christian Atias (1947-2015) était un juriste et philosophe du droit français. Après avoir obtenu son doctorat à l'Université de Poitiers, il devint Professeur agrégé des universités en 1976. Il enseigna à l'Université d'Aix-Marseille et à l'Université de Mac Gill à Montréal, laquelle lui attribua le titre de *Boulton Senior Fellow*. Il fut également avocat au barreau d'Aix en Provence, rédacteur en chef de la Revue de la Recherche juridique (Droit prospectif) et fondateur de l'Institut Portalis à la Faculté de droit Paul Cézanne.

[5] Chaque année, le Centre d'Etudes et de Recherches en Droit des Procédures (CERDP, E.A. n° 1201) de l'Université de Nice Sophia-Antipolis organise un colloque entièrement animé par des doctorants, sous la direction des docteurs de l'année précédente et sous le double patronage d'un Professeur niçois et d'un Professeur extérieur. Ce colloque, créé en 2012 par le Professeur Y. Strickler, a pour but de promouvoir les travaux des jeunes chercheurs (v. les éditions précédentes, Y. Strickler (dir.) *Variations juridiques et politiques. Clés pour la compréhension du monde contemporain*, L'Harmattan, collection « Droit privé et sciences criminelles », 2013, pp. 287 à 354, et D. Boustani, D. Chabri, M. Combe, S. Farhi, M.-C. Lasserre (dir.), *Un art, un droit, une question, Triptyque juridico-artistique*, L'Harmattan, collection « Droit privé et sciences criminelles », 2014).

[6] G. Cornu, *Vocabulaire juridique*, *op. cit.*

l'affectivité »[7] - l'amour, l'amitié, la jalousie, la haine, l'amertume, etc. Que l'on décline leurs caractères et tout semble opposer le droit et les sentiments : le droit est objectif, les sentiments sont subjectifs ; le droit est contrôle, les sentiments sont spontanéité ; le droit est ordre, les sentiments sont confusion, pour reprendre la belle image du poète[8]. Surtout, le droit relève de l'esprit, de la logique et de la raison. Les sentiments, quant à eux, dépendent du cœur, lequel - on le sait - a « *ses raisons que la raison ne connaît point* »[9].

Les juristes s'intéressent peu aux sentiments et il faut aller plus loin. Ils s'en méfient. Les sentiments inspirent de la crainte, car ils détournent les hommes de la *droite* raison. Le législateur qui légifère avec ses sentiments perd de vue l'intérêt général qu'il s'agit de réaliser ; le juge qui tranche avec ses sentiments n'est plus objectif et impartial. « *Dès qu'un sentiment s'exagère*, disait Gustave le Bon, *la faculté de raisonner disparaît* »[10]. Et c'est bien cela qui effraie. Les sentiments sont un danger pour les juristes, et voilà pourquoi ils sont tenus à distance des Facultés de droit.

Alors, se profile une deuxième question. Celle-là est plus délicate : **les juristes ont-ils raison de se désintéresser des sentiments ?** Cela n'est pas certain. Car ce n'est que sur le papier que les sentiments peuvent être complètement tenus à l'écart du droit. Dans les faits, ils font partie de la nature humaine. Et, comme le rappelait à loisir le Doyen Carbonnier, le droit lui aussi est humain[11] ; il est fait par des hommes pour des hommes.

---

[7] *Ibid.* Le mot de « sentiment » est donc pris dans son sens le plus attendu, de « *tendance affective assez stable et durable* », et non dans le sens plus restreint de « *conscience plus ou moins claire ; connaissance relative à un objet complexe et abstrait (pour lequel les données sensorielles seraient insuffisantes) et qui comporte des éléments affectifs et intuitifs (par opp. à raisonnement)* », Dictionnaire *Le Robert*, 2013.

[8] S. Zweig, *La confusion des sentiments*, Poche, 1992.

[9] B. Pascal, *Pensées*, article IV. Des moyens de croire, Éd. Brunschvicg-, Garnier, 1964, n° 277.

[10] G. le Bon, *Hier et demain, Pensées brèves*, Flammarion, 1918, p. 12.

[11] J. Carbonnier, *Flexible droit, Pour une sociologie du droit sans rigueur*, LGDJ, 10e éd., 2001.

Si le droit est fait par des hommes, cela implique que les juristes eux-mêmes ont des sentiments. Il est vrai qu'ils sont invités à les mettre de côté, mais y parviennent-ils toujours ? Ne sont-ils pas mus parfois par la passion du droit, comme l'avait évoqué le Doyen Carbonnier[12], ou par la compassion, comme l'illustrait en son temps le « *bon juge Magnaud* » ? Ne ressentent-ils pas, de temps à autre, de l'indifférence ou, au contraire, de la honte, comme ce fut le cas à la suite des lois du régime de Vichy ? Et ces sentiments guident-ils les juristes dans l'exercice de leur art ou contribuent-ils à les égarer ? **Quelle est l'emprise des sentiments sur le droit ?** C'est ce problème que Mesdemoiselles Olympe Desio, Caroline Huck, Charlotte Dautun et Emmanuelle Dive tenteront d'approcher dans la première partie de ce colloque.

Et si le droit est fait par des hommes, il est fait aussi pour des hommes. Il est donc nécessairement confronté aux sentiments des justiciables, à leur amour, leur générosité, leur envie, leur souffrance. Comment doit-il réagir face à cela ? La question est doublement d'actualité. D'une part, les justiciables semblent rechercher de plus en plus la reconnaissance de leurs sentiments par le droit[13], le sentiment d'inquiétude, par exemple, à travers le préjudice d'angoisse. De l'autre, le droit paraît lui aussi vouloir agir sur les sentiments des justiciables. Il cherche à encourager la solidarité, la fraternité, en matière contractuelle par le biais de la bonne foi, en matière procédurale, à travers les modes alternatifs de règlement des litiges. Le droit cherche à faire disparaître les sentiments d'hostilité ou de haine, avec la lutte contre les discriminations. Mais le droit peut-il éradiquer les « mauvais » sentiments et imposer les « bons » ? **Quelle est l'emprise du droit sur les sentiments** ? C'est à ce problème que s'attacheront Mesdemoiselles Hania Kassoul, Audrey Bouillez, Joanna Genovese et Monsieur Thibault Goujon-Bethan, dans la deuxième partie de ce colloque.

---

[12] J. Carbonnier, *Droit et passion du droit sous la Vème République*, Flammarion, coll. « Champs essai », 2008.

[13] V. Fortier et S. Lebel-Grenier (dir.), *Les sentiments et le droit*, Rencontres juridiques Montpellier-Sherbrooke, juin 2011, éd. Revue de droit de l'Udes, 2012.

Avant de leur laisser la parole, je tiens, en mon nom et en celui de Madame Laurie Bolléri-Schénique, à présenter quelques remerciements. Remerciements à Monsieur le Professeur Yves Strickler et à Madame Laetitia Antonini-Cochin, pour être à l'origine de cette audacieuse initiative qu'est le colloque des doctorants. Remerciements à Madame Fabienne Ghelfi, pour avoir supervisé l'organisation de cette troisième édition et pour nous avoir accordé sa confiance. Remerciements à Monsieur le Professeur Frédéric Rouvière de l'Université d'Aix-Marseille III, pour en avoir accepté la présidence, avec cet enthousiasme rare qui animait le Professeur Atias. Remerciements à Monsieur le Bâtonnier Valentin Cesari, aux membres du Conseil de l'Ordre et au Barreau de Nice, qui nous ont gratifiés de leur précieux soutien, ainsi qu'à l'Union des Jeunes Avocats de Nice, présidée par Maître Mylène Brun, qui a également porté le projet. Remerciements à l'ensemble de nos partenaires : l'éditeur juridique Dalloz, l'École des Avocats du Sud-Est, la Ville de Nice, représentée par Mademoiselle Anne-Laure Rubi, les Petites Affiches des Alpes Maritimes, représentées par Madame Amélie Bellon-Croisé, et les associations étudiantes, l'association ADEAC et l'association AD-DESPEG, représentée par Madame Anne-Sophie Luciano. Remerciements aux intervenants, bien sûr, qui se sont investis dans ce projet avec entrain et dynamisme tout au long de ces derniers mois. Remerciements enfin à tous ceux qui ont apporté leur aide à la réalisation de cet événement : pour son implication particulière, Madame Marie-Cécile Lasserre, et, de manière générale, l'ensemble des enseignants et des doctorants de la Faculté de Nice, ainsi que Madame Ghislaine Goiran.

C'est l'enthousiasme, la ferveur et la générosité de tous ces doctorants, professeurs, praticiens du droit, ainsi que votre propre passion - vous qui êtes venus les écouter aujourd'hui - qui préparent si bien notre réflexion sur « *le droit et les sentiments* » et rendent au Professeur Atias, le plus sincère et le plus bel hommage.

L'emprise de la passion sur le droit

Olympe DESIO

Résumé. *Passion et droit, deux concepts qu'apparemment tout oppose : l'un brut, spontané, intense, exagéré ; l'autre mesuré, raisonné, « désaffectivé », rigide. Pour autant, sont-ils vraiment antagonistes ? Le droit peut-il réellement exister sans une once de passion ? La passion lorsqu'elle est façonnée, confrontée à une construction intellectuelle est justement l'impulsion qui permet au droit de vivre et d'évoluer. En ce sens, elle porte le droit (§I). À rebours, il est possible de s'interroger sur la capacité du droit à survivre lorsqu'il est submergé par la passion. C'est sans surprise que la passion, lorsqu'elle s'émancipe de toute canalisation n'est plus qu'exagération. Dès lors, tous les outils qui, animés par ce sentiment, auront contribué au façonnement du droit, se verront dénaturés. Dans cette perspective le droit sera emporté par la passion (§II).*

Des notions apparemment antagonistes - Passion et droit, deux notions qui semblent étrangères mais qui dans ce sujet ne sont séparées que d'un « et ». Cette « *conjonction copulative, mot à faire des couples. Mais il y a des couples unis et des couples dissociés* »[14]. La passion et le droit ne font pas exception, si d'apparence ils se classent parmi les couples dissociés, il leur arrive de s'unir. Ce passage d'un état à l'autre peut s'expliquer par la nature ambivalente de la passion.

Ambivalence de la passion - La passion est souvent cantonnée à son sens étymologique, « pathos », à savoir la souffrance. Elle est alors subie, et celui qu'elle habite est passif. Il semble important de se départir de cette seule approche. La passion peut également procéder d'un dépassement. Sous cette forme, elle se rapproche de l'enthousiasme. Ce dernier n'est pas un sentiment rationnel, mais prospectif. La passion peut avoir cette vertu, et si elle n'est pas intrinsèquement active, elle peut entraîner l'activité. Dans cette optique, Hegel écrivait que « *rien de grand ne s'est accompli dans ce monde sans passion* »[15]. Aussi, c'est entre la pathologie et l'élévation

---

[14] C. Lombois, « La personne, corps et âme » *in La personne humaine, sujet de droit*, 4e journée René Savatier, Poitiers, 25 et 26 mars 1993, Puf, Publication de la Faculté de droit et de sciences sociales de Poitiers, p. 57.

[15] Hegel, *La Raison dans l'Histoire*, éd. Bibliothèques 10/18, p. 10.

que la passion se situe. C'est dans ce paradoxe qu'elle rencontrera le droit.

Ambivalence du vecteur humain dans le droit - Lorsque la passion s'insinue dans le droit, il convient de distinguer selon le protagoniste qu'elle atteint. Le vecteur humain se ressent doublement dans le droit. Cela se perçoit notamment dans la formule de Carbonnier selon laquelle le droit est fait par l'homme, et pour l'homme[16]. Ainsi, l'homme façonne le droit, et le droit ordonne les comportements du premier. Il en va de même de la passion qui anime l'homme. Tantôt, elle habitera le juriste, tantôt elle submergera le justiciable. Lorsqu'il est question d'associer la passion au droit, c'est d'abord à ce dernier que l'on pense. En effet, le droit est confronté aux actions de l'homme, dans toutes leurs imprévisibilités, et, pour parer cela, il prévoit des degrés de variations dans le comportement des hommes, les organise. En ce sens, il va prévoir des mécanismes permettant d'encadrer l'aléa des passions. Ce type de régulation se retrouve notamment en droit pénal.

D'abord, certaines incriminations peuvent encadrer des états ou comportements passionnels. L'ancien Code pénal mettait d'autant en lumière la présence de la passion, que le terme apparaissait dans l'une de ses infractions. Il s'agissait de l'article 406 relatif à l'excitation du mineur à la débauche. Le passage interpellant, se trouvant à l'alinéa 1er, est le suivant : « *Quiconque aura abusé des besoins, des faiblesses, ou des passions d'un mineur* ». Dans le Code pénal de 1994, ces trois termes se sont vus résumés par l'expression « corruption ». Toutefois, l'ancienne formulation a le mérite de montrer que la passion n'est pas forcément un mal que le droit doit punir et qu'elle peut également prendre la forme d'une faiblesse contre laquelle le droit doit prémunir. Le nouveau Code pénal, s'il ne la cite pas expressément, ne l'ignore pas pour autant. Les infractions naissant de contextes passionnels sont relativement nombreuses. À ce titre, le couple a suscité de nombreuses interventions. C'est le cas du harcèlement psychologique au sein du

[16] J. Carbonnier, *Flexible droit, Pour une sociologie du droit sans rigueur*, LGDJ, 10e éd., 2001.

couple[17], ou encore de la suppression de la présomption de consentement aux relations sexuelles[18].

Ensuite, lorsqu'il fait appel aux circonstances aggravantes, le droit pénal entend accorder une attention particulière aux comportements dépassant la gravité déjà prévue dans les éléments constitutifs. Dans cette perspective, les comportements passionnels procèdent d'une exagération néfaste que le droit pénal tente de punir plus durement. Effectivement, « *Les mouvements de l'âme et les inclinaisons du cœur ne sont en général saisis par le droit que s'ils ont un contenu agressif, qu'ils informent ou qualifient une action méchante appartenant à celles dont l'ordre juridique positif s'efforce de dissuader* »[19]. Ce faisant, il va les objectiver à tel point qu'en référence aux circonstances aggravantes certains auteurs emploient l'expression « *d'arithmétique répressive* »[20].

Enfin, le droit peut se montrer indulgent envers les passions du justiciable. De la sorte, même si les circonstances atténuantes ont été supprimées depuis le Nouveau Code pénal[21], la personnalisation de la peine laisse au juge une large marge de manœuvre. Certains comportements passionnels vont ainsi conduire le juge à atténuer la sanction. L'exemple qui peut être donné, et qui ne peut être éludé lorsque l'on marie la passion au droit, est probablement celui du crime passionnel !

Le droit de la famille est également imprégné de passion. Tout comme le droit pénal, il offre un socle sentimental potentiellement amplifiable. Or, il y a des situations de droit où les sentiments sont prégnants. À cet égard, il arrive que le législateur établisse des « *présomptions d'affection* »[22]. Ces dernières se retrouvent notamment

---

[17] Art 222-33-2-1 du C. pén.

[18] Loi n° 2010-769 relative aux violences faites spécifiquement aux femmes, aux violences au sein des couples et aux incidences de ces dernières sur les enfants.

[19] F. Rigaud *in* J. Pousson et A. Pousson, *L'affection et le droit*, éd. Centre national de la recherche scientifique, 1990, p. 7.

[20] M. Dalloz, « Circonstances aggravantes », *Rép. dr. pén. et de proc. pén.* nov. 2001, maj en 2011, n° 15.

[21] R. Merle et A. Vitu, *Traité de droit criminel, problèmes généraux de la science criminelle, Droit pénal général*, t. I, éd. Cujas, 7e éd., 1997, p. 980, n° 817.

[22] F. Rigaud *in* J. Pousson et A. Pousson, *op. cit.*, p. 205.

au sein de la cellule familiale, ou, encore une fois, dans la relation de couple. Le législateur tentera alors d'assurer la quiétude de ces dernières, évitant l'exigence de preuves qui impliqueraient de « *froisser la sensibilité et les sentiments de l'autre* »[23]. En revanche, il paraîtrait inconcevable d'établir des présomptions de passion. En effet, par essence, la passion procède d'une exagération. Un auteur considère qu'en terme de sentiments il faut parler « *d'affection ou penchants, quand ils sont modérés, passions quand ils excèdent leurs bornes* »[24]. Aussi, il ne semble pas opportun de l'entretenir, mais de la contenir. Effectivement, lorsqu'il est fait mention de la passion, c'est souvent en situation de crise. L'atmosphère passionnelle endossera alors une connotation péjorative. L'expression « *climat passionnel* »[25] sera par exemple utilisée relativement aux conflits portant sur des pensions alimentaires ou des prestations compensatoires, qui perdurent après la rupture du lien conjugal.

Toutefois, s'il a été montré que la passion s'insinue dans la sphère du justiciable, ce n'est pas sous cet angle qu'elle sera abordée. Ce sera sous celui des acteurs du droit, ces êtres raisonnés que la passion anime. Reste cependant à déterminer comment matérialiser ce sentiment aux allures insaisissables. Pour cela, il sera proposé un outil permettant à la passion de se manifester dans le droit.

Proposition d'un vecteur de passion dans le droit - Si le postulat, tant dans la discipline du droit que celle de la science, semble *a priori* être celui de l'insaisissabilité des « *mouvements de l'âme* »[26], il semble qu'au travers des neurosciences les chercheurs aient tenté de démentir cet axiome. Ils ont d'abord admis que « *les émotions sont des évènements mentaux complexes, qui pourraient paraître trop intimes, parfois irrationnels, pour être l'objet d'étude scientifique* »[27], puis ont réussi à les appréhender au travers de l'imagerie cérébrale.

---

[23] *Ibid*, p. 206.

[24] C. Lombois, « La personne, corps et âme », *op. cit.*, p. 58.

[25] M. Culioli, « insolvabilité frauduleuse », *Rép. dr. pén. et de proc. pén.*, fév. 2004, n° 9.

[26] T. Hobbes, *Le Léviathan, traité de la matière, de la forme et du pouvoir de la république ecclésiastique et civile*, introduction, traduction et notes de F. Tricaud, Dalloz, 1999, p. 46.

[27] R. Sève, *Le droit et les sciences de l'esprit*, t. 55, Archives de philosophie du droit, Dalloz, 2012, p. 48.

En effet, cette méthode leur a permis de capturer tant la genèse des sentiments, que leur régulation. C'est donc par l'image que les scientifiques ont réussi à approcher ce phénomène abstrait.

Dans la continuité de cette démarche, il paraît intéressant d'aborder les rapports entre les sentiments et le droit sous le prisme de l'image. Ainsi, c'est par la représentation de l'image que les sentiments trouveront leur traduction dans le droit ; autrement dit, dans l'imagination. Là encore, sa nature fugace peut sembler étrangère au droit. À cet égard, le Doyen Gérard Cornu dépeignait avec insistance leur contraste. Tandis que « *L'imagination déborde, légère, exubérante, débridée, fantasque, échevelée. Le droit gravement borde, bride, modère, ordonne, contient. Elle est extravagante, passionnée, frivole, ludique, lui pudique, sérieux, neutre, mesuré. Tout les oppose en apparence, le droit régleur, elle déréglée* »[28]. L'idée est de s'éloigner de cette vision déréglée de l'imagination, pour se focaliser sur ce qu'elle peut avoir de régulateur. Effectivement, cette dernière peut être entendue comme un mécanisme. Elle pourra alors permettre la traduction de la passion, dans le droit. Bien qu'outil d'objectivisation, l'imagination ne pourra pas totalement la départir de sa nature. La passion pouvant être de deux sortes, la concrétisation de ce sentiment pourra prendre deux formes lorsque l'imagination la transcrira dans le droit.

Illustration duale de la passion dans le droit - Il sera montré dans cette étude que passion et raison ne sont pas nécessairement antagonistes, et qu'elles peuvent, dans une juste mesure, interagir. De fait, la raison s'abreuve de la passion, et le droit se trouve porté par cette dernière (**I**). Cependant, lorsque la passion n'est plus qu'exagération, il se dessinera une frontière au-delà de laquelle le droit se verra emporté (**II**).

---

[28] G. Cornu, « L'imagination, à bon droit ? », 2e conférence Albert-Mayrand, éd. Thémis, Université de Montréal, Faculté de droit, 1998, p. 3.

I. Le droit porté par la passion

Le droit est l'apanage des hommes, et les hommes ressentent. Aussi, il doit composer avec cette donnée. Les sentiments, et à plus forte raison la passion est comparable à ces sujets que d'aucuns qualifient de « *frottements dans la machinerie du droit. Mais l'étude des frottements fait partie de la mécanique* »[29]. Toutefois, il serait réducteur d'envisager la passion seulement comme un frottement, une gêne. Cette dernière peut s'avérer être l'interrupteur permettant d'enclencher la machine et en ce sens en être l'impulsion (A). Une fois la machine en marche, elle pourra permettre l'exécution d'un certain nombre de tâches, en cela la passion sera créative (B).

A. L'impulsion du droit

La passion à l'origine du droit – Avant tout, la passion sera appréhendée comme une impulsion du droit. Sans elle, le processus juridique ne pourrait exister. À cet égard, un auteur la présente comme le moteur même de toute construction intellectuelle. Pour lui, à supposer « *l'homme réduit à l'état de pure intelligence, c'est-à-dire capable de percevoir, se souvenir, associer, dissocier, raisonner et rien de plus : toute création est impossible, parce qu'il n'y a rien qui le sollicite* »[30]. Cette citation annihile l'essence même de l'intelligence lorsqu'elle existe indépendamment de quelques sentiments. Prise dans cette dimension impulsive, la passion n'est pas encore nécessairement alliée à la raison. Elle procède encore d'un sentiment peu façonné.

La passion dans l'enseignement - Puisque ce sont les sentiments du juriste qui sont au centre du sujet, il convient d'appréhender les premières pulsations de passion qui emplissent le cœur du juriste. Pour ce faire, il paraît opportun de se tourner vers un acteur du droit en devenir : l'étudiant. Ce dernier ne peut être pleinement appréhendé sans son *alter ego*, l'enseignant. L'étudiant, dans son premier souffle, est spectateur d'un cours. Son attitude passive peut se trouver grandement bousculée par la façon dont le cours sera dispensé. Un auteur compare l'intensité et l'engouement

---

[29] J. Carbonnier, *op. cit.*, p. 29.
[30] T. Ribot, *Essai sur l'imagination créatrice*, Librairie Félix Alcan, 1900, p. 36.

suscité par un Professeur passionné à un « *cercle de feu* »[31]. Cette métaphore est intéressante du fait de la conséquence duale qu'elle implique : d'une part, la référence à un cercle, signe d'un regroupement intellectuel, un lien entre plusieurs entités ; d'autre part, l'utilisation du terme feu, symbolisant à la fois un élément terrible, puissant, effrayant, mais dont la chaleur a quelque chose d'enivrant. Il poursuit cette métaphore en retraçant les pensées d'un étudiant qui décrit son esprit comme « *magiquement embrasé* »[32] par l'éloquence et la pédagogie de son Professeur. La passion est alors un phénomène marquant, suscitant une réaction à la fois émotionnelle et intellectuelle. Dans la continuité de cette idée, il a été fait référence à l'empreinte qu'un enseignant pouvait laisser à ses étudiants. En effet, un Professeur de droit, pour rendre hommage à l'une de ses collègues, utilisa « *l'image d'une vague qui arrive sur la plage, s'immobilise quelques instants en suspension, puis qui redescend lentement, majestueusement, pour reprendre sa place dans l'Océan, et qui laisse une fine et éphémère empreinte sur le sable, qu'elle imbibe et irrigue alors, avant de disparaître à tout jamais, aussi discrètement qu'elle avait atterri* »[33]. Toutefois, ce dernier trouve cette formulation insuffisamment représentative de la passion exprimée et insufflée par cette enseignante, il s'éloigne alors de cette vision apaisée de la vague discrète pour la comparer à une « *déferlante qui a rugi naguère* »[34] et qui « *a imprégné à ce point les esprits sur lesquels elle s'est posée que son destin a des allures d'éternité* »[35]. Il est important d'insister sur le fait que la passion n'est jamais inerte, elle force à dépasser l'acquis. Ainsi, l'enseignant, poussé par sa passion du droit, va s'informer des changements du droit[36], adapter son art à ces derniers. En cela, il donne vie à sa passion.

En définitive, si l'étudiant est davantage spectateur qu'acteur, il n'en demeure pas moins que chaque acteur du droit a traversé cette condition, laissant la passion s'insinuer en eux avant d'apprendre

---

[31] S. Zweig, *La confusion des sentiments*, Bibl. cosmopolite, Stock, 2011, p. 38.
[32] *Ibid.*
[33] Ces propos sont prêtés au Professeur Michelle Gobert, retranscrits par le Professeur Denis Mazeaud *in* « Michelle Gobert, professeur de la passion », RDA, n° 8, octobre 2013, p. 7.
[34] *Ibid*, p. 11.
[35] *Ibid.*
[36] M. Nicod, « L'actualité et la doctrine », *LPA* du 13 juill. 2005, n° 138, p. 31.

à l'utiliser. Ainsi, la passion sera à la fois à l'origine de la vocation du juriste, et par conséquent du système juridique lui-même. En cela, la passion participera de l'amélioration du droit.

B. L'amélioration du droit

Passion et construction intellectuelle - L'imagination a été proposée comme outil transposant la passion dans le droit. Or, lorsqu'il est question d'associer l'imagination et le droit, la pensée peut se laisser instinctivement guider vers la propriété littéraire et artistique. De fait, cette dernière encadre l'idée, l'invention, et par extension l'imagination. Cependant, ce n'est pas sous cet angle que l'imagination sera appréciée, sans quoi la passion serait oubliée. Pour autant, certaines approches de cette discipline peuvent être transposées dans cette étude. La création artistique y est appréhendée comme un processus semblable à l'enfantement. Premièrement, la conception de l'œuvre représente « l'idée ». Deuxièmement, la gestation renvoie à « la composition ». Enfin, troisièmement, la venue au monde se rattache à « *l'expression* »[37].

Il convient, pour rapprocher cette équation de notre étude, d'en modifier sensiblement les paramètres. Dans cette perspective, la passion serait le préalable, s'apparentant à la conception, à « l'idée ». L'imagination renverrait à la « composition », c'est-à-dire une construction mentale[38]. Enfin, l'aboutissement de ce raisonnement serait, certes, une « expression », mais davantage encore une « traduction » dans le droit. C'est au travers de ces étapes que l'imagination s'élèvera en vecteur de passion dans le droit. Il a été montré que la passion était l'origine, l'impulsion. Il est désormais nécessaire de déterminer par quelles constructions intellectuelles les « *esprits actifs* »[39] du droit ont pu la façonner. Pour illustrer certains

---

[37] P-Y. Gautier, *Propriété littéraire et artistique*, Puf, droit, 7e éd., 2013, n° 38, p. 51.

[38] T. Hobbes, *op. cit.*, distingue, à ce titre, l'imagination simple *« c'est ainsi qu'on imagine un homme ou un cheval qu'on a vus auparavant »*, de l'imagination composée *« c'est ainsi qu'ayant vu une fois un homme et une autre fois un cheval, nous concevons mentalement un centaure »*, p. 16.

[39] Spinoza, *L'Éthique, démontrée selon la méthode géométrique et divisée en cinq parties*, Bibliothèque numérique : Les classiques des sciences sociales, p. 126.

de ces mécanismes, deux acteurs du droit seront envisagés, le juge et la doctrine.

La passion du Juge dissimulée- Le Juge n'est plus cet « *être inanimé* »[40] que dépeignait Montesquieu. L'animation, qui lui appartient dorénavant, est le corollaire de sa passion. Lorsqu'il se fait l'interprète de la loi, ou encore de la volonté des parties, il doit utiliser sa passion pour créer une solution là où il n'y en a pas. Cette interprétation est alors subjective, elle « *implique de sonder les reins et les cœurs, ce qui paraît bien plus aléatoire* »[41]. Dans ce cas, la passion reste tout à fait contenue. En effet, si le juge peut la laisser quelque peu interférer, il persiste à imaginer la volonté hypothétique des parties. Aussi, sa passion semble quelque peu objectivée, vidée de sa substance.

Cela se ressent d'autant plus dans le langage utilisé par ce dernier, sobre, concis, technique. Si la passion ne peut s'exprimer sous sa plume, elle le fera au détour de l'incompréhension que pourront susciter des décisions lapidaires[42]. C'est alors la doctrine qui se fera l'interprète de la jurisprudence[43].

La passion de la doctrine libérée - « *Les juristes personnifient constamment la doctrine* »[44], considérant qu'elle « *estime, critique, propose* »[45]. La doctrine peut être définie comme « *la pensée des auteurs* » et « *par extension l'ensemble des auteurs* »[46]. Sa reconnaissance comme source du droit est implicite[47]. Pour autant,

[40] Montesquieu, *De l'esprit des lois*, 1748, Livre IX, Chap VI.

[41] Ph. Simler, « Propos introductifs, à la recherche des frontières de l'interprétation », RDC, 31 mars 2015, n° 1, p. 146.

[42] L'exemple qui peut être donné est celui du prêt à l'usage. En effet, animé par une volonté surprotectrice du locataire, la Cour de cassation avait été amené à rendre des décisions défiant toute logique.

[43] A. Vignon-Barrault, « Les difficultés de compréhension d'un arrêt : point de vue du lecteur », *LPA* du 25 janv. 2007, n° 28, p. 22. L'auteur pose notamment la question « *Et si l'incompréhension était féconde ?* ».

[44] *Ibid*, p. 7.

[45] *Ibid.*

[46] Définition retenue par le *Lexique des termes juridiques* de MM. Guinchard et Montagnier et retranscrite par Ph. Jestaz et C. Jamin in *La Doctrine*, Méthodes du droit, Dalloz, 2004, p. 2.

[47] Ph. Jestaz, C. Jamin, *op. cit.*, p. 5.

elle est parfois qualifiée de « *source la plus forte* »[48] dans la mesure où elle ne souffre pas de la même rigidité que le législateur ou le juge. C'est donc plus librement que la passion pourra trouver à s'exprimer au travers de celle-ci. L'homme peut s'y exprimer pratiquement sans contrainte, privilège dont ne peuvent jouirent les deux autres sources. Les outils à sa disposition sont alors nettement moins formalisés, et l'imagination pourra alors pleinement y prospérer. Pour encadrer ses passions, la doctrine usera amplement d'associations, de dissociations, d'interprétations, d'inventions.

La passion est souvent le corollaire d'autres sentiments. Lorsqu'il s'agit de la doctrine, la passion sera mère de curiosité et d'audace : la curiosité, en ce que la doctrine devra décortiquer les arrêts, et comprendre les allusions qui ne sont perceptibles qu'en filigrane[49] ; l'audace, ensuite, en ce qu'elle prend des risques, comme celui de ne pas véritablement cerner l'idée qui était sous-entendue par l'arrêt, ou encore celui d'ajouter à la lettre de l'arrêt. Il se peut que, poussée par sa passion, la doctrine dérive. Néanmoins, ces dérives sont minimes et ne sont pas nécessairement néfastes. En effet, elles représentent l'humain dans toute sa dimension, passionné et imparfait. À rebours, si elle ne cerne pas forcément ce qui devait l'être, peut-être met-elle le doigt sur un autre point important méritant réflexion. Dès lors, d'interprète elle devient créatrice[50]. Les erreurs participent de l'évolution du droit. Elles peuvent même entraîner la création de nouveaux concepts doctrinaux. Un auteur consacre d'autant plus cet aspect qu'il encourage « *les commentateurs, praticiens, universitaires réunis, à continuer d'enrichir les revues juridiques de leurs perceptions et réactions, sans avoir à en passer par l'adoubement de quiconque* »[51]. En définitive, la doctrine est la source la plus perméable à la passion, étant flexible par nature, elle s'adapte davantage à ses impétuosités.

C'est alors dans une situation d'interdépendance que la passion rencontre la raison. Tandis que la passion sera à l'origine du raisonnement, ce dernier l'encadrera. Une fois canalisée, la passion

[48] *Ibid*, p. 6.
[49] A. Vignon-Barrault, *préc.*, n° 21.
[50] *Ibid*, n° 28.
[51] A. Bénabent, « Doctrine ou Dallas ? », *D.* 2005, p. 852.

pourra pleinement développer ses vertus créatrices. Dans cette acception la passion est éminemment porteuse. Pour autant, il arrive que la passion prenne le dessus sur la raison, emportant le droit dans sa déferlante.

II. Le droit emporté par la passion

« *Il est des gens qui sont fous de droit, ou que le droit rend fous* »[52]. Poussée à son paroxysme, la passion s'éloigne de la raison pour n'être que folie et exagération. En ce sens, les acteurs du droit se laisseront submerger par leur passion, créant du droit à outrance, rendant le contenu (B), tout aussi inefficace que le contenant (A).

A. Une exagération quantitative

Passion et inflation - Les corollaires de la passion sont l'exagération, l'obsession, la démesure. Malgré ces superlatifs, elle est souvent difficilement différenciée de l'émotion. Kant sut pourtant éclaircir la différence de degré qui les séparait. Dès lors, tandis qu'il comparait l'émotion à « *l'eau qui rompt sa digue* »[53], il prêtait à la passion les contours d'un « *torrent qui creuse de plus en plus profondément son lit* ». Ce qui ressort de l'image du « torrent » avancée précédemment est celle d'une déferlante difficilement contrôlable. C'est la force alliée à la quantité qui transformera « l'eau » en « torrent ». De même, dans le droit, c'est l'exagération quantitative qui créera un contraste entre l'émotion compatible avec le droit, et la passion néfaste pour le droit. Effectivement, éblouis par la passion, les acteurs du droit vont détourner la nature de leurs outils, les rendre confus, voire inefficaces.

L'inflation législative - En premier lieu, il sera montré que le législateur, submergé par la passion, sera à l'origine d'une « *inflation législative inquiétante, qui finit par nous noyer au lieu de nous procurer des outils efficaces* »[54]. À tel point que certains auteurs

---

[52] J. Carbonnier, *Flexible droit, pour une sociologie du droit sans rigueur*, 9e éd., LGDJ, 1998, p. 377.

[53] E. Kant, *Anthropologie*, L III, n° 73 *in* T. Ribot *Essai sur la passion*, Librairie Félix Alcan, 1907, p. 4.

[54] E. Mulon, J. Casey, « À vos Codes ! », *Gaz. Pal.* 11 nov. 2010, p. 315.

imploreront le législateur de cesser ces proliférations de « *lois émotion* »[55], et de laisser le soin au juge d'interpréter celles qui sont déjà inscrites dans le Code. Un auteur se montre d'autant plus virulent affirmant que « *la loi n'est plus respectée parce qu'elle n'est plus respectable, et ce recul de la norme fait disparaître l'ordre juridique, mène au chaos. La loi devient dérisoire : une valeur dévaluée, une "pas grand-chose"* »[56]. La passion qui avait quitté son habit de sentiment brut, pour enfiler ceux d'un sentiment intellectualisable, raisonnable, s'en ressaisit aussitôt, s'émancipant de toute notion de mesure.

L'inflation de la loi est probablement le phénomène juridique le plus imprégné par la passion. À ce titre Carbonnier parle d'une « *irrépressible pulsion à faire des lois* »[57]. C'est triplement que la passion va s'exprimer au travers de ce phénomène.

D'abord, elle se déclenche au contact de sujets envahis par la passion. Il s'agit généralement de vives questions d'actualités touchant aux mœurs, à la religion, à la politique, ou tout autre thème sensible. Cela a notamment été le cas pour des questions comme l'interruption volontaire de grossesse[58], le transsexualisme, la procréation médicalement assistée, ou encore le mariage homosexuel.

Ensuite, c'est avec passion qu'elle essaie de les encadrer, en créant une quantité de lois dont la pertinence est inversement proportionnelle à leur nombre. À ce titre, il est possible de faire référence à la loi du 9 juillet 2010[59] tentant d'éradiquer le fléau des violences conjugales, mais qui n'a pas eu de réel effet, faute de trouver les moyens permettant de les éviter. Il en va de même de la loi du 8 février 2010[60] qui tendait, inutilement, à inscrire l'inceste contre

---

[55] *Ibid.*

[56] Ph. Malaurie, « La révolution des sources », Defrénois, 30 oct. 2006, n° 20, p. 1552.

[57] J. Carbonnier, *op. cit,* p. 379.

[58] P. Mistretta, « Interruption volontaire de grossesse », *Rép. dr. pén. et de proc. pén.*, n° 1. L'auteur fait référence à des discours conflictuels « voire passionnels ».

[59] Cf. *supra*, NBP, n° 5.

[60] Loi n° 2010-121 *tendant à inscrire l'inceste commis sur les mineurs dans le C. pénal et à améliorer la détection et la prise en charge des victimes d'actes incestueux.*

les mineurs dans le Code pénal. Un auteur qualifie ces remèdes de « *placébos* »[61]. Il rappelle les éléments qui font défaut à la passion et que le droit exige, à savoir « *la sobriété, la discipline de l'esprit, l'autolimitation, la volonté politique et surtout, cesser de croire en l'omniprésence de la loi. Il faut aussi un minimum de courage pour résister aux incessantes demandes de droit, et un minimum d'humilité, permettant de connaître ses limites (sa compétence et ses incompétences)* »[62]. Cette idée de manque d'humilité du législateur se retrouve aussi chez Carbonnier, qui révèle le « *rêve secret du législateur par passion, qui projette ainsi son vouloir vivre dans l'immensité du temps* »[63].

Enfin, c'est avec passion que certains se battent contre ce phénomène d'inflation législative. À cet égard, naîtra une autre forme d'inflation, l'inflation doctrinale.

L'inflation doctrinale - Cela amène, en second lieu, à mettre en exergue le fait que la loi n'est pas la seule à se laisser dévorer par la passion. Si le juge, censé venir à la rescousse des passions du législateur ne se laisse pas tellement atteindre par cette dernière, il a été évoqué la passion qu'elle provoquait chez la doctrine. Si les incertitudes jurisprudentielles peuvent conduire la doctrine à s'interroger et à faire avancer le droit, il n'en va pas toujours ainsi. Effectivement, dans l'emphase de cet exercice, cette dernière va troubler la lecture des arrêts. Certains auteurs lui reprochent justement de commenter moins pour l'intérêt de l'arrêt en question, que pour la pure « *production doctrinale* »[64]. Cette tâche en serait presque banalisée tant les auteurs sont encouragés à commenter, et tant ils deviennent « *friands de jurisprudence* »[65]. La passion se joint là

---

[61] Ph. Malaurie, « La révolution des sources », préc.

[62] Ph. Malaurie, « L'humilité et le droit », Defrénois, art 38384, pp. 703 et s.

[63] J. Carbonnier, *op. cit.*, p. 379.

[64] A. Vignon-Barrault, préc., n° 19, p. 22.

[65] B. Dondero, « Et la Jurisprudence ? », Libres propos, *LPA* du 20 mars 2012, p. 5, n° 57. Il reprend, à rebours, les termes de J.-D. Bredin qui reprochait à la doctrine « *de se livrer à une exaltation naïve de la moindre Jurisprudence » in* « Remarques sur la doctrine » *in* Mélanges P. Hébraud, université des sciences sociales de Toulouse, 1981, n°2, p.111 ; ou encore ceux de Ph. Jestaz, regrettant que les notes d'arrêts « *se multiplient, mais d'inquiétante façon car la qualité n'est pas toujours au rendez-vous » in* « Déclin de la doctrine ? », Droits, 1994, n°20, p.85.

encore à d'autres sentiments, et c'est probablement l'orgueil qui est à déplorer. Un auteur met en exergue ce constat qualifiant cette tendance doctrinale de « *Vedettariat* »[66].

Finalement, au travers de cette approche, les passions deviennent l'expression de sentiments protéiformes. Si dans sa vertu créatrice elle pouvait se rapprocher de l'enthousiasme, lorsqu'elle se laisse submerger par sa propre exagération elle se rapproche davantage de l'orgueil. Ces sentiments néfastes viennent perturber la production du droit dans son aspect quantitatif, et influent incidemment sur son appréciation qualitative.

B. Une dégradation qualitative

Passion et ineffectivité - D'une augmentation pathologique des textes et interprétations, il faut nécessairement déduire une baisse qualitative de ces textes. En effet, le problème posé par la passion est celui de l'obstination aveugle. Dans cette optique, la passion est obnubilée par l'objectif à atteindre, et se désintéresse du processus qui permettrait raisonnablement de l'approcher. En se précipitant de la sorte, le résultat, à savoir la substance du texte est vouée à être critiquable. La qualité du droit va se trouver altérée de deux sortes par l'intensité de la passion. D'une part, l'effectivité peut être altérée par un surplus d'éléments impertinents. Le droit sera alors surexploité. D'autre part, le droit, happé par un excès de zèle, se videra de sa substance pour n'être qu'un droit d'apparence. Cela sera la conséquence d'une surexposition.

Le droit surexploité – Un auteur a écrit que « *Toute passion contient une vertu éliminatrice* »[67]. Or, le paradoxe inhérent à la passion n'étant plus à démontrer, il n'est pas étonnant de constater qu'elle possède un vice qui contredit cette vertu, celui de l'accumulation. Emporté par une fougue passionnée, le droit va avoir tendance à surexploiter ses outils, et à encourager un surplus de dispositions. Le surplus ne sera plus cette fois à prendre sous l'angle d'une exagération quantitative, mais comme le signe d'une

---

[66] A. Bénabent, art préc.

[67] T. Ribot, *Essai sur la passion*, *op. cit.*, p. 28.

dégradation qualitative. Il est possible d'illustrer cette tendance à deux égards.

Premièrement, il arrive que le législateur, hésitant, crée des myriades de lois expérimentales[68]. Ces lois sont ainsi qualifiées en raison de leur propension à être réexaminées. La qualité de leur contenu est nécessairement douteuse tant il est voué à être modifié. La passion se devine par la précipitation inhérente à cette démarche.

Deuxièmement, le législateur se laisse parfois entraîner dans un excès de précision. Par ce procédé, le risque est d'annihiler tant la lisibilité que l'effectivité. Le Code de la consommation se prête particulièrement à cette critique. À titre d'exemple il est possible de faire référence à l'abus de faiblesse existe à la fois dans le Code pénal et dans le Code de la consommation[69]. Effectivement, un tel rappel semble totalement inutile. Si ce doublon est superflu, il existe des exemples encore plus excessifs. La lecture de l'article L. 121-1 du Code de la consommation relatif aux pratiques commerciales déloyales en donne un aperçu assez évident. En effet, ce dernier recense vingt-deux infractions. L'utilité d'un tel panel peut sembler nébuleuse, d'autant que la plupart de ces comportements correspondent à l'escroquerie telle qu'entendue par le Code pénal[70].

C'est précisément ce type de dispositions qui appelle à la simplification du droit. Cet objectif semble, somme toute, difficile à concilier avec la surexposition à laquelle ce dernier est confronté.

Le droit surexposé- Le droit ne doit pas se limiter à une apparence de droit. C'est en cela que la passion blesse. Elle peut vider le droit de sa substance et le rendre superficiel. De fait, lorsque le droit s'écarte des considérations d'intérêt général pour s'intéresser à des questions touchant des groupes particuliers, les dérives peuvent rapidement surgir. Si le droit est en constante recherche d'équilibre, certains groupes de pression, appelés également *lobbies*, vont déstabiliser la balance. Pour illustrer ce propos, un auteur utilise le

---

[68] V. en ce sens Ph. Malaurie, « La révolution des sources », art. préc.
[69] Respectivement aux articles 223-15-2 C. pénal et L. 122-8 C. consom.
[70] Art 313-1 C. pénal.

lobby des animaux [71] ayant gravement milité pour l'introduction de ces derniers dans le Code civil. Il rappelle pourtant, à juste titre, que ces derniers étaient déjà visés dans les articles relatifs aux distinctions des meubles et des immeubles[72]. La loi du 16 février 2015[73] a introduit dans le Code précité l'article 515-14 disposant que « *Les animaux sont des êtres vivants doués de sensibilité. Sous réserve des lois qui les protègent, les animaux sont soumis au régime du droit des biens* ». En définitive, cet article n'a strictement rien apporté, si ce n'est la satisfaction des passions des groupes d'intérêts. Ce type de loi encourage le développement d'un droit « vitrine », dont la profondeur et la pertinence est inexistante.

Ce qui est d'autant plus paradoxal est de classer ce type de dispositions dans une loi qualifiée de « simplification du droit », et dont l'objectif était précisément « *de moderniser, de simplifier, d'améliorer la lisibilité, de renforcer l'accessibilité du droit commun des contrats* »[74]. Il est difficile de percevoir en quoi la création de dispositions inutiles, qui plus est procédant par renvoi, peuvent un tant soit peu clarifier la matière. Au contraire, cela en cultive la complexité.

Dans le même sens, le Code de la santé publique prévoit un certain nombre de dispositions qui sont purement symboliques. Il convient à ce titre de faire référence à l'article L. 1110-5 dudit Code. Ce dernier condamne l'obstination déraisonnable, notion extrêmement floue, et ne prévoit pas de sanction, si ce n'est une sanction morale. Là encore, il s'agit d'une disposition faisant davantage office de « vitrine » que de véritable outil juridique.

En conséquence, il semble que la passion puisse dénaturer la fonction même du droit. À défaut de le rendre efficace, elle l'encourage à cultiver ses apparences, à satisfaire ses propres passions en même temps que celles du justiciable.

---

[71] B. de Bourbon, « Le Lobbying et la loi », Le billet, Dalloz-étudiant, 24 fév. 2015.
[72] V. en ce sens art 524 et 528 C. civ.
[73] Loi n° 2015-177 *relative à la modernisation et à la simplification du droit et des procédures dans le domaine de la justice et des affaires intérieures.*
[74] Décision n° 2015-710 DC du 12 fév. 2015.

L'indispensable passion - Qu'il soit question d'inflation, de surexposition ou encore de surexploitation, le dénominateur propre à la passion est celui de la disproportion. Dans cette mesure, il a été montré que la passion entraînait le droit dans toutes sortes de débordements. Quelle solution doit alors être adoptée ? Le droit doit-il être vidé de toute passion ? La réponse est complexe mais semble pouvoir se résumer ainsi : « *L'univers idéal des lignes droites et d'objets aux formes régulières n'est qu'une approximation des courbes et des complexités du monde réel* »[75]. Dès lors, si la passion est un mal, c'est un mal nécessaire. L'inertie intellectuelle est un fléau pour le droit, et la passion, aussi puissante et incontrôlable qu'elle puisse paraître, permettra sans cesse de le bousculer.

---

[75] Ph. Malaurie, « L'interprétation des contrats : hier et aujourd'hui », *JCP* n° 51, 19 déc. 2011, p. 1402.

L'emprise de la compassion sur le droit

Caroline HUCK

Résumé. *À l'heure de la société de l'émotion, de la politique pénale du fait divers, des progrès scientifiques menant à de nouveaux débats bioéthiques, la compassion semble avoir perdu ses lettres de noblesse. Le dogme passé du juriste, être vertueux et compatissant, a peu à peu laissé la place à une vision plus cynique de la gestion des rapports sociaux. Pourtant, la compassion est un sentiment social fort menant à l'action. Cette action est tantôt celle des juristes lors de la création ou de l'exécution du droit, tantôt celle des justiciables se sentant mus par la souffrance ou l'injustice infligée à autrui. Élan premier du droit ou vers le droit (§I), la compassion emporte dans son sillon des travers que le juriste moderne tente maladroitement de canaliser (§II).*

« *Il n'est rien de plus lourd que la compassion. Même notre propre douleur n'est pas aussi lourde que la douleur consentie avec un autre, pour un autre, à la place d'un autre, multiplié par l'imagination, prolongée dans des centaines d'échos* »[76]. Sentiment personnel provoqué, excité par les émotions d'autrui, la compassion est à la base même de l'interaction sociale. Sa rencontre avec le droit apparaît alors inéluctable.

Le terme compassion est la traduction latine littérale de la *sympathéia* grecque. Ainsi il faut se référer à la notion de sympathie pour trouver une définition philosophique ou psychologique de la compassion qui serait une « *communication intérieure de deux êtres qui ne sont pas mis en rapport par des mouvements extérieurs, mais par une sorte de "participation" directe due à une communauté de nature* ». Ce sens extrêmement large inclut tous les changements d'état internes causés par un changement d'état chez autrui, qu'ils soient positifs, comme la joie ou le rire, ou bien négatifs comme l'injustice, la tristesse et la colère. La sympathie n'est pas pour autant une contagion dans le sens où le compatissant ressent une émotion en réaction au sentiment d'autrui, sans que les mêmes passions ne s'expriment nécessairement. Au-delà du paradoxe de la tragédie[77],

---

[76] M. Kundera, *L'insoutenable légèreté de l'être*, Folio, 2009, p. 53.

[77] Le paradoxe de la tragédie consiste pour le spectateur de ce spectacle tout à la fois à compatir avec la souffrance de l'acteur, mais également à se réjouir de ne pas être

la compassion repose essentiellement sur une fiction[78], celle de pouvoir ressentir les sentiments d'autrui. La présente étude se propose d'adopter une approche plus restreinte du sujet en retenant la compassion comme une participation à la souffrance d'autrui[79]. Cette acception est la plus commune et répond directement à une confrontation entre le sentiment compassionnel et le droit. En effet, ce dernier a principalement vocation à s'appliquer en cas de lésion d'un intérêt. Ressentir comme sienne la souffrance d'une personne lésée revient ainsi à s'interroger sur le fait de savoir qui est en droit de défendre, d'empêcher, d'atténuer ou encore de venger les malheurs d'autrui.

Traditionnellement présentée comme un sentiment noble, confinant à la vertu, la compassion est bien une passion, voire une pulsion, qui dirige le citoyen comme le juriste vers l'action. Mû par la souffrance de l'autre, mais sans avoir été personnellement touché et donc par hypothèse en pleine possession de ses moyens, le compatissant pourra mettre en œuvre des procédés visant à atténuer les effets du trouble ressenti par l'être souffrant. Toutefois, ces moyens répondront à l'idée du remède que se fait le compatissant puisqu'en ressentant le désarroi d'autrui, il devient un des acteurs capables de prendre en charge la souffrance de la victime. Or, la compassion n'est ni aussi bienveillante[80], ni aussi neutre qu'il n'y paraît de prime abord[81]. En effet, l'acte compatissant vise tout aussi bien la satisfaction personnelle de celui qui l'accomplit que celle du

---

dans la même situation que lui. Il y a alors distorsion ou parfois inversion entre les sentiments que ressentent le souffrant et le compatissant. Sur ce point, V. J.-P. Clero, « V° sympathie », *in Dictionnaire d'éthique et de philosophie morale,* M. Canto-Sperber (dir.), 4e éd., Puf, Coll. « Quadrige », 2004, pp. 1904 et s., spéc. p. 1907.

[78] V. not. C. Tappolet, « V° pitié », *in Dictionnaire d'éthique et de philosophie morale,* M. Canto-Sperber (dir.), *op. cit.*, p. 1474 et s.

[79] C. Godin, « V° Compassion », *Dictionnaire de philosophie*, Fayard - éd. du temps, 2004, p. 219.

[80] Sur la différence entre bienveillance et sympathie, V. J.-P. Clero, « V° sympathie », *in* M. Canto-Sperber (dir.), *Dictionnaire d'éthique et de philosophie morale, op. cit.*, p. 1904 et s.

[81] V. not. C. Tappolet, « V° pitié », *in* M. Canto-Sperber (dir.), *Dictionnaire d'éthique et de philosophie morale, op. cit.*, p. 1471 et s ; P. Macherey, « V° sympathie », *in* P. Raynaud, S. Rials (dir.), *Dictionnaire de philosophie politique*, Puf, Coll. « Quadrige », 2003, p. 656 et s.

souffrant[82]. De plus, le caractère électif de la compassion et son aspect sentimental et donc irrationnel en font un critère naturel de discrimination qu'il faudra canaliser afin de limiter les risques de dérives inhérentes à la rencontre entre les sentiments et le droit. En ce sens, David HUME, dans la dialectique existant entre raison et passion, subordonnait la première à la seconde : « *la raison est et ne doit qu'être l'esclave des passions*»[83]. Toute rationalité, aussi objective puisse-t-elle paraître, est en réalité déterminée par le ressenti du sujet. Le raisonnement juridique ne saurait échapper à ce constat. Le droit est une science sociale ayant pour objet la régulation des rapports humains au sein d'une collectivité. Ce passage de l'unité individuelle - le sujet de droit - au groupe porte en lui la nécessité de dépasser les intérêts personnels et de forger un intérêt général. Au-delà du principe du monopole étatique de la défense de l'intérêt public, la manière dont le droit reçoit les expressions sociales ou individuelles de la compassion est assez disparate. Ainsi le premier élan du droit est bien compassionnel, puisqu'il vise à la reconnaissance de l'altérité et à l'apaisement des problèmes sociaux, le droit apparaît originairement pétri de compassion (**I**). Pour autant, les récentes et très nombreuses critiques, notamment doctrinales, d'une société de l'émotion, d'un populisme notamment pénal ou d'une surreprésentation des victimes sur la scène médiatique et judiciaire conduisent à dresser le constat que la compassion est aujourd'hui envisagée comme porteuse de travers sur lesquels il convient de réfléchir afin d'en limiter les effets. Le Droit est ainsi contrit par la compassion (**II**).

---

[82] *Idem*, p. 656 et s.

[83] D. Hume, *Traité sur la nature Humaine*, Livre II, 1739 Paris, Aubier, 1946, pp. 522 à 524. Sur cette citation, V. A. Reboul, « "La raison est l'esclave des passions", disait Hume », Actes du colloque Grame « L'art, la pensée et les émotions », 2001 : https://halshs.archives-ouvertes.fr/halshs-00003827"

I. Le droit pétri de compassion

Le droit est un système normatif permettant d'organiser les rapports interindividuels et sociaux au sein d'un groupe déterminé. Dès lors, il est nécessairement pétri de compassion dans la mesure où il repose fondamentalement sur la rencontre de deux êtres. Or, la reconnaissance d'une altérité repose sur la capacité du sujet à s'identifier à l'autre, à pouvoir partager émotions, idées et langage. Le ressenti compassionnel est dès lors crucial dans la détermination des sujets de droit puisqu'il va dans un premier temps falloir déterminer les membres du groupe social qui seront régis par les règles juridiques (A). Une fois les sujets identifiés, il sera possible d'appréhender les situations dans lesquelles la compassion entre directement dans le champ du droit (B).

A. La compassion dans la reconnaissance des sujets de droit

La compassion est un sentiment permettant l'identification et le partage de la souffrance d'autrui. En tant que projection interne de l'image d'un sentiment, la compassion se base tant sur la reconnaissance d'une altérité que sur la sensibilité de chacun. Profondément incarnée, la compassion n'est pas une vertu neutre : elle est partiale et peut être définie comme un « *attrait instinctif qu'une personne éprouve pour une autre, avant même d'avoir pu bien la connaitre* »[84]. Cette acception repose sur la symétrie existant entre sympathie et antipathie. Ces deux sentiments de l'intersubjectivité apparaissant au même âge chez l'enfant sont naturellement pendants[85]. Le caractère électif de l'antipathie est ainsi pleinement transposable sur la compassion. Cette élection fait de la sympathie le premier ressort permettant la création d'un groupe selon Freud[86]. L'altérité sera alors établie lorsqu'il existe une communauté de nature entre les individus d'une part, et lorsque ces sujets se retrouvent dans une communauté de choix ou de valeurs d'autre part.

---

[84] A. Lalande (dir.), « V° sympathie », *in Vocabulaire technique et critique de la philosophie*, 3ème éd., Puf, Quadrige, Coll. « Dicos Poche », 2010, pp. 1084-1085.

[85] R. Doron, F. Parot (dir.), « V° sympathie », *in Dictionnaire de psychologie*, 3e éd., Puf, Quadrige, Coll. « Dicos Poche », 2011, pp. 696-697.

[86] A. Lalande (dir.), « V° sympathie », *in Vocabulaire technique et critique de la philosophie*, *op. cit.*, p. 1084.

D'une part, la compassion s'établit lorsqu'il existe une communauté de nature chez les sujets. La reconnaissance de cette altérité est profondément déterminante pour le système juridique car il va s'agir de déterminer qui sont les sujets de droit, qui est juridiquement autrui. L'attribution même de la personnalité juridique se base ainsi sur l'identification et la reconnaissance. Dès lors, il n'est pas étonnant que l'élan premier permettant l'extension des membres du groupe social se retrouve dans un communautarisme revendicatif d'une cessation des éventuelles discriminations. La lutte plus ou moins violente dans l'accès au droit s'explique par le fait que l'augmentation de la population des sujets de droit n'est pas toujours jugée déterminante par les sujets bénéficiant déjà de cette personnalité juridique. Il est en effet difficile d'imposer, même rationnellement, la reconnaissance effective et ressentie de l'altérité. Ainsi, les luttes contre l'esclavage, contre la ségrégation, pour la dignité des populations et pour l'égalité entre les hommes et les femmes ont permis de leur réserver un traitement meilleure, la lutte contre les discriminations n'en est pas pour autant achevée.

En effet, basé sur un ressenti, l'accès à l'altérité et donc à la compassion est fortement conditionné par la sensibilité innée et acquise de la personne. Le conditionnement social opéré par la vie en collectivité, la culture ou même l'école joue donc un rôle majeur dans l'appréhension subjective de l'égalité entre autrui et le sujet. Finalement, l'attribution de la personnalité juridique découle directement de l'image émise lorsque l'Humanité se réfléchit au travers du droit. Les critères étant souvent intériorisés et non explicités, l'altérité consacrée par le droit est un bon indicateur de la manière dont se définissent les sujets de Droits, et sur la vision de leur propre Humanité et rôle social. La différence de statut juridique existant entre le fœtus, l'animal et les personnes morales traduit le constat selon lequel le sujet de droit en France se définit avant tout par sa patrimonialité et non par sa sensibilité ou encore son existence physique. En considérant les personnes morales comme leurs semblables, les sujets de droit fixent une vision de l'Homme comme un être agissant, un acteur économique. Socialement cette acception est portée par la définition même du verbe exister : avoir l'être[87].

[87] *Dictionnaire Littré*, «V° Exister ».

La différence entre être et avoir l'être semble être un élément permettant de comprendre pourquoi les animaux et les fœtus, dont l'existence physique ne fait aucun doute, ne bénéficient pas de l'octroi de la personnalité juridique. Le patrimoine est le droit de la personnalité permettant d'acquérir la propriété. Ce droit est ainsi conditionné par la reconnaissance du statut de sujet de droit, qui se produit par le fait d'être né vivant et viable. Ainsi, avant la naissance, aucune créance de réparation ne peut naître à l'encontre ou au profit d'un fœtus. La seule exception à ce principe concerne le droit des successions[88]. Cette vision centrée autour de la patrimonialité emporte des conséquences importantes car à l'absence de protection civile[89] répond l'impossibilité de considérer le fœtus comme autrui au sens du droit pénal[90]. Concernant les animaux, la naissance viable ne leur permet pas d'acquérir une quelconque personnalité juridique. L'évolution récente de leur statut en être vivants doués de sensibilité[91] font d'eux des meubles spéciaux. L'octroi d'un patrimoine ne revêt aucune utilité particulière concernant les animaux qui sont considérés comme des objets économiques et non comme des sujets. La tradition et l'utilitarisme viennent ici empêcher la reconnaissance de l'altérité.

D'autre part, la détermination des sujets n'est que la première étape dans la reconnaissance de l'altérité. En effet, le droit se définit généralement comme une modalité d'aménagement et de gestion des rapports sociaux susceptible d'une sanction étatique, étant

[88] C. Civ., art. 725.

[89] Il convient toutefois de noter que la si Cour européenne des droits de l'Homme n'impose pas aux Etats une harmonisation concernant le point de départ de l'existence humaine, elle impose néanmoins aux Etats de permettre une réparation civile lorsque la mort du fœtus repose sur une faute, considérant que le fœtus appartient à l'espèce humaine. : CEDH, gr. ch., 8 juill. 2004, V. c/ France, req. n°53924/00, § 84.

[90] Est ainsi exclue la qualification d'homicide involontaire : Cass., ass. plén., 29 juin 2001 : Bull. crim. n° 165 ; BICC 2001, n° 540, concl. J. Sainte-Rose, et rapp. P. Sargos ; D. 2001. 2917, note Y. Mayaud ; JCP 2001. II. 10569, rapp. P. Sargos, concl. J. Sainte-Rose, et note M.-L. Rassat ; *ibid.* 2002. I. 101, n° 21, obs. P. Murat ; Gaz. Pal. 2001. 2. 1456, note T. Bonneau ; *ibid.* 2002. 1. 85, concl. J. Sainte-Rose ; *ibid.* 2. 998, note S. Monnier ; Dr. pénal 2001. chron. n° 34, obs. L. Demont ; RTD civ. 2001. 560, obs. J. Hauser ; RSC 2002. 97, obs. B. Bouloc.

[91] Par la loi n° 2015-177 du 16 février 2015 *relative à la modernisation et à la simplification du droit et des procédures dans les domaines de la justice et des affaires intérieures*, article 2, modifiant les articles 515-14, 522, 524, 528, 533, 564, 2500 et 2501 du Code civil.

particulièrement évoquée la possibilité de saisir un juge. La prééminence du droit conduit ainsi à considérer que chaque sujet doit pouvoir agir en justice pour défendre ses droits subjectifs. Le caractère électif de la compassion va ici jouer un rôle perturbateur par le biais de la nécessité d'un intérêt à agir en justice. L'altérité sera clairement dépendante d'une communauté, même objectivée, de choix ou de valeurs. Il va s'agir de l'aspect moralisateur de la compassion. L'idée est ici de subordonner la protection de la règle de droit à un critère de mérite puisqu'il s'agit par exemple d'empêcher les sujets de tirer un profit juridique d'une situation illicite ou contraire aux bonnes mœurs. L'impossibilité de se prévaloir de ses propres turpitudes est ainsi un frein aux prétentions des parties. L'évolution sociale et notamment la décrépitude des bonnes mœurs viennent pour partie neutraliser ce verrou à l'accès au prétoire, puisque certains choix ne sont plus considérés comme moralement dérangeants. Il en va ainsi concernant la réparabilité du dommage des concubins[92], même adultérins[93].

La compassion provenant d'une reconnaissance de l'altérité conduit ainsi à dégager qui sont les sujets de droit et ceux qui peuvent agir en justice et son influence est tout aussi importante sur la reconnaissance des obligations juridiques.

B. La compassion dans la reconnaissance des obligations juridiques

La compassion comme l'obligation juridique s'inscrivent dans la thématique générale du devoir, voire du devoir-être. Alors que la figure classique du droit tend à faire de lui l'émanation d'un pouvoir et ainsi l'expression d'une relation verticale entre gouvernants et gouvernés, la compassion fait naître une communauté ressentie et une autorégulation du sujet. En ce sens, « *si un déchiffrage superficiel de la sympathie fait croire que c'est la grande ressemblance des individus qui les porte à sympathiser entre eux, un examen plus attentif permet de comprendre que c'est bien plutôt la crainte de n'être pas conforme aux autres, de ne pas ressentir ce qu'on imagine*

[92] Cass. ch. mixte, 27 févr. 1970, R. 1969-1970, p. 71 ; GAJC, 11e éd., n°s 181-182 (II) ; D. 1970, 201, note R. Combaldieu ; JCP 1970, II, 16305, concl. R. Lindon, note P. Parlange ; RTD civ. 1970, 353, obs. F. Durry.
[93] Riom, 9 nov. 1978, JCP 1979. II. 19107, note Almairac.

être ressenti par les autres, qui constitue la figure de la "nature humaine" »[94]. Les critères d'appartenance au groupe ne sont alors pas nécessairement explicités mais souvent fantasmés par ceux-là mêmes qui intériorisent ce sentiment d'appartenance.

Dans ce contexte, le législateur a tout intérêt à encourager les élans compassionnels des citoyens. Cet encouragement connaît principalement deux modalités, l'une étant positive et l'autre négative. Positivement, seront mises en place des politiques incitatives sous la forme d'avantages fiscaux[95] ou de subventions aux associations contribuant horizontalement au bon déroulement des rapports sociaux[96]. De même, des aménagements de peines peuvent être accordés aux condamnés qui témoigneraient véritablement de la compassion pour leurs victimes, ce sentiment devant être distingué du seul regret d'avoir commis une infraction et d'avoir fait une victime[97]. Négativement, le législateur va ponctuellement assortir le défaut de compassion d'une sanction civile ou pénale, actant qu'il est très difficile d'imposer directement aux individus d'adopter un comportement bienveillant.

La sanction civile du défaut de compassion réside essentiellement dans la réparabilité du dommage moral fondée sur l'article 1382 du Code civil. À titre d'exemple, la faute d'humanisme en matière médicale est constituée lorsque dans le cadre, notamment de son obligation d'information ou de recueil de consentement, le membre du corps médical s'adresse au patient ou à sa famille sans ménagement aucun. Relevant de la compétence exclusive du médecin, l'annonce que le pronostic vital est engagé doit se faire « *avec circonspection* »[98] et les proches de la victime doivent être prévenus, sauf interdiction faite par le malade, afin qu'ils puissent lui apporter le soutien nécessaire.

---

[94] J.-P. Clero, « V° sympathie », *in* M. Canto-Sperber (dir.), *Dictionnaire d'éthique et de philosophie morale, op. cit.*, spéc. p. 1908.
[95] Par exemple, en cas de mécénat : CGI, art. 238 *bis*.
[96] Par exemple, en cas de reconnaissance de l'association comme ayant un but d'utilité publique par décret en Conseil d'Etat.
[97] Par exemple, en cas de libération conditionnelle : C. proc. pén., art. 729.
[98] C. santé pub., art. R. 4127-35 ; C. déont. méd., art. 35.

En outre, le législateur vient ponctuellement imposer des obligations civiles de secours et d'assistance notamment en droit de la famille[99]. En dehors des cas prévus par la loi, la compassion peut également être rendue obligatoire par le mécanisme de la novation d'une obligation naturelle en obligation civile. Si touchée par la détresse d'autrui une personne décide de lui venir en aide matériellement ou financièrement de façon répétée, faisant légitimement naître l'espoir chez autrui que ce comportement durera dans le temps, le juge pourra contraindre le compatissant devenu débiteur de continuer l'exécution de son obligation ou de la résoudre en dommages et intérêts[100]. La compassion passe ainsi d'un élan humain spontané à une obligation juridique prononcée par le juge.

La sanction pénale du manque de compassion est essentiellement indirecte. En effet, les incriminations en question ne visent pas expressément la défense de cette valeur. Elles ont pour socle la défense de la dignité de la personne humaine et le respect de son intégrité psychique ou physique. Sont ainsi notamment sanctionnés les tortures et actes de barbarie réprimant une violence extrême visant à nier chez autrui la dignité de la personne humaine[101], l'omission de porter secours[102], le *happy slapping*[103] – qui est l'enregistrement et la diffusion d'images de violence sur Internet – ou encore la discrimination[104]. Le respect abstrait et absolu de la vie et de la dignité humaine conduisent également à la condamnation des médecins et infirmiers qui se livreraient à l'euthanasie. Le principe d'indifférence des mobiles couplé à l'absence de texte autorisant cette pratique[105] renvoie au seul législateur la possibilité de faire évoluer le

---

[99] C. civ., art. 212.

[100] P. Malinvaud, *Introduction à l'étude du droit,* Litec, 13e éd., 2011, n° 427, p. 383 ; F. Terré, P. Simler et Y. Lequette, *Droit civil, les obligations*, Dalloz, 9e éd., 2005, n° 1052, p.1011 ; F. Terré, *Introduction au droit*, Dalloz, 7e éd., 2006, n° 19 et s., pp. 17 et s.

[101] C. pén., art. 222-1 et s.

[102] C. pén., art. 223-6 et s.

[103] C. pén., art. 223-33-3.

[104] C. pén. art. 225-1 et s.

[105] La loi dite Léonetti n° 2005-370 du 22 avril 2005 *relative aux droits des malades et à la fin de vie* a permis la mise en place de soins palliatifs et l'arrêt des traitements. Il ne s'agit pas de donner la mort, comme en matière d'euthanasie, mais seulement de ne pas empêcher de manière intrusive sa survenue contre la volonté du patient.

droit s'il souhaite éviter que ne soient prononcées des condamnations pénales. La seule possibilité d'exonération de responsabilité concerne les proches de la victime qui auraient, du fait de l'état de cette dernière, été moralement contraints d'abréger ses souffrances. La contrainte morale est une stratégie procédurale très risquée dans la mesure où elle n'est que très rarement reconnue, et qu'elle suppose, pour être invoquée, une reconnaissance de la matérialité infractionnelle.

Au-delà de l'incitation à la compassion et de la sanction de son défaut, il est pertinent de se demander comment le droit reçoit les prétentions des compatissants. En effet, la compassion est une pulsion menant à l'action dans le but de faire cesser le trouble. Or, puisque « *les sentiments d'autrui ne peuvent jamais nous affecter qu'en devenant les nôtres en quelque mesure* »[106], se pose la question d'une transmissibilité de l'intérêt à agir en justice par le biais de la compassion. L'étude de l'intérêt mais également de la qualité pour agir permettra de répondre à cette question en recadrant les enjeux. En effet, s'il est important de rendre possible l'action des citoyens dans leur lutte pour le droit[107], il ne l'est pas moins de leur garantir une non-ingérence d'autrui dans leurs affaires personnelles. Pour savoir si la compassion ouvre les portes du prétoire, il conviendra alors de distinguer principalement entre trois situations. Tout d'abord, lorsque la souffrance d'autrui cause directement un tort matériel ou moral, le droit reconnaît pleinement la possibilité d'agir à la victime dite par ricochet[108]. Cette action banale peut en effet être intentée par quiconque remplira les conditions tenant à la réparabilité du dommage. Ensuite, le compatissant n'est pas, par principe, recevable à agir dans la défense de l'intérêt exclusif de la victime souffrante en vertu de l'adage selon lequel « *nul ne plaide par Procureur* »[109].

---

[106] D. Hume, *Traité de la nature humaine*, 1739, Paris, Aubier, 1946, cité *in* J.-P. Clero, « V° sympathie », *in* M. Canto-Sperber (dir.), *Dictionnaire d'éthique et de philosophie morale*, *op. cit.*, spéc. p. 1905.

[107] R.Von Jhering, *La lutte pour le droit*, Dalloz-Sirey, Coll. « Bibliothèque Dalloz », 2006.

[108] V. M. Fabre-Magnan, *Droit des obligations*, 2 – Responsabilité civile et quasi contrats, Puf, coll. Thémis, 3e éd., 2013, pp. 146 et s. ; Y. Buffelan-Lanore et V. Laribau-Terneyre, *Droit civil, les obligations*, Sirey, 13e éd., 2012, n° 1658 et s., pp. 602 et s.

[109] N. Cayrol ; «V° association », Rép. proc. civ. Dalloz, 2013, spéc. n° 402 et s.

La compassion ne fait pas naître un intérêt propre emportant qualité pour agir, hors habilitation légale : représentant légaux, syndicats, associations[110]... Enfin, la compassion peut mener le citoyen à vouloir agir au nom d'une cause qui le meut particulièrement. Cette action sera par principe écartée en raison d'une irrecevabilité pour défaut de qualité à agir, le Ministère public détenant le monopole de la défense de l'intérêt général[111]. Toutefois, le législateur encourage le phénomène associatif en permettant à ces groupements d'agir devant les juridictions. Leurs statuts doivent simplement prévoir précisément la cause défendue et la possibilité d'ester en justice.

Pétri de compassion, de la détermination des sujets de droit à l'édiction de comportements sociaux respectueux des droits de chacun et de la dignité d'autrui, le droit ne reçoit pas moins les effluves négatives de cette pulsion. Les juristes, eux-mêmes touchés par ce sentiment, tentent de limiter le trop-plein compassionnel qui pourrait mettre à mal la rationalité et l'objectivité de leur matière. Le droit nourri de compassion devient alors contrit par ce même sentiment.

II. Le droit contrit par la compassion

À l'origine, les sphères politiques et morales étaient fusionnées du fait de la confusion des pouvoirs spirituels et temporels. L'ère du positivisme juridique permettant une autojustification du système a conduit à diminuer et réfléchir la place de la morale, du politique et surtout de l'opinion publique sur le juridique. La compassion comme vecteur général de diffusion des idées dans une société post-moderne de l'image, de l'information et de l'émotion[112] est ainsi détournée afin d'asseoir la politique voulue par les créateurs de normes (A). Lassés par cette instrumentalisation et la déperdition qualitative des normes parfois induite par ce mouvement, les juristes en viennent à refouler la compassion sous couvert de la scientificité et de l'objectivité du droit (B).

---

[110] C. proc. pén., art. 2-1 et s.

[111] V° F. Fourment, *Procédure pénale*, Larcier, coll. Paradigme, 14ᵉ éd., n° 282, p.147 ; C. proc. civ., art. 422 et 423.

[112] V. not. J.-F. Lyotard, *La condition postmoderne, Rapport sur le savoir*, Les éditions de minuit, coll. Critique, 1979.

A. Le détournement juridique de la compassion

La compassion, qui est traditionnellement présentée comme une vertu, peut devenir un travers, qu'elle soit instrumentalisée à des fins politiques par le législateur ou qu'elle soit une manifestation de l'extension de l'office du juge qui, d'exécuteur à créateur de la norme, choisit parfois de déjouer les rigueurs de la loi.

D'une part, le droit peut être envisagé comme un outil pétri de compassion, de pacification des rapports sociaux, mais il est également l'instrument du pouvoir politique en place. Le législateur tire sa légitimité de l'élection. Pour demeurer élu, la tentation est alors grande de répondre davantage aux attentes du peuple qu'à ses véritables besoins. S'il apparaît naturel que le compatissant tire quelques avantages dans la résolution des problèmes de l'être souffrant[113], la compassion apparaît dévoyée lorsqu'elle est utilisée seulement pour feindre cette remédiation. Sous couvert de proximité avec les problèmes des sujets de droit, le législateur semble souvent davantage enclin à exposer les souffrances qu'à les faire cesser. La compassion est alors utilisée comme un outil de séduction. Il en est ainsi par exemple du discours entourant les victimes d'infractions et particulièrement leur maintien *ès* qualité dans la phase post-sententielle du procès pénal. Alors qu'il n'a jamais été nécessaire de demeurer une victime pour être créancier, le maintien artificiel de ce statut participe de la perpétuation de l'identification comme victime, ce qui stabilise l'électorat en plus de donner l'illusion d'une écoute des problèmes sociaux. L'expression plurielle de problèmes sociaux variés conduit à deux phénomènes : la multiplication des textes réflexes suivant rapidement la commission d'un fait divers ou l'émergence d'un débat social. Cette production anarchique nuit à la sécurité juridique dans la mesure où certaines normes adoptées à la hâte ne répondent pas aux exigences de qualité requise de la norme en elle-même[114], et ne s'intègrent pas toujours de façon harmonieuse

---

[113] P. Macherey, « V° sympathie », *in* P. Raynaud, S. Rials (dir.), *Dictionnaire de philosophie politique*, p. 656 et s.

[114] La mise en place du mécanisme de la question prioritaire de constitutionnalité permet ainsi de mettre en avant les malfaçons internes de la loi et assure les sujets de droit de l'application d'un droit qualitatif à défaut de garantir la certitude de son application.

dans le tissu normatif qu'elles réglementent[115]. Le législateur se retrouve comme le citoyen noyé sous les demandes sociales qu'il peine à modérer. S'ensuit un phénomène de saturation émotionnelle et donc intellectuelle qui conditionne peu à peu un cynisme social et un sentiment de dépassement voire de découragement. Compatir fait ici défaillir. Le deuxième phénomène produit est alors la simplification, parfois outrancière, des problèmes sociaux autour d'enjeux dualistes. Ce mouvement va être grandement facilité par le caractère électif de la compassion. « *Malheureusement, les partis comme les individus s'accordent plus par une antipathie commune, que par une sympathie réciproque* »[116]. Pour maintenir une attention autour des problèmes choisis, les représentants nationaux n'hésitent ainsi pas à attribuer de manière manichéenne des raisons et des torts à des catégories sociales dépersonnalisées, objectivisées afin de mettre en échec le sentiment d'altérité. À la personne dangereuse, l'étranger ou le coupable sont opposés les victimes potentielles, les nationaux, les innocents. Les éléments de langage jouent ainsi un rôle prépondérant dans la constitution du discours social formulant les problématiques à résoudre. Classiquement, la manière d'énoncer le problème traduit la manière dont on le perçoit. Ainsi, en 1945 dans une société patriarcale et moralisée, les enfants n'étaient pas considérés comme représentant une menace spéciale. Eu égard à leur jeune âge, à leur manque d'expérience et à leur grande influençabilité, les enfants faisaient ainsi l'objet d'un droit pénal propre. Principalement conçue autour de la primauté de l'éducatif sur le répressif, l'ordonnance de 1945 régissait

---

[115] V. par exemple : R. Savatier, « L'inflation législative et l'indigestion du corps social », D. 1977, p. 43 ; F. Terré, « La crise de la loi » *in Archives de philosophie du droit*, 1980, t. 25, p. 17 ; J.-C. Zarka, « A propos de l'inflation législative », D. 2005, p. 660 ; M. Malaurie-Vignal, « L'hyper-technicité et la proximité du droit », Cont. conc. Conso., 2006, repère 2 ; P. Mbongo, « L'inflation législative comme discours doctrinal », D. 2005 p. 1300.
En matière pénale tout particulièrement, par exemple V. J.-H. Robert, « La politique pénale : ressorts et évolutions », Pouvoirs, 2009, La pénalisation, n° 128, p. 103 ; C. Guery, « Kafka II ou "pourquoi faire simple quand on peut faire... une nouvelle loi sur la prescription des infractions commises contre les mineurs ?" » », D. 2004, pp. 3015 et s. ; J. Danet, « Cinq ans de frénésie pénale », *in* L. Mucchielli (dir.), *La frénésie sécuritaire, retour à l'ordre et nouveau contrôle social*, La Découverte, coll. Sur le Vif, 2008, pp. 20-29, spéc. p. 26.
[116] L.-N. Bonaparte, Napoléon III, *Œuvres de Napoléon III*, Paris, Amyot, 1854-1856.

les conditions de responsabilité de l'*enfant* délinquant[117]. Il n'est ainsi pas anodin de constater que le terme *mineur* est aujourd'hui préféré à celui d'*enfant*, notamment dans le rapport Varinard[118]. Plus neutre, le terme de mineur appauvrit la distinction formellement entre enfant et adulte à une question objective d'âge. Le droit pénal des mineurs, surtout ceux dont l'âge est compris entre 16 et 18 ans, se rapproche ainsi grandement de celui des adultes. L'heure ne semble plus être à la compassion pour les mineurs, nonobstant la citation d'ouverture du rapport « *devant l'enfant, la décision judiciaire n'est valable que si elle exprime un acte de solidarité et d'amitié* »[119].

D'autre part et face à l'instrumentalisation politique de la compassion, la question se pose de savoir si le juge est lui aussi un être compatissant. *A priori* moins exposé aux risques de dérives puisque ne tirant pas sa légitimité de l'élection, ce dernier ne subit pas moins une défiance du fait de la crainte ancestrale de son arbitraire. En effet, son pouvoir sur les sujets de droit est le plus direct car de par son jugement, il est à même de modifier immédiatement la situation juridique et matérielle des justiciables. Le discours du juge est ainsi, contrairement à celui de l'homme politique hors exercice normatif, directement performatif[120]. Le jugement se doit ainsi d'être motivé juridiquement[121]. Dès lors, la compassion ne peut pas fonder une décision de justice. Il est toutefois possible de la déceler sous d'autres notions sous-jacentes à l'idée de Justice. L'exemple topique en la matière se retrouve dans les hypothèses dans lesquelles le juge statue en équité. La possibilité de trancher le litige en amiable compositeur est légalement prévue en cas d'accord exprès des parties en droit judiciaire privé[122]. En dehors de cette exception légale, le juge est tenu d'appliquer la règle de droit indépendamment de son sentiment sur la

---

[117] Ordonnance n° 45-174 du 2 février 1945 relative à l'enfance délinquante.

[118] Rapp. dit Varinard, de la commission de propositions de réforme de l'ordonnance du 2 févr. 1945 relative aux mineurs délinquants intitulé « *Entre modifications raisonnables et innovations fondamentales : 70 propositions pour adapter la justice pénale des mineurs* », spéc. prop. n° 2, p. 51.

[119] J. Chazal, *L'enfance délinquante*, Puf, coll. « Que sais-je ? », 1967.

[120] Sur la performativité du langage juridique, V. not. P. Amselek, *Cheminements philosophiques, Dans le monde du droit et des règles en général*, Armand Colin, coll. « Le temps des idées », 2012, pp. 275 et s.

[121] C. proc. civ., art. 12, al. 1.

[122] C. proc. civ., art. 12, al. 4.

justice ou l'équité de sa décision. Il est toutefois des situations dans lesquelles les rigueurs excessives de la loi peuvent conduire à une situation non souhaitable. Afin de ne pas accabler des parties en difficulté ou encore afin de ne pas donner au droit une tournure opposée à l'idée d'une justice distributive ou simplement rétributive[123], le juge cède parfois à ses penchants humanistes et déjoue l'application normale de la règle de droit. Ainsi, le bon juge Magnaud lors de l'affaire *Ménard* ne pouvant se résoudre à condamner pour vol la mère de famille dérobant du pain pour nourrir ses enfants a créé l'état de nécessité[124]. Contournant le droit, le juge devient véritablement un créateur de norme. En l'espèce, le législateur est venu ratifier la décision prise par le magistrat en légalisant ce fait justificatif[125]. Protégeant son pouvoir de création des normes, le législateur vient parfois contrecarrer explicitement une solution judiciaire. Ainsi, dans l'affaire *Perruche*, l'assemblée plénière de la Cour de cassation avait reconnu la réparabilité du préjudice de naître handicapé à la suite de fautes médicales[126]. La compassion vis-à-vis de la détresse éprouvée par l'enfant lui-même avait conduit les juges à lui accorder des dommages et intérêts. Le législateur est par la suite intervenu afin d'anéantir les effets de cette jurisprudence au travers d'une loi dite « *anti-Perruche* »[127]. L'article L. 114-5, alinéa 1 du Code de l'action sociale et des familles dispose désormais que « *nul ne peut se prévaloir d'un préjudice du seul fait de sa naissance* ». Il est enfin des hypothèses dans lesquelles le caractère électif de la

---

[123] V. not. J.-L. Euvrard, « V° Aristote », *in* L. Cadiet (dir.), *Dictionnaire de la Justice*, Puf, 2004, p. 72 et s.

[124] T. corr. Château-Thierry, 4 mars 1898 ; en appel : Amiens, 22 avr. 1898 : DP 1899. 2. 329, note L. Josserand ; S. 1899. 2. 1, note A. Roux.

[125] C. pén., art. 122-7.

[126] Cass., ass. plén., 17 nov. 2000, D. 2001, Chron. 489 et Defrénois 2001.262, note J.-L. Aubert ; D. 2001. Chron. 492 et Defrénois 2001.281, note L. Aynès ; Gaz. Pal. 2002. Doctr. 664, note Deguergue ; D. 2002. Chron. 2349, note B. Edelman ; RTD civ. 2001. 285 (avortement et responsabilité médicale), note M. Fabre-Magnan ; Dr. fam. 2001. Chron. 7, note D. Fenouillet ; JCP 2001. I. 287., note P.-Y. Gautier ; LPA 8 déc. 2000, note M. Gobert ; D. 2001. Chron. 1889, note P. Kayser ; D. 2000, n° 44, p. III., note C. Labrusse-Riou et B. Mathieu ; RCA 2001. Chron. 4., note F. Leduc ; RGDA 2001. 13., note Y. Mayaux ; JCP 2000. I. 279., chron. G. Mémeteau ; JCP 2000, n° 50, p. 2267, note F. Terré ; JCP 2001. I. 286., note G. Viney.

[127] Loi n° 2002-303 du 4 mars 2002 *relative aux droits des malades et à la qualité du système de santé.*

compassion a fait rendre aux juges des décisions ayant donné lieu à des poursuites disciplinaires. Il en est ainsi du juge *Bidalou* qui, lorsqu'étaient opposés des locataires et des propriétaires, donnait systématiquement raison aux premiers qu'il estimait dans une situation matérielle plus précaire[128].

Le juge est ainsi parfois tenté de contourner le droit et devenir un créateur de norme lorsque sa compassion – induisant une volonté de ne pas infliger une décision justifiée juridiquement mais injuste concrètement – prend le pas sur le devoir qui est le sien de faire appliquer le droit[129]. Ce dernier se pare alors d'un arbitraire confinant parfois à l'insécurité juridique. Pour lutter contre ces travers, les juristes tentent de se convaincre de l'objectivité du droit et de sa scientificité en refoulant le sentiment compassionnel.

B. Le refoulement juridique de la compassion

La lutte contre la compassion, et les sentiments de manière générale, devient un nouveau travers du juriste moderne qui, conscient du trop-plein compassionnel ambiant, tente de légitimer le retour à la casuistique judiciaire sous couvert de neutralité ou encore de rationaliser sa matière à l'extrême au détriment parfois de la simple logique.

D'une part, la remise en question du rôle du législateur et de ses qualités de créateur de norme ainsi que l'épanouissement des thèses post-modernes ont conduit à la propagation de modèles de régulation sociale moins verticaux. Cette montée en puissance des rapports horizontaux semble entrer en résonnance avec la compassion, sentiment de partage égalitaire[130]. Puisque la compassion pétrit le droit et que les sujets juridiques s'inscrivent naturellement dans une dynamique d'acteurs sociaux, il apparaît illusoire de vouloir complètement éradiquer l'influence des sentiments sur le droit. Il va plutôt s'agir de donner une assise juridique suffisamment stable pour

---

[128] V. CE, 5 mai 1982, Bidalou, D. 1984.103, note F. Hamon.

[129] C. civ., art. 5 ; V. également D. Lanzara, *Les modes prétoriens d'aménagement des principes du droit des obligations,* th. Nice, 2014.

[130] A. Comte-Sponville, *Petit traité des grandes vertus*, éd. Points, coll. « Essais », 2014.

permettre à la fois de maximiser la sécurité juridique et de répondre aux besoins d'une justice casuistique et raisonnée. Plutôt que de risquer une mise en échec du droit lorsque celui-ci apparaît particulièrement rude, une nouvelle forme de régulation sociale vient peu à peu concurrencer la règlementation classique. Ainsi, à la *hard law* succède la *soft law*. Grâce à des notions floues[131] et des concepts-cadres, le juge gagne en latitude ce que le justiciable perd en prévisibilité, afin de répondre au mieux à la situation concrète tout en motivant juridiquement la solution. Cette caution de neutralité se voit dans l'éviction du bon père de famille auquel on préfère la raisonnabilité[132]. De même, la notion-cadre de dignité de la personne humaine a pu conduire le juge à prononcer des libérations compassionnelles de détenus en fin de vie afin d'éviter les condamnations européennes[133]. L'exaltation de cette casuistique conduit à une revalorisation du rôle social du juge mais également à un mouvement de sectorialisation de la régulation, particulièrement dans le domaine économique. Les autorités de régulations chargées d'émettre les normes les établissent alors de concert avec les sujets régulés[134] et sont ensuite investies du pouvoir de juger, parfois même au pénal[135]. Ce mouvement de spécialisation du droit et de prééminence de la casuistique conduit à un mouvement opposé tendant quant à lui à la rationalisation et à l'harmonisation du contenu de la règle de droit.

D'autre part, les juristes tentent de pallier ces excès dans les domaines où ils sont le plus palpables. Ainsi la réparation du dommage corporel et particulièrement du dommage moral fait l'objet

---

[131] V. not. M. Delmas-Marty, *Le flou du droit*, Puf, coll. Quadrige Essais Débats, 2004.

[132] Loi n° 2014-873 du 4 août 2014 *pour l'égalité réelle entre les femmes et les hommes.*

[133] Par exemple : CEDH, décis., 7 déc. 2001, Papon c/ France, req. n° 64666/01 : D. 2001. 2335, note J.-P. Céré ; D. 2002. 683, obs. J.-F. Renucci.

[134] V. not. M. Teller, « La gouvernance des banques à l'aune de la crise – La gouvernance financière », *in* Y. Strickler (dir.), *Variations juridiques et politiques – Clés pour la compréhension d'un monde contemporain*, L'Harmattan, Coll. « Droit privé et sciences criminelles », 2013, pp. 255 et s.

[135] V. not. J. Lasserre Capdeville, « Remarque sur " des principes communs pour les autorités administratives dotées d'attributions répressives" », Bull. Joly Bourse et prod. fin., 2012. pp. 330 et s. ; E. Piwina, « La dévolution d'un pouvoir de sanction aux autorités administratives indépendantes », RFDA 2010. 915.

d'études visant à une harmonisation des modalités de calculs et de tableaux indicatifs, de référentiels sur le *quantum* de réparation alloué par les juridictions[136]. La limitation de l'aléa judiciaire ainsi que la diminution de l'inégalité entre victimes d'un même dommage répond pleinement aux critères de qualité des normes. La sécurité juridique nécessite en effet un certain degré de prévisibilité que ne permet pas la casuistique pure. Pour autant, la pré-tarification des dommages moraux est une entreprise pour le moins paradoxale puisqu'il s'agit de désincarner les dommages les plus personnels. Cette déshumanisation est d'ailleurs pleinement à l'œuvre lorsqu'il s'agit d'envisager la réparation des préjudices moraux d'une personne morale. En effet, qu'une personne morale subisse un dommage moral, c'est-à-dire une atteinte à sa réputation, et que cette atteinte provoque un préjudice de type économique n'a rien d'illogique ou de choquant. En matière commerciale notamment, l'image d'une marque est ce qui lui permet de se démarquer de ses concurrents. En ce sens, la doctrine économique libérale postule la sympathie vis-à-vis d'une entreprise comme un contrepoids nécessaire au jeu dispersif de la concurrence[137]. Pour autant, reconnaître que par principe une personne morale peut souffrir d'un préjudice moral[138] revient à considérer qu'un sujet de droit désincarné est susceptible de ressentir de la peine, d'avoir des sentiments. Ainsi, pour lutter contre une certaine complaisance permise par la casuistique, les juristes en viennent à humaniser des personnes morales puisque ces dernières sont des sujets de droit au même titre que les êtres humains… Le refoulement juridique de la compassion conduit ainsi à des situations socialement illogiques, ce qui n'est guère étonnant eu égard au principe Humien selon lequel « *la raison est l'esclave des passions* ».

---

[136] V. not. Y. Lambert-Faivre (dir.), *Rapport sur l'indemnisation du dommage corporel,* 2003 ; J.-P. Dintilhac (dir.), *Rapport du groupe de travail chargé d'élaborer une nomenclature* des préjudices corporels, 2005.

[137] Doctrine portée par A. Smith, cité *in* C. Godin, « V° Compassion », *Dictionnaire de philosophie*, Fayard – éd. du temps, 2004, p. 219.

[138] Cass. com., 15 mai 2012, Bull. civ. IV, n° 101 ; D. 2012. 1403, obs. X. Delpech ; D. 2012. 2285, note B. Dondero ; Rev. sociétés 2012. 620, note Ph. Stoffel-Munck ; JCP 2012, n° 1012, note V. Wester-Ouisse.

L'emprise de l'indifférence sur le droit

Charlotte DAUTUN

Résumé. *Quand le Droit se pare d'indifférence, le juriste ne peut y être indifférent. Œuvre du législateur ou du juge, le désintérêt porté à certaines données humaines, sociales, et parfois juridiques, se présente telle une forme de neutralité. Pourtant, l'indifférence en Droit n'est jamais synonyme d'objectivité. Marque d'une profonde sensibilité, tant dans le choix qu'elle représente que dans le résultat qu'elle engage, l'indifférence est une liberté naturelle exprimée par et pour le Droit, afin de le construire. Si cette pratique se révèle inéluctable, son absence d'encadrement entraîne toutes formes de dérives. Partant, elle est aussi employée de manière discrétionnaire, en tant que méthode de correction du Droit.*

Partagés entre le blâme et l'éloge, les jugements portés sur l'indifférence sont, ironiquement, la marque de ce qu'elle n'est qu'une énigme pour l'entendement. Clé de la sagesse pour les stoïciens[139], elle perd sa vertu quand elle s'associe à l'égoïsme, pour devenir une forme de mépris. Le Droit n'échappe pas à cette ambivalence. Il interdit notamment l'inaction face à l'urgence présente, par les délits d'omission de porter secours[140]. Il est encore tenté de proscrire l'insensibilité face aux évènements passés, par l'adoption de lois mémorielles[141]. Mais, ailleurs, notre arsenal normatif promeut l'indifférence à l'âge, au sexe ou à la religion d'autrui, en obligeant à la neutralité par le principe de non-discrimination[142]. C'est en réalité

[139] Le philosophe actuel peut encore trouver dans l'indifférence des « vertus cachées ». A cet égard, v. J.-J. Wunenburger, « L'indifférence, faiblesse et force », *in Autres temps,* Cahiers d'éthique sociale et politique, n° 41, 1994, pp. 19 à 26 et spéc. p. 24.

[140] Art. L-223-6 et L223-7 C. pén.

[141] L'absence de normativité des lois mémorielles a cependant été retenue par le Conseil constitutionnel dans sa décision n° 2012-647 DC du 28 février 2012 ; solution rappelée par la Cour de cassation : Cass. crim 5 fév. 2013, n° 11-85.909, FS-P+B+R, D. 2013 p. 436, note P. Egéa ; AJ pénal 2013 p . 218, obs. O. Décima ; RSC 2013 p. 79, obs. Y. Mayaud, et 99, obs. J. Francillon.

[142] Par exemple, art. L 1132-1 C. travail : « *Aucune personne ne peut être écartée d'une procédure de recrutement ou de l'accès à un stage ou à une période de formation en entreprise, aucun salarié ne peut être sanctionné, licencié ou faire l'objet d'une mesure discriminatoire, directe ou indirecte, telle que définie à l'article 1er de la loi n° 2008-496 du 27 mai 2008 portant diverses dispositions d'adaptation au droit communautaire dans le domaine de la lutte contre les*

que l'indifférence n'est jamais appréciée en elle-même, mais toujours au regard des objets sur lesquels elle porte.

Révéler l'empreinte de l'indifférence, quand elle est marquée par le Droit est alors bien mal aisé. Pire, cela est impossible, si l'on considère avec Dabin que le Droit n'est jamais indifférent quand il ne régit pas un domaine, car octroie en ce cas une liberté à l'homme. Pourtant, cette liberté ne peut être entendue au sens juridique. Là où le législateur n'intervient pas, il n'existe certes aucun devoir, mais également aucun droit. Il s'agit tout au plus d'une liberté sociale, d'une tolérance, expression synonyme de l'indifférence[143]. Au-delà, il serait réducteur d'imaginer l'indifférence sous ce seul aspect. Celle-ci s'intègre également d'une certaine manière au Droit, quand le législateur et le juge érigent certains critères et en délaissent d'autres pour qualifier les notions juridiques, établir les catégories.

Ce constat posé, ce n'est pourtant que celui d'un résultat d'indifférence. L'ambiguïté de l'indifférence tient à ce point : elle est une expression comportementale, mais pas nécessairement sentimentale, et ce pour deux raisons. La première repose sur l'ambivalence de l'état d'insensibilité, pouvant représenter un profond dédain ou, au contraire, une totale absence de sentiment. Et, quand elle exprime un dédain, l'indifférence n'est encore pas un sentiment classique, car elle désigne alors la conséquence émotionnelle d'une pluralité d'affects, négatifs ou positifs. La seconde gît dans l'idée que l'indifférence est potentiellement la représentation d'un manque de volonté même.

---

discriminations, notamment en matière de rémunération, au sens de l'article L. 3221-3, de mesures d'intéressement ou de distribution d'actions, de formation, de reclassement, d'affectation, de qualification, de classification, de promotion professionnelle, de mutation ou de renouvellement de contrat en raison de son origine, de son sexe, de ses mœurs, de son orientation ou identité sexuelle, de son âge, de sa situation de famille ou de sa grossesse, de ses caractéristiques génétiques, de son appartenance ou de sa non-appartenance, vraie ou supposée, à une ethnie, une nation ou une race, de ses opinions politiques, de ses activités syndicales ou mutualistes, de ses convictions religieuses, de son apparence physique, de son nom de famille, de son lieu de résidence ou en raison de son état de santé ou de son handicap ».

143 J. Saada-Gendron, *La tolérance*, Corpus, Paris, Flammarion, 1997, p. 13 : « *la tolérance serait la forme paradoxalement morale d'un nihilisme ou d'un indifférentisme en matière morale* ».

Une donnée semble pourtant devoir caractériser l'indifférence : la liberté. Sans celle-ci les jugements de cet état n'auraient pas lieu d'être. C'est parce que nous pouvons combattre notre propre indifférence, que nous devons parfois le faire, aux yeux de la morale ou du Droit. L'indifférence témoignée par le Droit devrait donc supposer une telle capacité pour s'apparenter à celle de l'homme. Néanmoins, en tant que conséquence sentimentale, elle ne peut être qu'un phénomène juridique inéluctable, le législateur ne pouvant être passionné par tout - donc partout - et son contraire.

Alors, apprécier l'emprise quantitative et qualitative du sentiment d'indifférence sur le Droit suppose à la fois de s'assurer qu'elle est l'expression d'une volonté et qu'elle résulte d'une certaine liberté. C'est en cela révéler tant sa nature que sa fonction. L'emploi du singulier supporte ici uniquement le genre désigné. Il nous faut vite reconnaître la multiplicité des formes d'expression de l'indifférence en droit.

À cet égard, il convient de préciser que l'étude ne s'attardera pas sur l'indifférence de l'homme à l'égard du Droit. La raison en est que la définition de cet état se fait selon une dichotomie évidente : l'indifférence, tenant au non respect de la règle, ne sera pas un sentiment quand elle le fruit de l'état de nécessité, et détiendra cette qualité dans tout autre cas. Elle sera alors en principe condamnable, car elle exprimera un libre sentiment ne pouvant être toléré. Il faut cependant lui reconnaître une emprise certaine sur le Droit, car, si celle-ci était partagée de tous, le système juridique serait réduit à peau de chagrin.

L'indifférence témoignée par le Droit, elle, est dotée d'un effet positif. Elle est tout d'abord un fait avéré en participant à la construction du Droit **(I).** C'est alors lui reconnaître une nature particulière, celle de la technique. L'indifférence est encore utile par la fonction juridique qui lui est souvent attribuée : être un moteur de correction du Droit **(II).** En cela, l'indifférence éclaire tout autant l'orientation du Droit que le Droit éclaire l'essence de la notion.

I. L'indifférence, technique constructive du Droit

Tout d'abord, l'indifférence crée l'ordre. La rigueur qu'elle engendre ne doit cependant pas préjuger de sa propre souplesse. Celle-ci se révèle par les deux conditions préalables de son expression en Droit. Le législateur comme le juge ne peuvent témoigner d'une réelle indifférence, que s'ils disposent de la faculté de l'exprimer (A). Elle ne pourrait pas plus exister sans être affranchie de toute barrière du Droit. L'indifférence se révèle alors toujours comme sentiment, quand elle représente une liberté juridique (B).

A. La faculté de l'indifférence juridique

L'absence de cause naturelle contraignant à l'indifférence n'est pas toujours un constat relevant de l'évidence. Il convient de distinguer selon que l'objet de l'exclusion juridique est une donnée objective ou subjective.

Dans le premier cas, le doute n'est pas permis. Seule l'appréciation d'un fait connu de tous peut varier. Son existence, elle, ne peut être contestée. Si le Droit ne s'y intéresse pas, ce n'est donc pas par empêchement, mais parce qu'il s'y refuse. C'est d'ailleurs ainsi qu'a pu être interprété le retard pris par le législateur dans certains pays à encadrer la rupture des contrats de travail à durée indéterminée[144]. Parallèlement, quand il choisit de régir un domaine, le Droit fait montre d'une parfaite absence de considération pour l'absence de maîtrise réelle qu'il pourrait avoir de certaines choses, comme les fonds marins[145].

En revanche, le détachement du Droit vis-à-vis des données psychologiques semble être, quant à lui, mû par les limites de la connaissance humaine. La matière pénale est particulièrement en proie à cette difficulté, car la recherche de la vérité « *réduit ici le réel à une pauvreté dichotomique d'une relation "coupable-innocent" où chaque*

---

[144] Pour la comparaison entre le droit français et le droit anglais, v. T. Brill-Venkatasawmy, « La procédure de licenciement en droit anglais », Rev. dr. trav., 2010, p. 535.

[145] La zone des fonds mer et leur sous-sol sont protégés, en étant que biens communs de l'humanité, par la Convention des Nations unies sur le droit de la mer du 10 déc. 1982.

notion est exclusive de l'autre »[146]. L'éviction des mobiles de la caractérisation de l'acte infractionnel servirait ainsi tant à s'assurer d'une vérité qu'à prononcer celle du Droit. Elle serait guidée par la crainte de la subjectivité de l'analyse de ces éléments, et donc de sa fausseté potentielle[147]. Pourtant, cette indifférence est bien l'expression d'un choix souverain, et le simple fait qu'elle soit jugée nécessaire démontre qu'elle pourrait être empêchée. C'est la raison pour laquelle le rejet de ces données cesse dès qu'il a pour effet de limiter le Droit plutôt que de le servir. Il serait pour le moins délicat de justifier la prise en compte des mobiles à titre exceptionnel, en tant qu'élément constitutif de l'infraction, comme cela est le cas pour l'acte de terrorisme[148], s'il était dénié la capacité du juge de s'en saisir. Il peut néanmoins être soutenu que dans ces cas, ce n'est pas le mobile qui est retenu, mais le but immédiat de l'acte[149]. Cette notion demeure cependant liée à la dimension subjective de l'acte criminel. Elle porte seulement pour avantage d'inviter à une appréciation objective de la volonté de son auteur.

La prise en compte des données psychiques sert également la justice. Telle est la fonction assignée à l'étude des troubles mentaux, source d'irresponsabilité pénale[150].

Il serait aisé de justifier le traitement différencié des données subjectives en divisant celles-ci en deux sortes. Certaines, comme l'intention, pourraient être vérifiées par des faits concrets. D'autres, à l'instar des mobiles ou motifs, échapperaient à toute certitude. On devrait en déduire, pour cette dernière catégorie, que l'indifférence à leur égard serait forcée par la raison[151]. Mais quel jugement hâtif

---

146 A. Fabbri, « La vérité dans le procès pénal ou l'air du catalogue », RSC, 2009, p. 343.

147 R. Bernardini, *Droit criminel, vol. II : L'infraction et la responsabilité*, Larcier, 2012, n° 433 et s.

148 Art. L 421-1 C. pén.

149 R. Bernardini, Droit criminel, préc. n° 443.

150 Art. L 122-1 al. 1er C. pénal : « *N'est pas pénalement responsable la personne qui était atteinte, au moment des faits, d'un trouble psychique ou neuropsychique ayant aboli son discernement ou le contrôle de ses actes* ».

151 V. pour exemple, l'indifférence à l'égard de l'erreur sur les motifs extérieurs à l'objet du contrat conclu, rappelée à plusieurs reprises par la Cour de cassation : Cass. 1re civ., 13 févr. 2001, Bull. civ. I, n° 31 ; Cass. com. 11 avr. 2012, Bull. civ. IV, n° 77.

devrions-nous alors porter sur le choix du législateur quand il préfère intégrer ces mêmes éléments au Droit ! La personnalisation des peines, en fonction des mobiles du délinquant en est un exemple. La valeur constitutionnelle de ce principe[152] consacre au plus haut niveau la légitimité de cette attention.

Et l'inclusion de ces éléments est loin de relever de l'exception. Le juge civil doit allier l'examen de la volonté, point cardinal de la matière contractuelle[153], à celle des motifs du contractant quand il est saisi d'une demande de nullité de la convention pour dol. Il doit encore, dans le cadre d'une action paulienne, procéder à l'analyse des motifs pour établir la fraude du débiteur qui accomplit un acte, et celle du tiers acquéreur à titre onéreux du bien litigieux[154]. C'est encore l'état psychologique de la victime qui peut caractériser un préjudice réparable, et ce même le sentiment éprouvé, comme celui d'anxiété reconnu récemment aux travailleurs de l'amiante[155].

Si la loi n'adopte jamais de position tranchée selon la nature des données internes au sujet de droit, c'est parce qu'une telle appréciation serait en réalité artificielle. Toutes supposent une part d'incertitude pour celui qui tente de les observer. La loi ne peut qu'inviter le juge à les vérifier, et se contenter d'une quasi-certitude. Par conséquent, chacun d'entre eux peut être potentiellement supposé par des faits matériels, qui, loin ne supplanter ces éléments subjectifs, révèlent au contraire leur importance pour l'application du Droit. Pour cette raison, la nécessité de cette méthode ne remet pas en cause la faculté du législateur et du juge d'y être indifférent ou non.

---

[152] Cons. const., décis. n° 2005-520 DC du 22 juill. 2005, loi précisant le déroulement de l'audience d'homologation de la comparution sur reconnaissance préalable de culpabilité, considérant n° 3.

[153] Et la volonté est elle-même une donnée subjective : du lat. *voluntas, -atis,* « *faculté de vouloir ; volonté, vœu, désir* ».

[154] V. Cass. 3e civ. 15 nov. 1977, Bull. civ. III, n° 384. A l'égard du tiers, il n'est pas nécessaire que soit rapportée la preuve d'une véritable intention de nuire, le sentiment d'indifférence quant au résultat engendré par son acquisition pour le créancier suffisant à caractériser la fraude.

[155] V. Cass. soc., 11 mai 2010, n° 09-42.241 : Bull. civ. V, n° 106, D. 2010. 2048, note C. Bernard ; ibid. 2011. 35, obs. P. Brun et O. Gout ; RTD civ. 2010. 564, obs. P. Jourdain.

Quels que soient les caractères des objets de l'indifférence, celle-ci apparaît donc constamment comme la marque d'une appréciation intentionnelle. La réalisation d'un choix est certes inéluctable lorsqu'il s'agit de déterminer les critères d'une notion juridique. Sans l'indifférence, la mécanique du Droit s'enraierait. Par exemple, l'intention coupable ne pourrait à la fois être une notion abstraite et une notion concrète, car « *il est impossible qu'un même attribut appartienne et n'appartienne pas en même temps et sous le même rapport à une même chose* »[156]. L'indifférence ici est alors la conséquence naturelle d'un attachement porté ailleurs. Elle n'en demeure pas moins la représentation d'un sentiment de désintérêt, voire de défiance[157].

Le rôle constructif de l'indifférence ne s'arrête cependant pas au seul objectif de cohérence. Par sa présence, elle éclaire également l'orientation du Droit, et, quand elle porte, non plus sur une donnée, mais un domaine entier du champ juridique, devient l'arme de combat de la « *densification normative* »[158].

Ces fonctions de l'indifférence, par leur importance, questionnent déjà la liberté du Droit de la manifester. L'existence d'une faculté d'indifférence indique seulement que celle-ci n'est pas provoquée par la nature de son objet. Pour être entièrement volontaire, et donc potentiellement un sentiment, elle doit être aussi le fruit d'une liberté.

B. La liberté juridique de l'indifférence

Cette liberté du Droit, suppose-t-elle la seule émancipation des impératifs posés par la norme juridique, ou des contraintes de toute nature ? Et, en retenant cette seconde hypothèse, la liberté d'être

---

[156] Aristote, *Métaphysique*, livre Gamma, chap. 3, 1005 b 19-20.

[157] Il a notamment pu être affirmé, concernant l'indifférence des mobiles dans la conception de l'intention criminelle, que « *la prise en compte du mobile conduirait à légitimer de très nombreuses actions et donc à rendre inutile le droit pénal* » : B. Bouloc, « Elément intentionnel de l'infraction : indifférence du mobile », RSC, 1993, p. 311.

[158] Sur ce thème, v. C. Thibierge, « La densification normative », D. 2014, p. 834.

indifférent serait-elle supplantée par une maigre liberté d'indifférence[159] ?

Il faut au préalable rappeler l'évidence : l'œuvre créatrice du législateur est sous l'influence permanente de considérations tenant de la sphère morale, sociale, et, parfois, économique. Celles-ci évoluant dans le même temps que la société, on peut naturellement en retrouver les traces dans notre système juridique. Et, ce, également quand il exprime une indifférence. À cet égard, les fluctuations historiques de la répression de la tentative d'infraction en constituent l'une des représentations les plus frappantes. La condamnation de l'agent en cette hypothèse, limitée à de rares cas en 1791[160], n'a pu devenir règle générale que par l'admission de ce que le « *tort fait à la nation* »[161] est insuffisant à fonder l'intervention du juge pénal. Ce chemin parcouru, c'est le temps qu'il fallut pour admettre, sur le plan moral, que l'intention de l'agent présentait en elle-même un danger qui devait être sanctionné indifféremment des résultats engendrés par l'acte commencé.

La marque de ces considérations est si forte que l'on est rapidement tenté d'y voir la preuve de l'absence d'absoluité de la liberté de pensée du législateur, ce qui n'est autre que nier son libre arbitre. Bien que la question relève plus de la philosophie que du Droit, il convient de prendre parti, sous peine de ne plus pouvoir avancer dans notre quête de la nature de l'indifférence juridique.

Il est délicat de prendre appui sur l'appréciation faite de la liberté de l'homme, la volonté générale étant la représentation d'une pluralité de volontés individuelles. L'œuvre législative, parce qu'elle est le fruit d'un débat, est toujours un choix entre des motifs contraires. Et ces affections, toutes égales en leur nature ne peuvent en

[159] La liberté d'indifférence pouvant être entendue, selon la première conception que Descartes s'en fait, de celle de se déterminer « *aux choses pour lesquelles nous sommes indifférents* » assimilable « *au plus bas degré de la liberté* » : « lettre au Père Mesland du 9 février 1645 », *in Œuvres philosophiques*, trad. franç. F. Alquié, Paris, Garnier, 1989, t. III p. 551.

[160] Seuls les articles 13 et 15 du Code pénal de 1791 réprimaient, respectivement, la tentative d'homicide et celle d'empoisonnement.

[161] Beccaria, *Traité des délits et des peines*, 1764, chap. VII : « *la seule mesure des délits est le tort fait à la nation et non l'intention du coupable* ».

principe déterminer la solution qu'en raison de leur nombre. C'est notamment ce qui justifie la lenteur du processus d'adoption de lois, comme cela est le cas pour la navette parlementaire relative à la proposition de loi renforçant la lutte contre le système prostitutionnel[162], témoignant de part et d'autre des jugements négatifs ou un simple dédain à l'égard du recours par des clients aux services d'une personne se prostituant.

S'il fallait toutefois comparer les deux volontés, la liberté du législateur peut encore être supposée. Partant de l'idée selon laquelle la liberté de l'homme ne pourrait résider qu'en une volonté dénuée de motif, il faudrait admettre, soit qu'une telle volonté peut être de notre monde, soit que l'idée de volonté est illusoire. Or, ces postulats demeurent invérifiables. Par conséquent, ils ne peuvent être tenus pour vérité[163]. Ils sont de plus aux antipodes de notre conception classique de la volonté lorsqu'il s'agit d'évaluer en Droit celle du justiciable. La liberté de celle-ci s'entend d'une absence de contrainte extérieure ayant empêché la volonté, non pas d'exister, mais de s'exprimer[164]. Ce n'est donc pas la contrainte sur la volonté qui empêche l'homme d'être libre mais une contrainte sur sa liberté qui empêche de vouloir[165].

---

[162] La proposition de loi, texte adopté n° 533 en seconde lecture par l'assemblée nationale le 12 juin 2015, veut mettre fin à l'indifférence en punissant les clients de personnes majeures se prostituant d'une amende prévue pour les contraventions de cinquième classe.

[163] E. Goblot, *Traité de logique*, Armand Colin, Paris, 1918, p. 328, n° 214 : « *Les indémontrables ne sont pas des vérités. Ce sont des hypothèses que nous n'avons pas de raisons de tenir pour vraies, mais que nous avons des motifs de prendre pour règles* ».

[164] Les causes de nullité des conventions que sont la violence, le dol et l'erreur, témoignent particulièrement de cette logique. C'est la seule volonté à l'acte qui est absente, ce qui n'induit pas l'abolition de l'entier pouvoir de volonté.

[165] La volonté est par ailleurs caractérisée sans peine quand l'indifférence du juge ou du législateur ne construit pas le Droit, mais en refuse l'application. Si l'âne de Buridan pouvait se laisser mourir de faim et de soif, le Droit quant à lui exprime toujours une volonté. S'abstenir de légiférer ou de juger ne procède pas d'une absence de volonté, mais d'une volonté d'abstention. Ainsi en témoigne l'interdiction faite au juge, par l'article 4 du Code civil, de refuser de rendre justice, et la sanction de l'Etat par la Cour européenne des droits de l'homme face à l'inaction de toute autorité. Pour exemple v. CEDH, 21 janv. 2010, R.P c. France, n° 10271/02.

En transposant cette appréciation de la volonté individuelle au processus décisionnel, il apparaît que la seule force pouvant empêcher la volonté de s'exprimer est celle de l'impératif juridique.

Cette contrainte potentielle à l'indifférence se conçoit assez aisément pour le juge. La loi organise l'indifférence, la consacre, et ce dans tout domaine, que l'on songe aux exemples précités en matière pénale, ou encore à celle fermement rappelée par la Cour de cassation, ayant pour objet les mobiles du débiteur dans la déclaration par le juge d'état de cessation des paiements lors d'une demande d'ouverture d'une procédure collective[166]. Le flegme cesse en ce cas d'être représentatif d'un sentiment de l'homme, pour devenir le résultat orchestré par le système juridique.

L'indifférence n'est cependant que rarement imposée à la jurisprudence. Elle lui est plus souvent suggérée. Ainsi, le juge civil sera tenu, en vertu de l'article 12 du Code de procédure civile, d'être indifférent à la dénomination par les parties des actes et faits objets du litige, pour leur restituer leur véritable qualification[167], mais, *a contrario*, il pourra librement ignorer ou relever certains moyens de procédure qui trouveraient à s'appliquer au litige dont il est saisi[168].

L'idée d'un devoir juridique d'indifférence est en revanche illusoire quand elle touche au législateur. Illusoire, elle est donc avant tout supposée, et ce, parce que la loi doit se soumettre aux normes qui lui sont supérieures. Concernant les règles supranationales, la question s'apparente à celle du maintien de la souveraineté de l'État. Sous cet angle, si le législateur ne dispose pas d'un réel « droit de ne pas

[166] Cass. com., 3 juill. 2012, n° 11-18.026, JCP E, 2012, 1509, note A. Cerati-Gauthier ; JCP G 2012, 1073, note A. Fabre ; D. 2012, p. 2212, note R. Damman et S. François ; Bull. Joly Sociétés 2012, p. 631, note N. Pelletier ; Bull. Joly entr. diff. 2012, p. 279, concl. R. Bonhomme et note Ch. Neau-Leduc ; JCP E 2012, 1757, n° 1, note Ph. Pétel ; D. 2012, p. 2548, note J. Lecaroz.

[167] L'art. 12 al. 2 CPC emploie expressément le vocable lié au devoir et non au pouvoir : « *Il doit donner ou restituer leur exacte qualification aux faits et actes litigieux sans s'arrêter à la dénomination que les parties en auraient proposée* ».

[168] Par exemple, la faculté de relever d'office une nullité pour vice de fond un acte, inscrite à l'art. 120 CPC, ou encore celle de retenir une fin de non recevoir, dès lors qu'elle n'est pas d'ordre public, en application de l'article 125 du même Code.

agir »[169], il en détient tout de même le pouvoir concret, notamment en raison de la marge d'appréciation traditionnellement reconnue aux États par la Cour européenne des droits de l'homme. Le fait que cette latitude ait été reconnue dans un premier temps au sujet de la faculté de déroger à la Convention en cas d'urgence[170] évoque d'autant plus l'idée que la notion est au service de l'indifférence.

La contrainte s'efface surtout au regard des normes internes, le Conseil constitutionnel admettant lui-même la liberté du législateur de déroger à la Constitution quand son œuvre poursuit un objectif supérieur[171]. En raison de l'imprécision de ce critère, l'adoption de lois sous cet objectif ne cesse d'étonner par l'indifférence qu'elle témoigne, et d'inquiéter par la puissance qu'elle induit[172]. Le législateur est donc dans une certaine mesure toujours libre d'exprimer sa volonté, l'impératif auquel il est soumis étant hypothétique[173].

---

[169] J.-C Bonichot, « Devoir d'agir ou droit de ne pas agir : l'Etat entre les exigences de l'ordre public et celles du droit européen », AJDA, 1999, p. 86.

[170] Pour le détail des origines de la notion de marge d'appréciation dans les décisions de la Commission européenne et de la Cour européenne des droits de l'homme v. F. Tulkens, « L'usage de la marge d'appréciation par la Cour européenne des droits de l'homme », RSC 2006 p. 3.

[171] Par exemple, les atteintes portées « *aux grands principes qui ont fait le droit pénal moderne* », sont appréciées comme traduisant *« le respect de la volonté du législateur, dont il n'appartient pas au Conseil de juger des choix mais seulement de vérifier si leur mise en œuvre porte des atteintes disproportionnées aux droits et libertés constitutionnellement garantis »*, G. Bergougnous, « Le Conseil constitutionnel et le législateur », *in Nouveaux Cahiers du Conseil constitutionnel*, janvier 2013 n° 38.

[172] V. pour exemple, l'adoption jugée « sidérante » de l'article 1387-1 du Code civil, en méconnaissance du droit de propriété tel que garanti à l'article 17 de la Déclaration des droits de l'homme de 1789, par la faculté qu'il offre au tribunal de grande instance de libérer d'une dette l'époux ne conservant pas le patrimoine professionnel : P. Crocq, « Les bons sentiments ne font pas les bons textes (à propos du nouvel article 1387-1 du code civil) », D. 2005, p 2025 ; S. Piedelièvre, « Le nouvel article 1387-1 du code civil (ou de l'utilisation d'un pavé par un ours) », D. 2005, p. 2138 ; J.-P. Chazal, S. Ferré-André, « L'incroyable destin de l'article 1387-1 du code civil », D. 2006, p. 316.

[173] « *Les impératifs hypothétiques représentent la nécessité pratique d'une action possible considérée comme moyen d'arriver à quelque autre chose que l'on veut* », Kant, *Fondements de la métaphysique des mœurs*, trad. par Victor Delbos, Delagrave, Paris, 1992, Section II, p. 125.

Ce potentiel évoque déjà l'indifférence du Droit à l'égard de données juridiques. Il faut cependant se réjouir de ce que son effet n'est pas, généralement, d'aller jusqu'à l'effacement de la norme mais de lui apporter des rectificatifs. En ce cas, elle n'empêche pas la norme d'exister objectivement, mais modifie l'avantage ou la contrainte qu'elle constitue pour le justiciable. Elle place alors en pleine lumière les failles du Droit qu'elle corrige. Après avoir créé l'ordre, l'indifférence révèle désormais le désordre.

II. L'indifférence, méthode corrective du Droit

La rectification du Droit, principalement œuvre de la jurisprudence, suppose sous sa forme classique une potentielle indifférence aux droits octroyés (A). Mais, le législateur et le juge constitutionnel, riches de leur liberté d'indifférence, n'ont pas longtemps hésité à exploiter encore plus loin son potentiel. Le sentiment d'indifférence, prégnant dans le premier cas, est aussi révélé dans l'émergence de ce qui peut être qualifié de véritable phénomène d'indifférenciation des droits (B).

A. L'indifférence aux droits

Les règles de droit souffrant de leur rigueur, de leurs lacunes, et parfois de leur vieillesse, l'indifférence à la règle par la jurisprudence apparaît proche de l'état de nécessité[174]. La jurisprudence, à défaut d'être toujours entendue comme source créatrice du Droit, se veut être source correctrice du Droit. Elle l'est à tort ou à raison, et surtout à travers.

En droit des obligations tout particulièrement, où l'inertie législative fut patente, jusqu'aux récents soubresauts, l'action de la jurisprudence n'est en rien timorée. Elle l'a notamment démontré par le dédain porté à la lettre de l'article 1142 du Code civil, en admettant pour tout contrat inexécuté la sanction de principe d'une exécution

[174] V. Forray, « La jurisprudence, entre crise des sources du droit et crise du savoir des juristes », RTD civ. 2009, p. 463 : « *La jurisprudence devient, sous la plume des docteurs, l'antidote au vieillissement du droit codifié à la fin du 19e siècle* ».

forcée en nature[175], alors que le législateur de 1804 retenait que « toute obligation de faire ou de ne pas faire se résout en dommages et intérêts, en cas d'inexécution de la part du débiteur ». Sur ce point, la correction ne tient pas seulement à la règle de droit substantielle, relayée au second plan, mais également à celle, posée à l'article 12 du Code de procédure civile, selon lequel le « *tranche le litige conformément aux règles de droit qui lui sont applicables* ». En réalité, le juge tranche selon ce qu'il considère être les meilleures règles de droit applicables. La Cour de cassation s'étant contentée de faire référence en son visa à la force obligatoire pour justifier sa solution[176], elle limite également l'effectivité de l'obligation de motivation[177].

Il est encore admis que la jurisprudence fasse preuve d'une faculté d'indifférence en cas de conflit de droits. Mais le raisonnement ne manque pas d'étonner quand le Droit crée lui-même le conflit, pour ainsi justifier l'indifférence.

Le sentiment se révèle tout particulièrement dans l'arbitrage porté entre le principe de loyauté des preuves et le droit consacré à la preuve par la Cour de cassation dans son arrêt remarqué du 5 avril 2012[178]. En plaçant sur un pied d'égalité le droit fondamental au respect de la vie privée et un droit à la preuve - pourtant méconnu du législateur - par son rattachement à l'article 6 § 1 de la Convention

---

[175] Cass. 3e Civ. 11 mai 2005 : Bull. civ. III, n° 103 ; V. pour l'appréciation du renversement du principe dans son étude complète : V. Lounis-Apokourastos, *La primauté contemporaine du droit à l'exécution en nature*, préf. Mestre, Puam, 2003, bien qu'il ait pu être soutenu que le principe jurisprudentiel ne soit que prétendu et non réel : Y.-M. Laithier, « La prétendue primauté de l'exécution en nature », RDC, 2005, p. 161.

[176] V. Cass. 1re civ. 16 janv. 2007 : Bull. civ. I, n° 19, RDC 2007 p. 719, obs. D. Mazeaud, et tout particulièrement le commentaire d'O. Gout, « L'exécution en nature du contrat : fondements substantiels et contraintes processuelles », D. 2007, p. 1119.

[177] Article 455 al. 1er du Code de procédure civile : « ...*Le jugement doit être motivé* » ; v. également, pour la reconnaissance d'une valeur constitutionnelle au principe : Cons. constit., décision n° 2006-535 du 30 mars 2006.

[178] Cass. 1re civ. 5 avr. 2012, n° 11.14-177 : Bull. civ. I, n° 85 : D. 2012, p. 1596, note G. Lardeux ; Pan. p. 2826, obs. P. Delebecque, J.-D. Bretzner et I. Darret-Courgeon ; Pan. 2013. 269, obs. N. Fricero ; et 457, obs. E. Dreyer ; RTD civ. 2012. 506, obs. J. Hauser ; CCE 2012, n° 83, note A. Lepage.

européenne des droits de l'homme, la Cour de cassation invite tout autant les juges du fond à faire preuve d'indifférence qu'elle en témoigne elle-même. Sa propre indifférence, c'est celle portée à la lettre de l'article 8 de la Convention européenne des droits de l'homme, qui précise en son second alinéa que l'ingérence dans ce droit doit être nécessaire et « *prévue par la loi* ». Choisissant l'alternative au cumul, la juridiction corrige le « *et* » en « *ou* ». Elle légitime sa position en incitant le juge à trancher le conflit de droits selon deux critères, supposés guider la raison : le caractère « *indispensable* » de la preuve litigieuse et la proportionnalité de sa production aux « *intérêts antinomiques en présence* ». Le juge aura cependant vite fait de se perdre en chemin. La proportionnalité entre deux intérêts n'étant pas une donnée objective, le juge ne peut réellement la constater. Il doit surtout l'éprouver. Par conséquent, l'indifférence potentielle vis-à-vis du droit à la vie privée se présente à la fois comme résultat objectif et comme sentiment. Elle sera d'abord un résultat, parce que le droit à la vie privée de la personne n'est pas dénié en son principe, seuls ses effets sont rejetés. En effet, le juge ne pourrait pas évaluer la gravité de la violation d'un droit dont ne disposerait pas le justiciable. L'indifférence sera ensuite un sentiment, car le juge doit faire preuve d'une impassibilité proche du dédain face à l'injustice que représente pour la personne l'anéantissement des effets de son droit.

Un cas assez proche pourra se présenter, dans l'hypothèse où la théorie de l'imprévision serait entérinée par le législateur. Le potentiel futur article 1196 du Code civil, tel que rédigé dans le projet d'ordonnance portant réforme du droit des contrats[179], offre au juge le pouvoir de mettre fin au contrat, à défaut de renégociation ou d'adaptation du contrat par les parties, s'il estime que l'exécution de la convention est « *excessivement onéreuse* » pour le contractant. Ce qui paraît pourtant excessif, c'est l'imprécision de la formule. Le caractère modéré ou non d'un coût peut s'apprécier différemment selon chacun, et donc selon chaque juge. Or, le résultat qu'implique la vérification de ce critère est particulièrement grave. Il permet certes de porter attention aux difficultés du débiteur, mais induit une indifférence à l'effet que devrait procurer le principe de la force obligatoire des

[179] Le projet d'ordonnance fait suite à la publication de la loi n° 2015-177 du 16 février 2015 habilitant le gouvernement à procéder par cette voie.

contrats pour le second. La solution révèle ainsi que même les plus grands principes peuvent céder face à tout objectif étranger au domaine du Droit.

Cette indifférence correctrice, parce qu'elle représente la souplesse du Droit, en témoigne donc à la fois les avantages et les inconvénients. L'indifférence souffre d'abord de n'être pas légitime juridiquement, quand elle est celle du juge. Il faut néanmoins applaudir le tour de passe-passe, car l'indifférence à la règle se détermine elle-même comme étant fondée juridiquement ! Le caractère vertueux de l'indifférence doit lui aussi être questionné. À trop vouloir mettre fin au désordre, l'indifférence en crée un nouveau. Aussi, on peut douter de la cohérence du système dans son ensemble, ne serait-ce qu'en observant le droit à la preuve, précédemment évoqué, qui, pouvant évincer le droit au secret, cède plus tard face à l'obligation de secret que serait celle du notaire[180].

Il faut en convenir, la légitimité de l'indifférence repose alors toute entière sur la nécessité du sentiment. Mais, la nécessité n'est pas toujours synonyme d'inéluctabilité. Quand un conflit se présente entre deux droits et ne peut être résolu autrement que par la prévalence de l'un sur le second, le phénomène n'induit pas *de facto* un résultat d'éviction totale de ce dernier. La conciliation d'intérêts divergents est possible. C'est ce qui permet à la Directive du Parlement européen et du Conseil du 22 mai 2001 de scinder les exceptions portées au droit d'auteur en deux catégories. La première engendre une indifférence totale à l'exclusivité du droit de reproduction et de communication des œuvres. La seconde, comprenant notamment la reproduction non autorisée d'émissions faites par les hôpitaux ou les prisons, suppose l'octroi d'une « *compensation équitable* » à l'auteur de l'œuvre[181].

---

[180] Cass. 1re civ., 4 juin 2014, n° 12-21.244 : « *le droit à la preuve découlant de l'article 6 de la Convention européenne des droits de l'homme ne peut faire échec à l'intangibilité du secret professionnel du notaire* ».

[181] Direct. n° 2001/29 du Parlement européen et du Conseil, 22 mai 2001, JOCE, n° L 167, 22 juin 2001, art. 5-2 : Les États membres ont la faculté de prévoir des exceptions ou limitations au droit de reproduction prévu à l'article 2 dans les cas suivants :
a) lorsqu'il s'agit de reproductions effectuées sur papier ou sur support similaire au moyen de toute technique photographique ou de tout autre procédé ayant des effets similaires, à l'exception des partitions, à condition que les titulaires de droits

Dans ce dernier cas, l'aménagement du droit de ce dernier est défait de tout sentiment d'indifférence.

La division de ces exceptions sous deux régimes distincts n'était cependant en rien impérative, et la solution de conciliation aurait pu être aisément transposée aux premiers cas. L'indifférence, quand elle est admise, emporte avec elle une fois de plus l'émergence de notions vagues. Il a ainsi été jugé que l'application de l'exception de parodie, visée à l'article 5 § 3 k) de la directive, « *doit respecter un juste équilibre entre, d'une part, les intérêts et les droits des personnes visées aux articles 2 et 3 de cette directive et, d'autre part, la liberté d'expression de l'utilisateur d'une œuvre protégée se prévalant de l'exception* »[182]. La situation de l'auteur, nettement amoindrie par l'absence d'obligation de compensation financière en cette hypothèse, devient aussi incertaine, car pèse toute entière sur la caractérisation par le juge de ce « *juste équilibre* ».

---

reçoivent une compensation équitable ;
b) lorsqu'il s'agit de reproductions effectuées sur tout support par une personne physique pour un usage privé et à des fins non directement ou indirectement commerciales, à condition que les titulaires de droits reçoivent une compensation équitable qui prend en compte l'application ou la non application des mesures techniques visées à l'article 6 aux oeuvres ou objets concernés ;
c) lorsqu'il s'agit d'actes de reproduction spécifiques effectués par des bibliothèques accessibles au public, des établissements d'enseignement ou des musées ou par des archives, qui ne recherchent aucun avantage commercial ou économique direct ou indirect ;
d) lorsqu'il s'agit d'enregistrements éphémères d'oeuvres effectués par des organismes de radiodiffusion par leurs propres moyens et pour leurs propres émissions ; la conservation de ces enregistrements dans les archives officielles peut être autorisée en raison de leur valeur documentaire exceptionnelle ;
e) en ce qui concerne la reproduction d'émissions faites par des institutions sociales sans but lucratif, telles que les hôpitaux ou les prisons, à condition que les titulaires de droits reçoivent une compensation équitable. ».

[182] CJUE 3 sept. 2014, n° C-201/13, *Deckmyn c/ Vandersteen* (Cts), D. 2014. 2097, note B. Galopin. V. également Cass. 1re civ., 10 septembre 2014, n° 13-14.629. Nous rejoignons ici pleinement ici la critique formulée par F. Pollaud-Dulian, analysant cette solution comme faisant le lit d'une « *insaisissable recherche d'équilibre et à l'indifférence absolue au droit moral et à la personnalité de l'auteur* » : « Exception. Parodie. Droit moral. Artiste-interprète. Liberté d'expression », RTD com. 2014 p. 815.

À défaut de pouvoir caractériser cette notion, nous pouvons établir une autre certitude : l'indifférence du Droit présente, quand elle corrige, une certaine forme d'arbitraire. Cela se vérifie, tant au regard de l'objet sur lequel elle porte que de ses modes d'apparition. C'est ainsi qu'elle a pu se présenter sous un second processus, celui d'indifférenciation des droits.

B. L'indifférenciation des droits

La logique d'indifférenciation des droits postule un résultat égalitaire en droit. Sa confrontation nécessaire avec le principe d'égalité prend alors les allures d'une lutte fratricide.

Cela se vérifie tout particulièrement dans la logique des procédures collectives par la collectivisation qu'elle impose[183]. Face aux difficultés du débiteur, la loi choisit d'être indifférente temporairement aux droits des créanciers, en empêchant leur réalisation suite à l'ouverture de la procédure[184], voire en les réduisant, par l'arrêt du cours des intérêts légaux. La faveur est clairement faite à la protection des intérêts du débiteur. Cette indifférence aux créanciers touche au fondement même de la matière, qui « *n'est plus conçue comme une voie d'exécution générale ayant pour but premier la réalisation des biens du débiteur et la distribution du prix* »[185].

Pour cette raison, il n'est pas surprenant de voir en ce domaine la terre d'élection du phénomène d'indifférenciation des droits. Un exemple frappant tient en la règle édictée à l'article L. 626-18 du Code de commerce, admettant que le tribunal, arrêtant un plan de sauvegarde d'une entreprise, impose des délais uniformes de paiement aux créanciers quand ceux-ci n'ont pas librement accepté d'en fixer. L'indifférenciation réside alors en ce que la règle impose l'égalité

---

183 R. Nemedeu, « Le principe d'égalité des créanciers : vers une double mutation conceptuelle », RTD com. 2008 p. 241.

184 Art. L 621-21 et s. C. commerce.

185 P. Delmotte, « L'égalité des créanciers dans les procédures collectives », Rapport annuel de la Cour de cassation, 2003, accessible sur le site de la Cour de cassation : https ://www.courdecassation.fr.

entre les créanciers chirographaires et ceux munis de sûretés[186]. La constitutionnalité de ce texte a par ailleurs été réaffirmée par la Cour de cassation, jugeant que les « exceptions au principe d'égalité sont justifiées par les nécessités de la procédure collective »[187]. Si la solution ne manque d'aucune clarté, la qualification de l'indifférenciation comme « exception » au principe d'égalité, parce qu'elle est rare, suscite des doutes.

Elle apparaît fondamentalement contraire à la conception traditionnellement retenue par le Conseil constitutionnel, selon lequel « *si, en règle générale, le principe d'égalité impose de traiter de la même façon des personnes qui se trouvent dans la même situation, il n'en résulte pas pour autant qu'il oblige à traiter différemment des personnes se trouvant dans des situations différentes* »[188]. L'indifférenciation des droits, loin d'être une exception encadrée par le principe d'égalité, serait alors une faculté parallèle et indépendante. Cette interprétation présente le mérite de ne pas éloigner l'interprétation du principe d'égalité d'une certaine logique, pourtant contestée. Celui-ci oblige à traiter identiquement ceux qui sont dans des situations similaires. Il n'implique pas de ne traiter identiquement que ceux qui s'y trouvent[189]. En effet, provoquer l'égalité de certains n'emporte pas la destruction de celles préétablies, mais la seule modification pour la personne du nombre de ses partenaires d'égalité. On pourra néanmoins objecter qu'en matière d'égalité juridique,

---

[186] Cass. com., 6 févr. 1996, n° 94-13622 : Bull. civ. IV, n° 33 ; RJDA 1996, 499. V. également P.-M. Le Corre, Les délais de remboursement d'un plan supérieurs à dix ans, Gaz. Pal. 3-4 août 2012, p. 5.

[187] Cass. com., QPC, 20 mars 2012, n° 11-23.812, comm. A. Martin-Serf, « Principe d'égalité des créanciers. Question prioritaire de constitutionnalité sur les pouvoirs du tribunal en matière de délais et remises par rapport au principe d'égalité des créanciers », RTD Com. 2012 p. 850.

[188] V. pour un exemple récent de réitération de la formule, dans le cadre d'une QPC relative à l'article 760 CGI : Cons. constit. Décision n° 2014-436 QPC du 15 janvier 2015.

[189] Il a pu être soutenu au contraire que le cantonnement du principe d'égalité à la seule obligation de traiter identiquement les hypothèses comparables échappait à la logique : v. H. Kelsen, *Justice et droit naturel, Le droit naturel.* Annales de philosophie politique, vol. 3, 1959, p. 51. V. pour une justification de la faculté de ne pas différencier des situations distinctes fondée sur l'idée de justice : C. Perelman, « Egalité et justice », *L'égalité*, Travaux du centre de philosophie du droit de l'Université libre de Bruxelles, vol. 5, Bruylant, Bruxelles, 1977, p. 324.

modifier la masse des personnes soumises à l'égalité revient à modifier l'égalité de chacun en aggravant la rivalité qu'elle implique.[190] Cette conséquence relève cependant uniquement des effets de l'égalité, pas de son existence concrète. Le traitement différencié de ceux qui disposent de droits distincts est exclusivement la conséquence de l'obligation de respect des droits de chacun, que l'État se doit d'assurer notamment en vertu de l'article 16 de la Déclaration des droits de l'homme. Le principe d'égalité dans ce cadre ne peut donc souffrir, pour seule véritable exception, que du traitement inégal de deux situations juridiques similaires.

Il faut néanmoins préciser qu'en l'hypothèse d'une égalisation de situations juridiques distinctes, le pouvoir d'indifférenciation ne peut être une liberté absolue, sans quoi deviendrait possible une égalité de tous les droits, qui induirait alors que personne ne dispose d'un droit propre. Même relative, cette liberté exprime un sentiment d'indifférence exacerbé.

L'indifférenciation prend alors une place paradoxale en Droit, car elle constitue à la fois une toute-puissance du Droit et la contrainte à laquelle il est soumis par le principe d'égalité. En effet, à bien souvent constater l'effervescence de la « *passion pour l'égalité* »[191], on en oublierait presque que l'indifférenciation, sous l'autorité du principe d'égalité, suppose aussi une indifférence à la différence[192].

Cela s'explique par les origines révolutionnaires et la valeur fondamentale du principe, qui suggèrent l'idée selon laquelle le Droit serait tenu de protéger une égalité naturelle[193]. La perpétuelle confrontation des philosophes sur la question, sans que l'idée ait pu

---

[190] L. Ruet, « Du principe de rivalité », D. 2002, p. 3086.
[191] J. Lepers, « L'Etat n'est pas responsable de l'inaccessibilité aux handicapés des bâtiments de la Justice », AJDA 2007 p. 436.
[192] Cet oubli partiel a pour conséquence la traduction de l'égalité « *à son tour par l'équivalence, l'indifférence ou l'identité, comme si elle était une notion au contenu variable* » : S. Caporal, *L'affirmation du principe d'égalité dans le droit public de la révolution française (1789 – 1799),* Puam, 1995, p. 8.
[193] C. Lévi-Strauss, *Race et histoire,* éd. Folio, coll. Essais, 1989, p. 22 : « *La simple proclamation de l'égalité naturelle entre tous les hommes et de la fraternité qui doit les unir, sans distinction de races ou de cultures, a quelque chose de décevant pour l'esprit, parce qu'elle néglige une diversité de fait, qui s'oppose à l'observation* ».

ainsi s'affirmer, incite à penser qu'une telle similitude relève de la « *chimère* »[194]. L'article 1er et l'article 6 de la Déclaration des droits de l'homme de 1789[195], consacrant le principe d'égalité, n'obligent donc pas seulement à apprécier les similitudes de chacun. Ils enjoignent également au législateur de ne pas tenir compte des différences propres au genre humain. C'est donc la morale et l'équité qui fondent ce commandement[196]. Celle-ci étant néanmoins certainement celle partagée par le plus grand nombre, le choix du législateur s'apparenterait alors à l'expression de la raison, ce qui interdirait de voir dans l'indifférence témoignée l'expression d'un sentiment.

Encore faut-il pouvoir distinguer l'indifférenciation portée par une liberté, et donc par un sentiment, de celle qui résulterait d'une solution juridique contrainte par la raison. Or, l'indétermination de la nature de la différence sur laquelle pèse le principe d'égalité ôte tout espoir à la résolution de ce problème. Là se situe certainement l'un des plus grands facteurs d'atteinte à la cohérence du principe fondamental.

Cette difficulté éclate au grand jour, par la formule pour le moins énigmatique adoptée par le Conseil constitutionnel lorsqu'il fut chargé de se prononcer sur l'épineuse question de l'ouverture du mariage aux couples de même sexe. Retenant que « *le législateur a estimé que la différence entre les couples formés d'un homme et d'une femme et les couples de personnes de même sexe ne justifiait plus que ces derniers ne puissent accéder au statut et à la protection juridique attachés au mariage* », et « *qu'il n'appartient pas au Conseil constitutionnel de substituer son appréciation à celle*

---

194 Voltaire, *Dictionnaire philosophique*, Paris, Garnier, 1977, p. 177.

195 Art. 1er DDHC : « *Les hommes naissent et demeurent libres et égaux en droits. Les distinctions sociales ne peuvent être fondées que sur l'utilité commune* »

Art. 6 DDHC : « *La Loi est l'expression de la volonté générale. Tous les Citoyens ont droit de concourir personnellement, ou par leurs Représentants, à sa formation. Elle doit être la même pour tous, soit qu'elle protège, soit qu'elle punisse. Tous les Citoyens étant égaux à ses yeux sont également admissibles à toutes dignités, places et emplois publics, selon leur capacité, et sans autre distinction que celle de leurs vertus et de leurs talents* ».

196 V. pour de plus amples approfondissements des liens de l'égalité et de l'équité : P. Mazière, *Le principe d'égalité en droit privé*, préf. B.Teyssié, Puam, 2003, n° 12 et s., p. 55.

du législateur sur la prise en compte, en matière de mariage, de cette différence de situation »[197], la Haute juridiction a-t-elle réellement placé la constitutionnalité de la réforme sous la bannière du principe d'égalité ? Rien ne l'indique bien que l'analyse ait pu être retenue au lendemain de la décision[198]. Au contraire, le Conseil souligne la différence, sans jamais évoquer le critère déterminant de l'application du principe d'égalité, à savoir la comparabilité des situations, des couples de même sexe et ceux de sexe différent. Cela ne suffit cependant pas à se convaincre de ce que la reconnaissance du mariage homosexuel serait étrangère au principe d'égalité pour dépendre de la faculté d'indifférenciation, la différence étant caractéristique des deux hypothèses comme nous l'avons souligné. Étant donné les vagues d'émotions suscitées par la réforme, attacher le mariage pour tous au principe d'égalité reviendrait à avouer que ce dernier n'est pas fondé sur une morale quasiment universelle. Loin d'exprimer une simple pensée, il traduirait les sentiments d'attachement d'une part, et d'indifférence d'autre part.

Cette analyse aurait pour effet regrettable de brouiller définitivement les frontières de la faculté d'indifférence et du principe d'égalité. Afin de préserver une certaine orthodoxie juridique, il est préférable de les distinguer selon des considérations factuelles aisément vérifiables. Suite à l'abolition des privilèges, le principe d'égalité devant la loi a toujours eu pour but d'interdire la construction d'une différence sociale. Autrement dit, le législateur est empêché de prendre en compte une différence n'emportant en elle-même aucun effet dans la capacité de l'homme à entretenir des relations avec autrui. Cette vision n'est d'ailleurs pas sans lien avec le besoin qu'existe une société pour la construction d'un système juridique, étant couramment rappelé que le pauvre Robinson Crusoé vivait sur son île dépourvu de tout droit. Qui dit relation juridique, dit également relation sociale. Mais, la phrase pouvant être tournée dans les deux sens, il faut aussi entendre le principe d'égalité comme obligeant à l'indifférence à toute distinction qui n'entraînerait aucun effet dans les relations juridiques.

---

[197] Cons. const., décision n° 2013-669 DC du 17 mai 2013, Loi ouvrant le mariage aux couples de personnes de même sexe cons. 22.

[198] V. par exemple F. Mélin-Soucramanien, « La loi et le principe d'égalité », RFDA 2013 p. 952.

La faculté d'indifférenciation repose sur la logique contraire. Elle ne suppose pas une similitude de l'état social des hommes, ni dans leur relation à l'État en tant que sujets de droit. Un écueil pourrait néanmoins se présenter dans la mise en œuvre de cette faculté, et serait le même que celui affectant l'indifférence corrective classique : l'absence potentielle de limite de celle-ci.

Une consécration législative comme solution définitive est certainement préférable. La faculté d'indifférenciation y gagnerait tout autant que le principe d'égalité à recevoir un fondement propre, et son champ d'application délimité. Outil faisant et défaisant le Droit, elle pourrait aussi devenir une arme pour le justiciable. Loin d'avoir fini d'exprimer tout son potentiel, l'indifférence pourrait se vêtir d'une dernière forme, celle d'un droit à l'indifférence.

L'emprise de la honte sur le droit

Emmanuelle DIVE

> « *La honte est l'aiguille d'une horloge, elle marque au-dehors les mouvements du dedans* »
>
> Simon De Bignicourt

Résumé. *Les excès des systèmes législatif et judiciaire ne datent pas d'aujourd'hui. Jadis, certaines périodes de l'histoire de France ont été sources d'une législation infamante. Quant au droit, il connut des jours glorieux. Ce temps paraît révolu. Voilà plusieurs années, en effet, que l'injustice est dénoncée. Confronter les incohérences d'un droit antérieur, la considération d'un droit positif et la sagesse d'un droit prospectif au sentiment de honte, revient ainsi à concevoir l'évolution des rapports juridiques entre ces deux notions. L'appréhension juridique de la honte, tant en droit civil qu'en droit pénal, est alors une mise en lumière des liens imperceptibles régissant le droit et le sentiment de honte. En ce sens, se pose le problème d'une véritable reconnaissance dudit sentiment à travers son traitement et son éventuelle réparation comme préjudice. Toute la difficulté se trouve donc dans la perception que se fait le juriste de la honte à l'égard du droit et de la place de la honte en droit.*

1. Définition de la honte. La honte (du francique *haunipa*, mépris) se définit de deux manières distinctes. Soit comme un « *sentiment d'humiliation provoqué par une faute commise, par la crainte du déshonneur* », soit par « *une action, une parole qui provoque un sentiment de honte ou de rejet* »[199]. La honte serait donc un sentiment, c'est-à-dire « *un état affectif lié à certaines émotions ou certains évènements* »[200]. Ce dernier ressenti dans le for intérieur de la personne est difficilement décelable. En ce sens, son analyse doit se faire à travers de nombreux autres sentiments davantage perceptibles. Celui qui semble être le plus à même d'être en lien avec la honte serait la dignité. En effet, la notion de dignité[201] caractérisée par « *le respect*

---

[199] *Le grand Larousse illustré* 2015, édition Larousse, 2014, entrée « honte », p. 586.
[200] *Le grand Larousse illustré* 2015, édition Larousse, 2014, entrée « sentiment », p. 1062.
[201] Principe à valeur constitutionnelle : V. Cons. const., n° 94-343/ 344 DC, 27 juill. 1994, JO 29 juill. 1994, p. 11024 ; notion garantie tant en droit interne par

dû à la personne, à une chose ou à soi-même »[202] serait au cœur d'innombrables sentiments et notamment celui de honte. Or, la honte est un sentiment négatif de la personne. Ainsi, par une lecture *a contrario* de la notion de dignité, la honte aurait pour corollaire l'indignité, laquelle constitue le socle d'un éventail hétérogène de sentiments et d'émotions. La honte puiserait finalement sa force dans un mélange de sentiments complexes et vils tels que l'humiliation, le déshonneur, le dégoût, tous sources d'indignité, mais également dans des émotions négatives[203] passagères telles que la colère, la haine, l'angoisse ou encore la tristesse.

2. Approches philosophiques de la honte. Deux approches distinctes sont envisageables. La première est celle du sentiment de honte ressenti par un individu à l'égard de quelqu'un ou de quelque chose. C'est alors une situation extérieure, un événement spécifique ou encore autrui qui pousse l'individu à éprouver une honte. Quant à la seconde, c'est un sentiment enduré par la personne dans son for intérieur. Autrement dit, cela s'apparente à une honte de soi au travers du regard d'autrui. Pour Jean-Paul Sartre, « *la honte est au cœur de la rencontre entre un sujet qui s'affirme et la société qui sanctionne les tentatives mégalomaniaques, la transgression des normes et les conduites abjectes* »[204]. La problématique de la honte selon ce philosophe se situe dans le regard d'autrui. Selon lui, « *la honte interpelle le sujet en lui demandant de se situer, non plus seulement, ou principalement par rapport à lui-même, mais par rapport à la communauté sociale, aux humains, à la société* »[205]. Autrement dit, la honte serait le sentiment provoqué par autrui, notion pouvant englober tant l'être humain que la société dans son ensemble et les règles qui s'y rattachent. Deux autres philosophes témoignent de leur rencontre

---

le Code civil en son article 16 qu'en droit international notamment par la Convention européenne de droits de l'homme (art. 2, 3 et 4) et par la Charte des droits fondamentaux de l'Union européenne (art 1er, 3, 4 et 5).

[202] *Le grand Larousse illustré* 2015, édition Larousse, 2014, entrée « dignité », p. 382.

[203] V. le schéma des émotions positives et négatives *in* A. Therkassof, *Les émotions et leurs expressions*, « Psychologie en + », Presses universitaires de Grenoble, sept. 2008, p. 51.

[204] V. De Gaulejac, *Les sources de la honte*, Sociologie clinique, Desclée de Brouwer, 1996, p. 159.

[205] *Ibid.*

douloureuse avec le sentiment de honte. Sigmund Freud met en exergue les liens existants entre la honte et l'antisémitisme. Son analyse psychanalytique de la honte est nettement orientée sur les sentiments créateurs de honte, tels que l'humiliation ou le mépris[206]. Celui-ci démontre à quel point le sentiment de honte peut jouer un rôle sur l'inconscient d'une personne et de fait orienter certains de ces comportements. La honte serait donc un sentiment qui oriente les choix, les décisions et les comportements de chacun. Quant à Albert Camus, il semble associer le sentiment de honte « *à des conditions économiques qui produisent l'humiliation et la stigmatisation des plus faibles* »[207]. La honte serait ainsi vectrice de vengeance et pourrait finalement avoir une relation étroite avec la notion de culpabilité. En ce sens, Albert Camus parle clairement de « *la honte d'avoir honte* »[208] ou encore de « *l'aveu de la honte* »[209]. Cette analyse permet de déboucher sur un rapport particulier qu'est celui de la honte et du droit.

3. Les rapports entre la honte et le droit. Définir le droit n'est pas chose facile, quant à le comprendre, cela relève du domaine du fantastique. Le droit objectif, « *ensemble de règles visant à organiser la conduite de l'homme en société et dont le respect est assuré par la puissance publique* »[210], protège l'ensemble des droits subjectifs de la personne. Autrement dit, il reconnaît les droits de la personnalité tels que la dignité, l'honneur, la réputation, la vie privée ou encore le droit à l'image d'une personne. D'un point de vue civiliste, les rapports juridiques entre le sentiment de honte et le droit sont imperceptibles. Pourtant, ils existent et se manifestent au travers de sentiments et droits véritablement protégés par le droit objectif. En effet, la honte est un sentiment intériorisé qui se constitue à partir de situations concrètes de la vie courante et de relations intersubjectives. Toute atteinte aux droits subjectifs de la personne, tels que les droits de la personnalité, demeure sanctionnée par le droit interne tant par la matière civile mais aussi et surtout par la matière pénale. D'un point cette fois-ci pénaliste, le sentiment de honte est indéniablement

[206] V. De Gaulejac, *Les sources de la honte, op. cit.*, pp. 147 à 156.
[207] *Ibid.*, p. 179.
[208] *Ibid.*, p. 173.
[209] *Ibid.*, p. 177.
[210] T. Deharb et S. Guinchard (dir.), *Lexique des termes juridiques*, Dalloz, 22e éd., 2014, p. 375.

connecté à toute atteinte ou violence humiliante ou méprisante faites à un individu. Dès lors, si le droit pénal sanctionne toute atteinte physique ou psychique à la personne du fait d'humiliations par exemple, il se doit de prendre en compte ce sentiment spécifique de honte. En effet, cela reviendrait à confondre deux notions, celle de culpabilité à celle de honte. L'une étant prise en compte par le droit, l'autre pouvant influer la première. Le sentiment de culpabilité peut être en effet influencé par la honte. De plus, la honte, comme précédemment énoncé, est éprouvée dans le for intérieur de la personne soit envers soi-même soit envers autrui ou quelque chose. Partant de cette analyse, il se peut que le droit soit lui-même source de honte, notamment à travers la législation appliquée ainsi que par la justice rendue.

4. La honte confrontée au droit. La honte est un sentiment indécelable. Pourtant ce dernier peut influer sur le comportement d'un sujet de droit ou encore jouer un rôle actif au sein même du droit. Dès lors, plusieurs questions sont à soulever. La première est celle de savoir si le sentiment de honte est au cœur de la législation ou encore de la justice. Autrement dit, si le droit lui-même peut être source de honte notamment lorsque la législation ainsi que la justice sont créatrices de honte. Quant à la seconde, il s'agit de savoir si un tel sentiment est pris en compte par le droit, tant civil que pénal. *A contrario*, comment serait-il possible de l'intégrer en droit.

Finalement ces divers questionnements ne répondent-ils pas tous à une problématique commune : est-il souhaitable de percevoir la honte comme un sentiment étranger au droit même si celui-ci est inévitablement inhérent au droit ?

5. L'appréhension juridique de la honte. Afin de répondre à ces différentes questions, il est nécessaire d'analyser toute la complexité de ce sentiment. Dès lors, les arcanes du droit peuvent parfois être perçus comme sources éventuelles de honte pour certains juristes comme pour les profanes du droit (**I**). Néanmoins, au-delà d'un sentiment de honte inhérent à certains phénomènes du droit, une réflexion totalement disjointe peut être menée sur la place qu'occupe un tel sentiment au sein même du droit tant positif que prospectif (**II**).

I. La honte éprouvée par le droit

6. La question à analyser est la suivante : le droit, de manière très générale, ne peut-il pas être source de honte ? C'est notamment à travers un voyage dans le temps qu'il est possible de constater que la honte peut être éprouvée par le droit. Ce sentiment peut effectivement découler de la législation tant au travers des sanctions mises en place à l'égard d'individu ayant commis une infraction, tant au regard de normes inhumaines adoptées et appliquées à l'ensemble de la population. Toutefois, l'emprise de la honte sur la législation (A) ne justifie pas à elle seule la honte du droit. L'enjeu est donc de s'attarder sur le binôme de la loi, à savoir la justice. L'appréhension juridique du sentiment de honte dans diverses situations permettra d'affirmer que la justice est réellement empreinte de honte (B).

A. L'emprise de la honte sur la législation

7. Les périodes historiques « honteuses ». Dans son ouvrage *De l'esprit des lois*, Montesquieu énonçait qu' « *il faut éclairer les lois par l'histoire et l'histoire par le les lois* »[211]. Suivant ces dires, il semble que certaines périodes historiques françaises soient sujettes au sentiment de honte. Considérées comme des « législations honteuses » au regard de notre droit positif, quelques illustrations génératrices de honte mettent en exergue à quel point la volonté et la liberté législative sont parfois soumises à l'appréciation discrétionnaire du législateur. Le législateur français étant actuellement soumis aux blocs de constitutionnalité, de conventionalité et notamment sous le contrôle du juge constitutionnel, il paraît de nos jours plus difficilement en mesure d'adopter de telles mesures créatrices du sentiment de honte.

Deux visions de la honte seront abordées. La première est de constater de manière subjective que le sentiment de honte est inhérent à certaines peines prévues directement par la norme. Quant à la seconde vision, elle consiste en tant qu'individu à percevoir de manière objective et globale le sentiment de honte au travers d'un système législatif.

---

[211] S. Bissardon, *Droit et justice en citations et en adages,* Objectif droit dictionnaire, LexisNexis, 3e éd., p. 164.

8. Les peines suscitant le sentiment de honte : les peines afflictives et infamantes de l'ancien régime. L'Ancien régime offre un éventail de sanctions qui vont des « *châtiments les plus légers aux supplices les plus atroces* »[212]. L'idée est en fait de sanctionner le criminel par des peines dites afflictives et infamantes pour la « *satisfaction du public* »[213]. Crûment énoncées sous ces appellations dans l'ordonnance criminelle de 1670[214], ces peines afflictives et infamantes n'ont pas les mêmes finalités. En effet, la peine afflictive n'a d'autre but que d'affliger de manière durable une souffrance sur le corps l'individu[215]. À l'inverse, la peine infamante[216], désigne « *le condamné à la réprobation sociale et peut susciter la honte* »[217]. Ainsi, les peines afflictives et infamantes sont des peines corporelles consistant « *dans la peine de mort par la potence, par la roue, par le feu et même par l'écartement (...) dans la flétrissure ou marque avec un fer chaud, dans le fouet, dans la condamnation à être pendu sous les aisselles, qui se prononçait quelque fois contre les impubères pour crimes considérables 5 (...), dans le carcan ou le pilori* »[218]. Ces dernières suscitent ainsi tant une honte personnelle de l'acte infractionnel commis par l'agent, qu'une honte collective provoquée et ressentie par le peuple à l'égard de celui-ci. La cruauté de ces peines n'est donc pas seulement physique, bien au contraire, elle permet à toute personne d'assister au spectacle de la honte de l'auteur du crime. Hugo Grotius définissait d'ailleurs ces peines comme « *un mal que l'on fait souffrir à quelqu'un, à cause du mal qu'il a commis* »[219]. Quant aux peines seulement infamantes dépourvues de

---

[212] J.-M. Carbasse, *Histoire du droit pénal et de la justice criminelle*, Droit fondamental, Puf, 3e éd., p. 279, n° 134.
[213] *Ibid.*
[214] www.ledroitcriminel.free.fr.
[215] P. Couvrat, « Les catégories des peines afflictives ou infamantes et des peines accessoires au regard du Conseil d'Etat », RSC 2004, p. 153.
[216] Opposée « *de fama* » signifiant dignité.
[217] J. Pradel, *Droit pénal général*, Référence, éditions Cujas, 18e éd., 2010, p. 458, n° 562.
[218] *In* J.-M. Dufour, *Code criminel : avec instruction : Code pénal, Volume 1*, Livre 1er, Des peines en matières criminelles et correctionnels, et de leurs effets, Arthus-Bertrand, 1811, p. 7 et 8 ; P. Poncela, *Droit de la peine*, Thémis, Puf, 1re éd., 1995, p. 97.
[219] E. Tillet, « Histoire des doctrines pénales », *Rép. de dr. pén. et de proc. pén.*, Dalloz, n° 33.

lésions physiques, tels que le carcan ou le pilori[220], il est évident que le sentiment de honte est clairement recherché chez le délinquant. Certaines peines humiliantes, comme la course[221] ou la peine romaine de l'authentique[222] voire dégradantes, tel que le supplice de la cage[223], avaient d'ailleurs comme objectif de susciter bien évidemment la honte du crime commis mais également d'humilier l'individu et de l'atteindre dans sa dignité et son honneur. Ainsi le condamné se devait d'assumer la honte de son acte infractionnel et ainsi se repentir aux yeux de tous. La reconnaissance du sentiment de honte par ces peines ne s'est pas arrêtée à cette période. Il semble notamment que la période du premier Empire fasse usage de peines afflictives et infamantes.

9. Les peines afflictives et infamantes créatrices de honte dans la période du premier Empire. La période du premier Empire est un exemple marquant où le sentiment de honte était tout autant inhérent à la peine. Le Code pénal de 1810, répondant à des exigences d'utilité sociale ainsi qu'à celles d'une justice rétributive, éliminatrice et intimidatrice, est particulièrement représentatif des sanctions génératrices du sentiment de honte chez le délinquant. « *Bien que tombées peu à peu en désuétudes* »[224] avec la loi du 28 avril 1832[225]

---

[220] « *Le pilori était un procédé d'exposition du condamné dans un lieu public. Simple pilier, échelle ou tribune tournante comme à Paris, il permettait de désigner un malfaiteur à la réprobation du peuple, qui était ainsi le véritable exécuteur du châtiment* » *in* J.-M. Carbasse, *Histoire du droit pénal et de la justice criminelle, op. cit.*, p. 308, n° 151.

[221] « (…) *spécialité du droit médiéval, il s'agissait de faire courir le condamné dans les rues principales de la localité, précédé du trompette ou crieur public qui devait ameuter la population sur son passage. La course était fréquemment appliquée aux voleurs (…), tout au long de son humiliant parcours, le voleur devait porter au cou le produit de son larcin, ou du moins un écriteau explicatif.* » *in* J.-M. Carbasse, *La peine*, Recueils de la société Jean Bodin pour l'histoire comparative des institutions, De Boeck-Wesmael s.a, 1991, 1re édition, p. 168.

[222] Autre appellation donnée à la course en droit romain, il s'agissait de faire courir nus dans les rues de la ville les couples adultères, « *la femme tirant l'homme* per genitalia *au moyen d'une corde* » *in* J.-M. Carbasse, *Histoire du droit pénal et de la justice criminelle, op. cit.*, n° 151, p. 309.

[223] Supplice consistant pour « *les femmes médisantes, querelleuses ou mal famées* » *à « les plonger dans l'eau froide censée ramener ces dames à une conduite plus calme* » *in* J.-M. Carbasse, *La peine*, *op. cit.*, p. 168.

[224] B. Paillard, Fasc. 20 : « Peines criminelles applicables aux personnes physiques », 15 avril 2000, JurisClasseur Pénal Code.

ainsi qu'avec l'entrée en vigueur du nouveau Code pénal en 1994, deux catégories de sanctions figuraient dans le Code pénal de 1810. Il s'agit des peines afflictives et infamantes[226] et d'autre part de peines uniquement infamantes[227]. La fonction rétributive de la justice répond clairement à un impératif de punition du délinquant proportionné au mal causé à la société[228]. L'idée d'affliger un châtiment existant de l'ancien droit au criminel fut ainsi reprise par les rédacteurs du Code Napoléon. L'objectif recherché par le législateur était d'une part de dissuader l'auteur de l'acte de recommencer mais aussi de prévenir et de dissuader autrui à commettre éventuellement la même infraction. Les peines afflictives doublées d'un caractère infamant ainsi que les peines exclusivement infamantes « *atteignent l'individu dans sa réputation et dans son honneur en le plaçant dans une posture humiliante ou ridicule* »[229]. L'idée était donc de provoquer l'humiliation, le déshonneur, et notamment la honte chez le délinquant.

Au regard de ces nombreux exemples, le sentiment de honte avait clairement sa place dans l'ancien Code pénal de 1810. Ce dernier était en fait à cette époque au cœur de toute sanction établie par le législateur aux fins de punition, de dissuasion et de prévention des infractions. Cela semble finalement clairement ressembler aux objectifs mêmes du mécanisme de *shame penalties* utilisé par de nombreux pays tel que les États-Unis.

---

[225] Cette loi contenant des modifications au Code pénal et Code d'instruction criminelle supprime les peines corporelles telles que le Carcan et marque au fer rouge ; J. Pradel, *Droit pénal général*, *op. cit.*, n°s 101 et 102, p. 83.

[226] Conformément aux articles 6 et 7 de l'ancien code pénal : « *les peines afflictives et infamantes sont : la mort ; les travaux forcés à perpétuité ; la déportation ; les travaux forcés à temps ; la réclusion. La marque et la confiscation générale peuvent être prononcées concurremment avec une peine afflictive, dans les cas déterminés par la loi* ».

[227] Conformément à l'article 8 de l'ancien Code pénal : « *Les peines infamantes sont : le carcan ; le bannissement ; la dégradation civique* ».

[228] J. Pradel, *Droit pénal général*, *op. cit.*, n° 562, p. 458.

[229] J.-M. Carbasse, *Histoire du droit pénal et de la justice criminelle*, *op. cit.*, n° 150, p. 308.

10. Les peines génératrices de honte : le mécanisme des *shame penalties*. Concrètement, la honte publique n'existe plus depuis l'abolition des peines afflictives et infamantes[230]. Néanmoins certains états fédérés des États-Unis ont consacré et utilisent toujours au XXIe siècle le mécanisme des *shame penalties* à l'égard du délinquant. Ces peines génératrices de honte constituent quelque part un renouvellement à moindre échelle des peines infamantes de l'ancien droit. Créées dans l'objectif de désengorger les tribunaux, les *shame penalties* sont en quelque sorte une alternative à l'incarcération[231] de la personne poursuivie. Selon John Braithwaite, il est nécessaire « *d'arrimer la honte et la culpabilité* »[232]. Afin que cela soit plausible, il se fonde sur la technique adoptée aux États-Unis, c'est-à-dire la provocation du sentiment de honte chez le délinquant[233]. Cette honte dite provoquée se fait, par exemple, par l'exposition publique du délit ou du crime commis sur des pancartes, portées par l'auteur de l'infraction, autrement appelé « *homme sandwich* », mais aussi sur des panneaux d'autoroutes, ou encore par le biais des médias ou de la presse. Généralement il appartient aux juges d'avertir et de prévenir la population du délit ou du crime commis par le délinquant par ses différents procédés mis en place. Il est ainsi parfois fait recours au sentiment de honte du public, à un « *faire honte* »[234], afin que le délinquant éprouve lui-même la honte de son acte infractionnel à l'égard de la société. Perçu comme une sanction judiciaire[235], ce mécanisme de *shame penalties* aspire à intensifier la honte chez l'agent afin que cela opère chez ce dernier une prise de conscience du caractère inacceptable de son acte vis-à-vis de la société. Ces peines créatrices de honte ont finalement pour but de réhabiliter le coupable en exposant son infraction au public et, de surcroît, déclencher chez lui une honte publique. De plus, celles-ci auraient également pour

---

[230] Cela se justifie au regard de l'article 3 de la Convention européenne des droits de l'Homme du 4 novembre 1950 qui interdit le recours à des traitements inhumains et dégradants.

[231] J. Hoffman, « Crime and Punishment : Shame Gains Populary », The New York Times, January 16, 1997, www.nytimes.com.

[232] J.-P. Brodeur, J. Braithwaite, « De l'humiliation à la honte "positive" », Le Monde des débats, juin 2000, p. 20.

[233] *Ibid.*

[234] J.-P. Brodeur, « Sur la voie de la justice réparatrice », Le Monde des débats, juin 2000, p. 20.

[235] D.R. Karp, « The Judicial and Judicious Use of Shame Penalties », *in Crime and Delinquency*, Volume 44, n° 2, April 1998, p. 277, www.skidmore.edu.

effet de dissuader autrui à commettre éventuellement la même infraction. En somme, les objectifs d'un tel système ressemblent nettement à ceux des peines d'autrefois.

11. La honte et le gouvernement de Vichy. Si les époques pré et post-révolutionnaire ont parfois démontré que la législation pouvait être en quelque sorte « honteuse » à travers le prononcé de peines génératrices de honte, la période relative au gouvernement de fait de Vichy est une représentation objective parfaite de la honte portée par la législation française. Quatre ans ont suffi pour mettre en place une législation vichyste considérée comme honteuse. La surabondance et « *l'énormité de la production législative de Vichy* »[236] mettent en lumière une législation perçue tel un « *monstre juridique* »[237]. Le sentiment de honte issu de cette législation concerne de nombreuses dispositions prônant en faveur d'une discrimination éthnico-raciale envers les personnes de race ou de religion juive. En analysant les mesures antijuives prises par le gouvernement de Vichy, il est indéniable que toutes les lois promulguées à cette époque provoquent un sentiment de honte à l'égard du législateur et notamment à l'égard du gouvernement du maréchal Pétain. Il est incontestable que les lois régissant le statut des juifs, lequel est clairement recopié sur les lois ou ordonnances nazies, sont génératrices de honte. À ce titre, le premier statut des juifs du 3 octobre 1940[238], rédigé par Raphaël Alibert, Garde des Sceaux en 1940[239], révèle, en son article premier[240], le caractère honteux de

---

[236] J.-P. Le Crom, « L'avenir des lois de vichy », *in* B. Durand, J.-P. Le Crom, A. Somma (dir.), *Le droit sous Vichy*, Das Europa des Diktatur, Klostermann, 2006, p. 478.

[237] D. Gros, « Un droit monstrueux », *in* M. Olender (dir.), *Le droit antisémite de Vichy*, Le genre humain, Seuil, mai 1996, p. 561. Dominique Gros utilise en effet cette métaphore du monstre « *pour qualifier un corpus de normes ou biens les agents de leur élaboration, de leur adoption et de leur application* ».

[238] La loi du 3 octobre 1940 portant statut des juifs compte une dizaine d'articles dont notamment ceux qui restreignent voir suppriment totalement l'accès ou l'exercice d'un certain nombre de professions.

[239] D. Gros, « Le droit antisémite de Vichy contre la tradition républicaine », *in* M. Olender (dir.), *Juger sous Vichy*, Le genre humain, Seuil, nov. 1994, p. 17.

[240] Article premier : « *Est regardé comme juif, pour l'application de la présente loi, toute personne issue de trois grands-parents de race juive ou de deux grands-parents de la même race, si son conjoint lui-même est juif* », www.tel.archives-ouvertes.fr.

« *l'identification des personnes par la race ou la religion juive* »[241] en vue de réduire leurs droits. Par la suite, révisées et signées le 2 juin 1941 par Joseph-Barthélemy[242], les lois relatives au nouveau statut des juifs deviennent de plus en plus sources de honte. À ce titre, il n'est pas sans rappeler « *le raz de marée législatif* » honteux tel que la loi relative au recensement obligatoire des juifs[243], celle portant révision des naturalisations[244], ou encore celle relative à l'internement des juifs[245] dans des camps spéciaux afin de les exterminer et enfin celle leur imposant de faire apposer la mention « *juive* » sur leur carte d'identité[246]. Toute cette série de lois bien plus « *ignobles* »[247] les unes que les autres atteste que le régime antirépublicain, autoritaire et antisémite de l'époque était véritablement honteux. Outre cela, trois affaires célèbres viennent confirmer l'illégitimité et l'illégalité de l'application des lois sous Vichy. Il s'agit de l'affaire *Klaus Barbie*[248], *Paul Touvier*[249] ou encore celle de *Maurice Papon*[250]. Ces hommes jugés pour crimes contre l'humanité démontrent nettement l'horreur de Vichy. Qui plus est, la responsabilité de la puissance publique

---

241 D. Broussolle, « L'élaboration du statut des juifs de 1940 » *in* M. Olender (dir.), *Le droit antisémite de Vichy*, *op. cit.*, p. 115.

242 D. Gros, « Le droit antisémite de Vichy contre la tradition républicaine », *art. précit.*

243 V. Loi du 2 juin 1941 prescrit le recensement des juifs, www.legifrance.gouv.fr ; et circulaire du 29 juillet 1941.

244 V. Loi du 22 juillet 1940 portant révision des naturalisations depuis la loi du 10 août 1927, www.legifrance.gouv.fr.

245 V. Ordonnance du 4 octobre 1940 et loi du 2 juin 1941.

246 V. Loi du 11 décembre 1942.

247 J.-P. Le Crom, « L'avenir des lois de Vichy », *art. précit.*, p. 473.

248 Crim. 21 oct. 1993 : Bull. crim. n° 307 ; Pour un approfondissement de l'affaire Barbie : M. Zaoui, N. Herrenschmidt, A. Garapon, *Mémoires de justice*, *Les procès Barbie, Touvier, Papon*, Seuil, 2009.

249 Crim. 21 oct. 1993 : Bull. crim. n° 307 ; Pour une analyse de l'affaire Touvier : M. Zaoui, N. Herrenschmidt, A. Garapon, *Mémoires de justice*, *Les procès Barbie, Touvier, Papon*, *op. cit.* ; C. Grynfogel, « Touvier et la justice, une affaire de crime contre l'humainté ? », RSC 1993, p. 62 ; M. Masse, « L'affaire *Touvier*, qualification de crime contre l'humanité », RSC 1993, p. 372.

250 CEDH, 25 juillet 2002, Papon c/France, n° 54210/00 ; v. aussi : Crim. 23 janv. 1997 : Bull. crim. n° 32 ; D. 1997. 147, note J. Pradel ; JCP 1997. II. 22812, note J.-H. Robert. ; Pour une meilleure compréhension de l'affaire Papon : E. Gorren, J.-M. Matisson, *Le procès Papon*, « Les enfants de Pitchipoï », Atlantica, 1998 ; M. Zaoui, N. Herrenschmidt, A. Garapon, *Mémoires de justice*, *Les procès Barbie, Touvier, Papon*, *op. cit.* ; M. Zaoui, « Responsabilité de l'Etat pour fautes commises par un fonctionnaire sous Vichy (*affaire Papon*) », D. 2002, p. 1492.

a également été engagée à raison « *des actes ou agissements de l'appareil étatique français* » ayant permis la déportation de nombreuses personnes de race juive[251]. Malgré le rétablissement de la légalité républicaine en 1944[252] mettant fin à l'atrocité des normes vichysiennes[253], le sentiment de honte émanant de la législation de Vichy demeure toujours, et ce, plus de soixante-dix après l'instauration du régime.

12. Si la loi peut être source de honte, quelles que soient les périodes de l'histoire de France, la question a été de savoir si la justice pouvait également provoquer un tel sentiment. Le corps législatif et l'ensemble du corps judiciaire sont intimement liés. En effet, les juges ont pour mission d'appliquer la loi[254] et de rendre des décisions justes au regard des affaires qui leur sont soumises. Or, l'hypothèse de l'erreur judiciaire est un exemple concret d'une injustice parfaite. De plus, le corps entier du système judiciaire semble lui aussi faire l'objet de certaines lacunes. Dans la mesure où la honte peut découler de la législation, *ipso facto*, ne peut-elle pas à son tour émaner de la justice ?

---

[251] Sur ce point : E. Aubin, « Le régime de Vichy, la déportation des Juifs durant l'occupation et la République française ou la responsabilité administrative retrouvée », LPA. 2002, n° 216, p. 15 et « La responsabilité de l'état français dans la déportation des juifs durant l'occupation », LPA 2002, n° 106, p. 12 ; M. Guyomar, « Les décisions prises par un fonctionnaire du régime de Vichy engagent la responsabilité de l'Etat », AJDA 2002, p. 423.

[252] Conformément à l'article 1er de l'ordonnance du 9 août 1944 relative au rétablissement de la légalité républicaine sur le territoire continental : « *La forme du Gouvernement de la France est et demeure la République. En droit celle-ci n'a pas cessé d'exister » et à l'article 2 de ladite ordonnance ; « Sont, en conséquence, nuls et de nul effet tous les actes constitutionnels législatifs ou réglementaires, ainsi que les arrêtés pris pour leur exécution (...) postérieurement au 16 juin 1940 (...)* ». En ce sens : M. Dobkine, « Quelles leçons peut-on tirer de l'expérience judiciaire de Vichy ? », D. 2000, p. 438.

[253] A titre d'illustrations concernant l'infime partie de mesures prises sous Vichy toujours en vigueur : C. Desprairies, *L'héritage de Vichy, Ces 100 Mesures toujours en vigueur*, Seuil, Armand Colin, 2012.

[254] Conformément à l'article 4 du Code civil : « *Le juge qui refusera de juger, sous prétexte du silence, de l'obscurité ou de l'insuffisance de la loi, pourra être poursuivi comme coupable de déni de justice* ».

B. La justice empreinte de honte

13. L'appréhension de la honte au travers de la justice. Force est de constater que le sentiment de honte est intimement lié à celui d'humiliation. Ce sentiment se nourrit clairement des atteintes volontaires à l'intégrité physique d'un individu et notamment des tortures et actes de barbarie[255]. De nombreux traitements inhumains[256] et dégradants[257] inspirent ce sentiment et *ispo facto* à celui de honte. Malgré l'interdiction des mauvais traitements en France, certaines situations semblent plutôt propices à l'usage de traitements et tortures inhumains. En effet, le doute plane clairement sur l'autorité publique, et surtout sur les forces de police, ce qui provoque souvent la Cour européenne à condamner la France sur le fondement de l'article 3 de la Convention européenne des droits de l'Homme[258]. Outre, les forces de l'ordre, il semble que l'administration pénitentiaire, et notamment les établissements pénitentiaires, soit également source de honte au regard de la pratique récurrente des mauvais traitements sur la personne détenue.

S'il existe une certaine honte de l'ensemble du système judiciaire à travers de nombreux abus persistants, s'est posée la question de savoir si le sentiment de honte était inhérent à la justice pénale. Dans un monde utopique, la justice pénale semble être parfaite et infaillible. Or, dans la réalité, elle peut être source de honte. Suivant les dires de René Floriot « *L'homme le plus honnête, le plus respecté, peut être victime de la justice. Vous êtes bon père, bon époux, peu importe. Quelle fatalité pourrait vous faire passer pour un malhonnête homme, voire pour un criminel ? Cette fatalité existe, elle porte un*

[255] Incriminés par le Code pénal aux articles 222-1 et s.

[256] Les traitements inhumains vont « *provoquer volontairement des souffrances mentales ou physiques d'une intensité particulière* » *in* J.-F. Renucci, *Droit européen des droits de l'homme*, Traité de droit européen des droits de l'homme, LGDJ, Montchrestien, Lextenso éditions, 2012, n° 106, p. 123.

[257] Les traitements dégradants peuvent se définir « *par le fait qu'ils constituent une humiliation grossière devant autrui pour un individu, lequel peut aussi être poussé à agir contre sa volonté ou sa conscience* » *ou encore lorsqu'il « est de nature à inspirer à ses victimes des sentiments de peur, d'angoisse et d'infériorité, propres à les humilier ou à les avilir » Ibid.*, n° 105, p. 121 et 123.

[258] Aux termes de l'article 3 de la Conv. EDH du 4 novembre 1950 : « *Nul ne peut être soumis à la torture ni à des peines ou traitements inhumains ou dégradants* ».

nom : l'erreur judiciaire »[259]. Les erreurs judiciaires sont peu nombreuses au regard de l'ensemble des décisions rendues. Toutefois, elles ont marqué les esprits et ont suscité auprès des juristes et justiciables un sentiment de honte à l'égard de la justice. Suivant le chemin boueux de la justice, diverses situations peuvent être empreintes de honte.

14. La honte et l'autorité publique : le cas des représentants des forces de l'ordre. Bien loin de l'utopie selon laquelle une personne serait en sécurité dans le pays des droits de l'homme, se trouve une réalité beaucoup plus sombre. Le phénomène de violences policières est très largement connu de la Cour européenne des droits de l'homme et notamment dans deux situations distinctes. L'analyse première, génératrice de honte, serait celle des traitements inhumains ou tortures affligés aux personnes en état d'arrestation. Il est de principe constant que la police ou la gendarmerie peut faire usage de la force sur ordre de la loi ou sur commandement de l'autorité légitime[260], afin de procéder à l'arrestation d'un individu dès lors que ce dernier n'obtempère pas. Ainsi, l'usage de la force par la police ou la gendarmerie doit être « *proportionnée et nécessaire* »[261] au regard de l'attitude de la personne à arrêter. Cependant il se peut que les forces de l'ordre abusent de leurs fonctions. À ce titre, la France a d'ores et déjà fait l'objet de condamnations par la Cour européenne

[259] R. Floriot, *Les erreurs judiciaires*, Flammarion, 1968, p. 5 *in* S. Bissardon, *Droit et justice en citations et en adages,* Objectif droit dictionnaire, LexisNexis, 3e éd., p. 82.

[260] Art. 122-4 alinéa 2 du CP : « *N'est pas pénalement responsable la personne qui accomplit un acte commandé par l'autorité légitime, sauf si cet acte est manifestement illégal* ».

[261] « *Pour être justifié par l'autorisation de la loi, l'uasge de la force lors d'une interpellation en flagrant délit doit être nécessaire et proportionne aux conditions de l'arrestation* » : Crim. 26 juin 2012 ; RSC 2013. 83, obs. C. Mascala ; Dr. Pénal 2012, n° 142, obs. M. Véron ; En ce sens également : Crim. 13 avr. 2005 : Bull. Crim. n° 131 ; D. 2005. 2920, note J.-L. Lennon ; Gaz. Pal. 2005. 2. 3485, note Y. Monnet. Le fait justificatif de légitime défense invoqué par les policiers et gendarmes est une hypothèse particulière qui ne peut faire l'objet d'une analyse précise dans cet article. Toutefois à titre d'illustration : V. Crim., 16 juill. 1986, 1re espèce, D. 1988. 390, note ? Dekeuwer ; V. aussi Paris, 9 oct. 1978, JCP. 1979. II. 19232, note P. Bouzat.

pour violation de l'interdiction des traitements inhumains ou dégradants, en raison de violences policières lors d'une arrestation[262].

Par ailleurs la même analyse est valable concernant, d'une part, les personnes faisant l'objet d'une procédure de vérification d'identité[263] ou, d'autre part, celles qui sont gardées à vue. À cet égard, l'abus commis lors d'une garde à vue[264] est un exemple concret où de nombreuses personnes subissent des exactions de la part d'officiers de police judiciaire. Malgré les droits acquis du gardé à vue[265], certaines affaires ont révélé une certaine atteinte à ces droits par l'emploi de la brutalité des forces de l'ordre. Paradoxalement, très loin de l'affirmation selon laquelle la police « *assure le bon ordre, la sûreté, la sécurité et la salubrité publique* »[266], la personne placée en mesure de détention policière peut effectivement faire l'objet de violences telles que coups ou blessures. À titre d'illustration, il n'est pas sans rappeler les condamnations de la France par la Cour européenne dans trois affaires distinctes, à savoir *Tomasi c/France* en 1992[267], *Selmouni c/ France* en 1999[268] et enfin *Rivas c/ France* en 2004[269].

---

[262] V. CEDH, 19 mai 2004, R.L. et M.-J.D. c/ France, n° 44568/98 ; V. aussi CEDH, 3 oct. 2013, Douet c/ France, n° 16705/10 ; FUCINI S., « Violences policières lors d'une arrestation : condamantion de la France », Dalloz actualité, octobre 2013.

[263] Conformément à l'article 78-3 du CPP ; V. CEDH, 4 novembre 2010, Darraj c/France, n° 34588/07 ; Crim. 5 janv. 1973 : Bull. crim. n° 7 ; D. 1973. 541, note G. Roujou de Boubée.

[264] Conformément à l'article 62-2 du CPP : « *La garde à vue est une mesure de contrainte décidée par un officier de police judiciaire, sous le contrôle de l'autorité judiciaire, par laquelle une personne à l'encontre de laquelle il existe une ou plusieurs raisons plausibles de soupçonner qu'elle a commis ou tenté de commettre un crime ou un délit puni d'une peine d'emprisonnement est maintenue à la disposition des enquêteurs* ».

[265] V. art. 63-3 et svts du CPP.

[266] Conformément à l'article L 2212-2 du Code général des collectivités territoriales.

[267] CEDH, 27 août 1992, Tomasi c/ France, n° 12850/87 ; J.-P. Marguenaud, « La Cour européenne des droits de l'homme affine sa méthode d'interprétation de l'article 3 de la Convention européenne des droits de l'homme afin de condamner la France pour torture policières », RTD civ. 1999, p. 911 ; F. Sudre, « L'arrêt de la Cour européenne des droits de l'homme, du 27 août 1992, Tomasi c/France : mauvais traitements et délai déraisonnable », RSC 1993, p. 33

[268] CEDH, 28 juillet 1999, Selmouni c/ France, n° 25803/94 ; F. Sudre, « Torture en garde à vue : un arret de principe », JCP G. 1999. II. 10193 ; F. Massia, « Condamnation de la France pour torture », RSC 1999, p. 891.

[269] CEDH, 1er avril 2004, Rivas c/ France, n° 59584/00 ;

Finalement, cet éventail de décisions européennes rendues dans le cadre de ces circonstances spécifiques permet de mettre en évidence la honte relative à l'usage excessif des forces de l'ordre. En outrepassant leurs droits, les services de police et de gendarmerie renvoient en quelque sorte une image honteuse. Ces propos sont évidemment à nuancer[270]. Il n'est aucunement question de critiquer l'ensemble du corps judiciaire, mais tout simplement de rendre compte que toute atteinte physique ou psychique est souvent synonyme de honte à l'égard de ceux qui les commettent. Outre la honte perçue au travers de ces quelques illustrations brutales, le sentiment de honte ne semble pas seulement s'arrêter à celles-ci.

15. La honte et l'autorité : les cas de l'autorité judiciaire et de l'administration pénitentiaire. Nombreuses sont les personnes privées de liberté. Dans cet article, il sera seulement fait référence à deux situations bien particulières : d'une part, les personnes faisant l'objet d'une détention provisoire abusive, d'autre part, celles détenues et soumises à des mesures de sécurité au sein d'établissements pénitentiaires.

Concernant les personnes injustement détenues. Aux termes de l'article 144-1 du Code de procédure pénale, « *la détention provisoire ne peut excéder une durée raisonnable, au regard de la gravité des faits (...) et de la complexité des investigations* ». La Cour européenne rappelle d'ailleurs ce principe dans de nombreuses décisions[271]. Le sentiment d'injustice et celui de honte paraissent étroitement liés. En effet, c'est davantage l'injustice ressentie, qui nourrit certains sentiments tels que la colère, la haine ou encore la honte. C'est de la

---

[270] Afin de rassurer les lecteurs : Article R. 434-17 du Code de la sécurité intérieure « *Toute personne appréhendée est placée sous la protection des policiers ou des gendarmes et préservée de toute forme de violence et de tout traitement inhumain ou dégradant. [...] Le policier ou le gendarme ayant la garde d'une personne appréhendée est attentif à son état physique et psychologique et prend toutes les mesures possibles pour préserver la vie, la santé et la dignité de cette personne* » ; *ROUSSEL G., « Police judiciaire »*, *Rép. de dr. pén. et de proc. pén.*, sept. 2014 (actualité : janvier 2015).

[271] V. CEDH, 26 juin 1991, Letellier c/France, n° 12369/86 ; V. également CEDH, 17 mars 1997, Muller c/France, n° 21802/93. A L'inverse ne constitue pas une durée excessive de détention avant jugement : CEDH, 18 octobre 2012, Rossi c/France, n° 60468/08.

naissance du sentiment d'injustice[272] que va potentiellement naître celui de honte à l'égard de la justice. Par exemple, le sentiment de honte peut naître lorsqu'une personne est privée de sa liberté de manière injuste par l'autorité judiciaire en cas de durée excessive de sa détention provisoire.

Dans la mesure où la Cour européenne est venue rappeler la France à l'ordre de nombreuses fois, sur le fondement de l'article 5 de la Convention européenne relatif au droit à la liberté et à la sûreté, pour durée excessive de certaines détentions provisoires[273], quoi de plus normal d'éprouver un tel sentiment à l'égard de l'autorité judiciaire. Il est toutefois de rigueur de tempérer ces dires étant donné qu'il existe un droit à réparation[274] des préjudices matériels[275] et moraux[276] au bénéfice de la personne injustement détenue. Qui plus est, celle-ci peut également rechercher la responsabilité de l'État[277].

Par ailleurs, concernant les prisonniers au sein d'un établissement pénitentiaire, il est de principe constant que la dignité humaine fait l'objet d'une protection lors de la détention[278]. Le prisonnier ne doit donc se voir infliger aucun sentiment d'humiliation, de persécution ou de rabaissement dans sa personnalité[279]. À défaut, ces sentiments contribueraient réellement à la naissance du sentiment

---

[272] « *Ce n'est pas l'injustice en soi qui nous blesse, c'est d'en être l'objet* », P. Nicole, *Essais de morale*, 1671-1714 *in* S. Bissardon, *Droit et justice en citations et en adages,* Objectif droit dictionnaire, LexisNexis, 3e éd., p. 109.

[273] CEDH, 3 octobre 2013, Vosgien c/France, n° 12430/11 ; S. Lavric, « Durée excessive d'une détention provisoire : nouvelle condamnation de la France », AJ pénal, 2014, p. 36.

[274] Conformément à l'article 149 du CPP ; Rapport de la Commission nationale de réparation des détentions, www.courdecassation.fr ; D. Luciani-Mien, « Indemnisation des détentions provisoires abusives », Dalloz, janv. 2014 ; AJ pénal, 2011, p. 338.

[275] En ce sens : CNR détentions, 24 janv. 2002 : Bull. crim. (CNRD) n° 1 ; CNR détentions, 5 déc. 2011 : Bull. crim. (CNRD) n° 10.

[276] A titre d'illustrations : CNR détentions, 24 janv. 2002 : Bull. crim. (CNRD) n° 2 ; CNR détentions, 14 avr. 2008 : Bull. crim. (CNRD) n° 4.

[277] V. art. L. 141- 1 du Code de l'organisation judiciaire ; J.-P. Besson, « Agent judiciaire de l'Etat », *Rép. de proc. civ.*, mars 2013.

[278] J.-F. Renucci, *Droit européen des droits de l'homme, Droit et libertés fondamentaux garantis par la CEDH*, LGDJ, Montchrestien, Lextenso éditions, 2013, p. 91, n° 132.

[279] *Ibid.*

de honte chez le détenu. Toutefois, certaines détentions provisoires font naître le sentiment de honte. C'est notamment le cas lorsque des mesures de sécurité apparaissent comme disproportionnées au regard « *de la sécurité et de la protection de l'ordre public* »[280]. L'exemple le plus pertinent est celui du détenu soumis à des fouilles corporelles intégrales répétées[281]. Finalement, dès l'instant où la dignité physique et ou psychique du détenu est bafouée, le sentiment de honte peut soit s'extérioriser à l'égard de l'établissement pénitentiaire qui les effectue soit s'intérioriser et provoquer chez le détenu une honte de soi.

En définitive, il paraît difficile de rattacher le sentiment de honte aux abus judiciaires commis, et pourtant même si cela n'est pas généralisé à l'ensemble des individus, il n'est pas totalement absent des pensées de ceux qui aspirent à une justice parfaite. Qui plus est, le sentiment de honte semble réellement prendre racine lorsque la justice commet des erreurs judiciaires.

16. Le cas particulièrement honteux d'erreurs judiciaires. « *L'homme est le seul juge du vrai lancé dans une erreur sans issue* »[282]. Selon ces dires, l'homme innocent serait seul maître de son destin dès lors qu'il est reconnu coupable d'un crime et que la décision juridictionnelle définitive est passée en force de chose jugée.

Or, cela ne s'avère plus totalement vrai. Face au bilan d'erreurs judiciaires commises, une personne innocente reconnue coupable peut se voir acquittée ou relaxée et ce même après l'épuisement des voies de recours ordinaires, tels que l'appel[283] ou l'opposition[284],

---

[280] *in* RENUCCI J.-F., *Droit européen des droits de l'homme*, Traité de droit européen des droits de l'homme, *op. cit.*, n° 121, p. 148.

[281] Selon une décision de la Cour européenne : CEDH, 12 juin 2007, *Frérot c/France*, n° 70204/01 : Une fouille corporelle intégrale est illégitime lorsqu'elle n'est ni « *nécessaire* » ni menée selon des « *modalités adéquates* ». En l'espèce la Cour a conclu que « *les fouilles litigieuses* » constituaient un traitement dégradant sur le fondement de l'article 3 de la CEDH. Décision prise au regard du « *degré de souffrance ou d'humiliation subi par le détenu* » et en raison de leur fréquence répétée».

[282] A. Pope, « Essais sur l'Homme », *in* E. De Valicourt, *L'erreur judiciaire*, Logiques juridiques, L'Harmattan, 2005, p. 5.

[283] V. art. 380-1 et svts., du CPP ; V. aussi Crim. 23 mai 2001 : Bull. crim. n° 133 ; RSC 2001. 836, obs. D. Commaret : « *Seuls les arrêts de condamnation peuvent*

ou extraordinaires, tel que le pourvoi en cassation[285]. En effet, l'ouverture d'une « *procédure de révision ou de réexamen* »[286] d'une décision pénale définitive est possible dès lors qu'une erreur judiciaire a entraîné la condamnation d'un innocent. L'erreur judiciaire, perçue comme une entrave à « *la stabilité de la vérité judiciaire* »[287], remet donc en cause le principe de l'autorité de la chose jugée[288]. Gage de stabilité et de sécurité, la chose jugée doit être écartée au profit d'une sauvegarde de l'équité et de la justice lorsqu'une erreur judiciaire est commise. De plus, il faut savoir que la présomption d'innocence reconnue à tout individu[289] ne joue plus dès l'établissement de la culpabilité de la personne[290] lors du jugement définitif. Même en présence de la preuve d'une erreur judiciaire commise par la juridiction de jugement, la présomption d'innocence n'a plus lieu d'être dès lors qu'elle a pris fin avec la reconnaissance quelque peu erronée de la culpabilité. Or, si la présomption d'innocence ne joue plus dans cette situation, cela ne signifie pas qu'une personne réellement innocente condamnée à tort n'est plus en mesure d'être innocentée. L'examen de l'erreur, par la nouvelle Cour de révision et

faire l'objet d'un appel, par conséquent l'appel du Ministère public d'une décision d'acquittement est irrecevable ».

[284] V. art 489 et svts. et 545 du CPP.

[285] V. art. 567 et svts. du CPP.

[286] La procédure de réexamen est règlementée par les article 626-1 et s. du Code de procédure pénale. Selon l'avis sur la révision des condamnations pénales en cas d'erreur judiciaire, Ass. pl., 13 février 2014, www.legifrance.gouv.fr : « *La procédure de réexamen d'une décision pénale après un arret de la CEDH permet d'effacer une erreur de droit tandis que la procédure de révision permet de corriger une erreur de fait* ».

[287] C. Ribeyre, « La réforme des procédures de révision et de réexamen ou comment mieux corriger l'erreur judiciaire », Dr. Pénal, n° 10, 2014, étude 17.

[288] V. art. 6 du CPP ; V. aussi art. 1351 du Cc et 481 du CPC ; Pour une analyse juridique : M. Haas, « Cassation pour bien jugé », Dr. Pénal, 2013, comm. 30 ; D. Caron, M. Douchy-Oudot, Fasc. 20 et 30 : « Autorité de la chose jugée.- Autorité de la chose jugée au pénal sur le civil », 7 avril 2014, JurisClasseur Procédure pénale et JurisClasseur civil Code.

[289] L'article 9 de la Déclaration des droits de l'homme et du citoyen du 26 aout 1789 énonce clairement que « *tout homme est présumé innocent jusqu'à ce qu'il ait été déclaré coupable* » et l'article 9-1 du Code civil dispose en ce sens que « *Chacun à droit au respect de la présomption d'innocence* ».

[290] Cass. crim. 20 nov. 2002, Bull. crim. n° 209 : Le demandeur en révision « *dont la culpabilité a été légalement établie, au sens de l'article 6, paragraphe 2, de la Convention européenne des droits de l'homme, ne peut plus se prévaloir de la présomption d'innocence* ».

de réexamen instituée en 2014[291], permet dès lors au condamné d'être éventuellement innocenté et ce, même à la suite de la reconnaissance de sa culpabilité. Toutefois, afin que la voie de la révision soit ouverte, il est fait une stricte application des conditions d'ouverture[292] et des personnes pouvant demander la révision du jugement[293]. Dès lors, si l'une de celles-ci est remplie, que la demande près la commission d'instruction est recevable et qu'elle est par la suite examinée au fond devant la formation de jugement, la personne condamnée à tort a des chances d'être innocentée. De plus elle bénéficie d'un droit à réparation intégrale des préjudices matériels et ou moraux[294] ainsi que l'effacement de son casier judiciaire.

17. Le sentiment de honte à l'égard d'erreurs judiciaires. « *Reconnaître l'existence d'erreur judiciaire, c'est admettre que la justice n'est pas infaillible* »[295]. Dans l'ombre de la justice, il a été reconnu de nombreuses erreurs judiciaires. Il n'est pas question de faire état de toutes les erreurs judiciaires reconnues en France mais

---

[291] Issue de la loi n° 2014-640 du 20 juin 2014 relative à la réforme des procédures de révision et de réexamen d'une condamnation pénale définitive. Outre les nouvelles dispositions de la loi, celle-ci a permis d'unifier les procédures de révision et de réexamen en une cour unique. Pour une meilleure compréhension de la réforme, v. en ce sens : Avis sur la révision des condamnations pénales en cas d'erreur judiciaire, Ass. pl., 13 février 2014, www.legifrance.gouv.fr ; A. Pechard, C. Fleuriot, « Erreur judiciaire : vers la création d'une cour de révision et de réexamen », Dalloz actualité, février 2014 ; J. Mucchielli, « La nouvelle procédure de révision des condamnations est entrée en vigueur », Dalloz actualité, juin 2014 ; F. Fournie, « « Réviser la révision ». A propos de la nouvelle procédure de révision et de réexamen des condamnations pénales », JCP G, n° 27, juillet 2014, 777.

[292] V. art 622 du CPP modifié par la loi n° 2014-640 du 20 juin 2014 ; Concernant les cas déterminés et indéterminés de révision : 1er cas, décisions inconciliables : Comm. revis. 6 nov. 2002 : Bull. crim. (Comm. revis.) n° 202 ; V. également Comm. revis. 14 mai 2002 : Bull. crim. (Comm. revis.) n° 2 ; Crim. 20 juill. 2011 : Bull. crim. n° 166 ; AJ pénal 2011. 474, obs. J. Pronier ; 2e cas, Faux témoignage : Crim. 27 avr. 1989 : Bull. crim. n° 172 ; Y. Mayaud, Fasc. 30 : « Faux témoignage », 10 janvier 2008, JusrisClasseur Pénal ; 3ème cas, Existence d'un fait nouveau : Comm. revis. 1er juill. 2010 : Bull. crim. (Comm. revis.) n° 4 ; Comm. revis. 14 déc. 2009 : Bull. crim. (Comm. révis.) n° 5.

[293] V. art. 622-2 du CPP crée par la loi n° 2014-640 du 20 juin 2014.

[294] Conformément à l'article 626-1 du CPP modifié par la loi n° 2014-640 du 20 juin 2014.

[295] D. Val, « La justice face à l'erreur », *in Grandes erreurs judiciaires*, édition Prat, 2006, p. 599.

seulement de s'appuyer sur quelques affaires particulièrement honteuses. Telles que les affaires *Patrick Dils*[296], d'*Outreau*[297], *Machin*[298], *Agret*[299] ou encore *Dreyfus*[300]. Toutes victimes d'une erreur, ces personnes ont finalement été innocentées après avoir passé de longues années emprisonnées. Dès lors la question fondamentale s'est posée du lien du sentiment de honte avec ces erreurs judiciaires. « *Les sentiments unanimes que soulève une erreur judiciaire sont évidemment des sentiments de révolte et d'incompréhension* »[301]. À ces sentiments, il est possible de rajouter celui de colère, de haine, d'humiliation, de tristesse, d'angoisse et bien d'autres qui contribuent à détruire la personnalité de ces victimes d'erreurs. Est-ce que le sentiment de honte trouve sa place au regard de ces derniers ? La réponse est évidente. Le sentiment de honte serait celui qui englobe l'ensemble de ces sentiments. Il serait la conséquence de l'ensemble du ressenti de la personne condamnée à tort. Jean Cocteau disait à ce titre que « *souvent l'audace et la fierté sont du côté du coupable, la honte du côté de l'innocent* »[302]. La honte est incontestablement présente dans le for intérieur du détenu à l'égard de la justice qui l'a condamné, autrement dit à l'égard du système judiciaire. Véritablement, comment faire confiance à la justice lorsque l'on est victime d'une telle erreur ? Comment ne pas haïr l'ensemble du système ? Et pourquoi ne pas ressentir carrément une honte de l'exercice d'une telle justice ? Les sentiments de honte et d'injustice sont nettement liés et davantage dans une autre perception de la honte au regard de l'erreur judiciaire. En effet, il serait logique d'admettre

---

[296] Patrick Dils fut condamné en 1989 à la réclusion criminelle à perpétuité pour infanticide. Après quinze ans de prison, il est innocenté et acquitté en 2002.

[297] Dans cette affaire d'abus sexuels sur mineur, dix-sept personnes furent accusées en 2004, dix sont ainsi condamnées et en 2005 sept personnes sont finalement acquittées et remises en liberté.

[298] Marc Machin est condamné pour meurtre à dix huit ans de réclusion criminelle. Après quatre ans en prison, il est innocenté et acquitté en 2008

[299] Condamné en 1970 à quinze ans de réclusion pour avoir été l'investigateur d'un meurtre, Roland Agret est libéré par grâce présidentielle après sept ans de prison et rejugé et acquitté en 1985.

[300] Accusé en 1984 d'avoir livré aux Allemands des documents secrets, Alfred Dreyfus est condamné au bagne à perpétuité pour trahison et déporté sur l'île du Diable ; il fut seulement innocenté en 1906.

[301] D. Val, « La justice face à l'erreur », *in Grandes erreurs judiciaires*, *op. cit.*, p. 599.

[302] Jean Cocteau, *Poésie critique*, I, 1959, www.mon-poeme.fr.

que la société peut provoquer chez le condamné une honte du crime qu'il aurait potentiellement commis. C'est pourquoi d'ailleurs « *si le demandeur le requiert, l'arrêt ou le jugement d'où résulte l'innocence du condamné est affiché dans la ville où a été prononcée la condamnation, dans la commune du lieu où le crime ou le délit a été commis, dans celle du domicile du demandeur, dans celles du lieu de naissance et du dernier domicile du condamné, s'il est décédé ou déclaré absent ; dans les mêmes conditions, il est ordonné qu'il soit inséré au Journal officiel et publié par extraits dans cinq journaux au choix de la juridiction qui a prononcé la décision* »[303]. Finalement en reconnaissant publiquement l'innocence de la personne, cela ne peut qu'ôter le sentiment de honte du crime dont celle-ci était accusée et condamnée.

18. Percevoir le sentiment de honte à l'égard du droit n'est pas chose facile. Et pourtant certaines périodes de l'histoire, certaines lois, certains abus et erreurs judiciaires sont bien la preuve que le droit se saisit d'un tel sentiment. Pour autant si la honte existe, il serait alors véritablement opportun de la reconnaître au sein du droit.

II. La honte reconnue par le droit

19. Dans une toute autre approche du sentiment de honte, s'est posée la question de la place de ce sentiment au sein du droit. Deux droits antagonistes et pourtant complémentaires permettent de l'appréhender. Le droit pénal traite implicitement de ce sentiment (A) dans diverses situations. Quant au droit civil, il s'agit de savoir s'il peut reconnaître la honte comme un éventuel préjudice. À cet égard, si cela s'avère possible, pourquoi ne pas envisager l'éventuelle réparation d'un tel préjudice (B) ?

A. Le traitement du sentiment de honte

20. Le rôle de la honte dans la justice restaurative. Malgré certaines pratiques d'humiliations publiques en France, telles que le port de menottes, de chaînes lorsqu'une personne est coupable, de même que le port du bonnet d'âne comme une punition privée de l'enseignement, toute honte provoquée relative à une infraction ou

---

[303] Art. 626-1 du CPP modifié par la loi n° 2014-640 du 20 juin 2014.

à un comportement est prohibée. Néanmoins, le droit pénal français semble admettre que le sentiment de honte, ressenti par l'auteur de l'infraction, joue un rôle non pas dans une justice punitive mais au contraire dans la justice dite restaurative. Comme précédemment énoncé, selon la théorie de John Braithwaite[304], il existe deux moyens de faire naître le sentiment de honte chez l'agent infractionnel[305]. Soit la honte est provoquée par une pratique de dégradation, comme c'est le cas par exemple aux États-Unis, soit la justice encourage l'auteur de l'infraction à l'assumer lors d'un cérémonial de réconciliation avec la victime. C'est alors sur ce sentiment de honte assumé que la justice restaurative française se fonde. La justice restaurative[306], se définit comme « *un processus par lequel les parties concernées par une infraction donnée décident en commun de la manière de réagir aux conséquences de l'infraction ainsi qu'à ses répercussions futures* »[307]. Dès lors, cette justice restaurative dite réparatrice[308] repose principalement sur la « *honte reintégrative* »[309]. Il n'est donc aucunement question d'humiliation, par le biais de peines génératrices

[304] J. Faget, « *Reintegrative shaming,* A propos de la théorie de John Braithwaite », www.justicereparatrice.org ; V. J. Braitwaite, *Crime, Shame and reintegration*, Cambridge university Press, 1989.
[305] J.-P. Brodeur, J. Braithwaite, « De l'humiliation à la honte "positive" », *art. précit.*, p. 20.
[306] La loi n° 2014-896 du 15 août 2014 relative à l'individualisation des peines et renforçant l'efficacité des sanctions pénales, article 18, a introduit à l'article 10-1 du CPP la notion de « *justice restaurative* », www.legifrance.gouv.fr ; V. G. Rabut-Bonaldi, « La mesure de justice restaurative, ou les mystères d'une voie procédurale parallèle', Receuil Dalloz, 2015, p. 97 ; B. Sayous, « la justice restaurative dans la réforme pénale : de nouveaux droits pour les victimes et auteurs d'infractions pénales », AJ Pénal, 2014, p. 461.
[307] Plusieurs définitions de la notion de justice restaurative existent, or celle qui semble la plus adptée est celle proposée par F. Marshall Tony : « *The restaurative justice is a procès whereby parties with a stake in a specific offence collectively resolve how to deal with the aftermath of the offence and its implications for the future » in* R. Cario, *Justice restaurative, Principes et promesses,* coll. « Sciences criminelles », l'Harmattan, 2e éd., 2010, p. 74-75 ; V. aussi, du même auteur, « La justice restaurative : vers un nouveau modèle de justice pénale ? », AJ Pénal, 2007, p. 373.
[308] V. Question écrite de M. le Député des Alpes-Maritimes Christian Estrosi à Mme la garde des sceaux, ministre de la justice, n° 23330, JO Assemblée nationale du 9 décembre 2014 : « *L'idée est de développer la pratique de la justice restaurative dans les établissements pénitentiaires et à la sortie de la détention* ».
[309] J.-H. Robert, « La honte réintégrative, moteur de la justice restaurative », JCP G, 2015, n° 9, doctr. 273.

de honte, mais simplement de permettre à l'auteur de l'infraction d'assumer la honte relative à son infraction. L'objectif de cette justice est alors de susciter le sentiment de honte par le remords[310] du délinquant lorsqu'il est confronté à la victime. Une fois que l'agent ressent la honte de l'acte qu'il a commis, il est alors invité à regretter la transgression sociale et à en réparer les conséquences. Pour ce faire, afin de faire naître chez l'infracteur le sentiment de honte, il faut lui « *reprocher solennellement l'indignité de l'acte commis, inacceptable socialement* »[311]. À ce titre, plusieurs mesures de justice restaurative sont mises en place. Il est question de la médiation victime-infracteur[312], d'ores et déjà connue du système pénal, mais également d'autres mesures moins développées telles que « *la conférence du groupe familial, les cercles, les commissions vérité-réconciliation et enfin et les rencontres détenus-victimes* »[313]. Ces mesures[314] vont, selon Robert Cario, permettre d'une part à la victime de sociabiliser son désir de vengeance et d'autre part à l'agent infractionnel de sociabiliser sa culpabilité[315].

Le cœur de cette justice repose, en définitive, sur un processus social de prise de conscience de l'infraction et de surcroît sur le sentiment de honte que l'agent doit ressentir afin qu'il soit réinséré dans la société sans risque de récidive.

---

[310] « *Le remords est la seule vertu qui reste au coupable* » Voltaire, cité *in* S. Bissardon *Droit et justice en citations et en adages, op. cit.*, p. 218.

[311] R. Cario, « Justice restaurative », *Rép. de dr. pén.*, Dalloz, mars 2010.

[312] La médiation pénale, consacrée par la loi n° 93-2 du 4 janvier 1993 portant réforme de la procédure pénale, puis par la loi n° 99-515 du 23 juin 1999 renforçant l'efficacité de la procédure pénale, celle du 9 mars 2004, n° 2004-204 portant adaptation de la justice aux évolutions de la criminalité et enfin celle du 9 juillet 2010, n° 2010-769, relative aux violences faites spécifiquement aux femmes, aux violences au sein des couples et aux incidences de ces dernières sur les enfants. V. P. Mbanzoulou, « La médiation pénale en France à l'aune de la loi du 9 juillet 2010 » *in* R. Cario, P. Mbanzoulou, (dir.), *La justice restaurative une utopie qui marche ?*, Controverses, L'Harmattan, 2010, p. 15.

[313] Pour une compréhension approfondie de ces mesures voir : R. Cario, *Justice restaurative, Principes et promesses, op. cit.*, p. 109 à 138.

[314] R. Cario, « Justice restaurative », *Rép. de dr. pén.*, Dalloz, mars 2010.

[315] *Ibid.*

21. L'éventuelle consécration de la honte. Il est de principe constant que le droit pénal sanctionne toute atteinte portée à la dignité de la personne[316]. À ce titre, tout un arsenal répressif est mis en place pour sanctionner toute atteinte portée à la personne. Il est d'ailleurs sanctionné toute atteinte aux droits, comme celles relatives à la dignité physique[317] et celles concernant la personnalité[318], ou encore toutes atteintes à l'intégrité physique ou psychique du sujet de droit, tels que les tortures et actes de barbarie[319], les agressions sexuelles[320] ou encore les atteintes sexuelles sur mineur[321]. Dès lors, la question s'est posée de savoir si le législateur avait pris en considération le sentiment de honte dans ce système punitif. Il serait cohérent d'affirmer que le législateur l'a fait dans le but d'éviter à la victime d'endurer un tel sentiment pouvant naître de ces atteintes. En l'occurrence, le corps fait l'objet d'une certaine protection notamment dans sa dignité physique et dans son intégrité physique et psychique. Le bizutage par exemple, très développé au sein des confréries étudiantes, constitue clairement une atteinte faisant naître chez la personne bizutée une honte de soi et notamment celle de « *commettre contre son gré des actes humiliants ou dégradants dans un contexte*

---

[316] Etudiants du Master 2 Droit pénal et Sciences criminelles de l'Université de Toulouse 1 Capitole, « La protection de la dignité et de l'intégrité corporelle », Dr. Pénal, 2011, étude 19.

[317] Telles que le délit de bizutage ou encore le respect dû aux morts.

[318] Les atteintes telles que celles relatives à la vie privée, ou encore les discriminations sanctionnées par le droit pénal et notamment par la Convention européenne des droits de l'homme. Pour une analyse juridique de ces notions V. C. Ambroise-Casterot, *Droit pénal spécial et des affaires*, Master pro, Gualino lextenso éditions, 2e éd., 2010, p. 137 à 169.

[319] Réprimés par les articles 222-1 à 222-6-2 du CP ainsi que par différents textes internationaux et européens, et notamment par l'article 3 de la Conv. EDH du 4 novembre 1950, par l'article 5 de la Déclaration universelle des droits de l'Homme du 10 décembre 1948 et enfin par l'article 7 du Pacte international relatif aux droits civils et politiques du 16 décembre 1966 ; Exemples jurisprudentiels : Crim., 20 octobre 1999, pourvoi n° 99-81149, inédit ; Crim., 6 avril 2004, pourvoi n° 04-80580, inédit ; Crim., 7 février 2007, pourvoi n° 06-83156, inédit.

[320] Conformément aux articles 222-2 et suivants du CP.

[321] V. Articles 227-25 et suivants du CP dans la partie relative aux « *atteintes aux mineurs et à la famille* » ; La loi n° 2010-121 du 8 février 2010 tendant à inscrire l'inceste commis sur les mineurs dans le code pénal et à améliorer la détection et la prise en charge des victimes d'actes incestueux, distingue les mineurs de quinze ans et ceux de quinze à dix-huit ans non révolus.

scolaire ou socio-éducatif »[322]. Il existerait en fait une sorte de corrélation entre les atteintes humiliantes et méprisantes et l'intériorisation du sentiment de honte. Selon Jean Paul Sartre, « *la complexité du sentiment de honte réside dans le balancement entre des pôles qui sont à la fois antagonistes et complémentaires. La honte est inclusion et exclusion, elle déchire le moi en deux parties : l'une, objet de honte et de rejet, l'autre qui fait honte et qui rejette* »[323]. Si la honte est donc intériorisée chez la victime, il serait logique de penser que cela peut influer sur son comportement. À ce titre, le sentiment pourrait être tellement ancré chez la victime qu'il pourrait être à l'origine d'un trouble de l'identification, de socialisation ou de renfermement sur soi-même. C'est notamment le cas lorsque le sentiment de honte est tel qu'il empêche la victime de déposer plainte[324] auprès des autorités compétentes[325]. Il est également probable que la honte soit à l'origine d'un comportement dangereux envers soi-même ou envers autrui. La honte ressentie par la victime pourrait effectivement se transformer et déclencher chez elle d'autres sentiments et émotions tels que la colère, la haine ou l'angoisse, eux-mêmes source plausible d'un comportement répréhensible. Partant de cette analyse où toute atteinte à la personne est sanctionnée et dans la mesure où la loi de 1881 réprimande également les diffamations et injures[326], il serait véritablement cohérent que la honte, conséquence éventuelle de ces atteintes morales, soit consacrée par le droit pénal. En réalité, la honte devrait être perçue comme un sentiment néfaste pour l'individu et par conséquent être prohibée par le droit.

22. Le sentiment de honte et la responsabilité pénale. Il est indéniable que le choix d'une activité criminelle et le jugement moral qui s'y rattache existent. Ainsi, la honte éprouvée dans le for intérieur

---

[322] Conformément aux articles 225-16-1 et 225-16-2 du CP. Pour une analyse juridique : V. Malabat, *Droit pénal spécial*, HyperCours, Dalloz, 6e éd., 2013, p. 279, n° 559 à 565.

[323] V. De Gaulejac, *Les sources de la honte, op. cit.*, p. 163.

[324] V. M.-F. Casalis, M. Chapalain, F. Guyot, « Une femme sur dix victime de violences conjugales en France », AJ Famille, 2002, p. 249 ; Illustrations jurisprudentielles : CA Douai, 27 oct. 2007, n° 06/05138 ; CA Lyon, 31 mars 2015, n° 13/09283.

[325] V. art 85 du CPP.

[326] V. Article 29 et 33 de la loi du 29 juillet 1881 sur la liberté de presse, www.legifrance.gouv.fr.

de l'individu peut très bien orienter certains de ces choix et notamment son comportement.

Dès lors, il est nécessaire de s'interroger sur l'influence du sentiment de honte sur le comportement du délinquant d'une part, et d'autre part sur l'incidence de ce sentiment lorsque le délinquant est lui-même victime de honte du fait d'atteintes subies.

Lors des phases successives du processus criminel[327], la honte peut-elle influencer l'agent dans la phase psychologique ? La réponse serait *a priori* positive. Lors de la phase dite matérielle du processus, et notamment lors du commencement d'exécution[328], le délinquant peut outrepasser la honte de l'infraction qu'il veut commettre et ainsi adopter un comportement prohibé par la loi. Qu'il s'agisse d'une infraction consommée[329] ou bien tentée[330], la honte de son acte infractionnel n'a pas agi tel un obstacle à la réalisation de l'infraction. L'agent a indéniablement accepté le risque et la honte du crime commis. Cependant, lorsque le malfaiteur suspend[331] volontairement son activité infractionnelle en cours d'exécution, il se peut que le sentiment de honte, lié à son acte criminel, ait pu jouer un rôle dans

---

[327] Appelé « *L'iter criminis* ».

[328] Selon la conception mixte de la doctrine, le codex apparaît comme étant un acte révélant sans équivoque la résolution arrêtée par l'agent de réaliser l'infraction. Selon René Garraud, dans son ouvrage *le Traité théorique et pratique du droit pénal français,* le codex est « *l'acte tendant directement et immédiatement à la perpétration du crime ou du délit* ». Conception adoptée par la jurisprudence : Crim., 25 octobre 1962, Bull. crim., n° 292 et 293 : le commencement d'exécution est caractérisé par « *l'acte qui doit avoir pour conséquence directe et immédiate de consommer le crime, celui-ci étant entré dans sa période d'exécution* » ; Crim., 5 juillet 1951, Bull. crim., n° 198, ou encore par « *l'acte qui tend directement au délit lorsqu'il a été accompli avec l'intention de le commettre* ».

[329] Selon René Garraud, « *L'infraction est consommée lorsque le fait accompli par l'auteur renferme tous les éléments constitutifs de l'acte incriminé tels qu'ils sont précisés dans la définition qu'en donne la loi* ».

[330] Conformément à l'article 121-5 du CP « *La tentative est constituée dès lors que, manifestée par un commencement d'exécution, elle n'a été suspendue ou n'a manqué son effet qu'en raison de circonstances indépendantes de la volonté de son auteur* ».

[331] À titre d'exemple : CA Douai, 6 mai 2003, n° 2003/573 : « *Ne commet pas de tentative d'évasion le détenu qui, commençant à creuser le béton sous la fenêtre de sa cellule, a renoncé à son projet après avoir fait beaucoup de bruit dans ladite cellule, se dénonçant à un surveillant qui est venu constater les dégâts* ».

son désistement volontaire[332]. Dans cette hypothèse, la honte a pu ainsi le décourager et empêché d'aller jusqu'au bout de son action.

En outre, lorsqu'un criminel récidive, il est plus que probable que ce comportement répétitif se soit affranchi de toute idée de honte. L'idée de mettre en place une justice restaurative serait alors peut-être efficace afin d'éviter le phénomène de récidive.

Dans une tout autre situation, lorsqu'une personne est victime de honte suite à des atteintes commises sur sa personne, il est possible que ce sentiment influe sur sa résolution criminelle, c'est-à-dire son idée de commettre une infraction. Si par exemple une personne est victime de racket, de discrimination physique ou de harcèlement moral, il se peut que la honte née de telles atteintes déclenche chez celle-ci un comportement réprimandé par le droit. Cela sera notamment le cas lorsque la victime est animée par le désir de vengeance. Albert Camus disait à ce titre que « *tout homme est un criminel qui s'ignore* »[333].

Si certains comportements répressifs sont dès lors influencés par le sentiment de honte, le juge se doit de prendre en considération cette nouvelle donnée dans le prononcé de sa décision. À ce titre si la responsabilité pénale de l'auteur de l'infraction est recherchée, le juge aura deux choix quant au *quantum* de la peine : soit aggraver la peine lorsqu'une personne a suscité le sentiment de honte chez autrui, dans la situation par exemple du délit de bizutage ; soit l'amoindrir, lorsque la personne qui subit ce sentiment et également l'auteur de l'infraction. À l'inverse, si la responsabilité pénale n'est pas retenue[334], il serait davantage cohérent de savoir si la honte peut-être

---

[332] « *Attitude de l'auteur d'une tentative d'infraction, par laquelle, en dehors de toute pression extérieure, il renonce à son projet délictueux avant d'être parvenu à la consommation du crime ou du délit, ce qui lui évite toute responsabilité pénale et le garantit de l'impunité* » *in* T. Deharb, S. Guinchard, (dir.), *Lexique des termes juridiques*, *op. cit.*, p. 346.

[333] A. Camus, *L'Homme révolté*, Gallimard, 1951, cité *in* S. Bissardon, *Droit et justice en citations et en adages, op. cit..*, p. 48.

[334] Exemple de la tentative suspendue qui permet au délinquant d'être impuni : V. J. Pradel, *Droit pénal général*, *op. cit..*, n° 385, p. 315.

un sentiment cause d'altération du discernement[335]. À cet égard, cette pensée bien que trop éloignée de la réalité de la pratique pénale, pourrait faire en sorte que le sentiment de honte joue plus que jamais sur la responsabilité pénale d'un individu.

23. La honte protégée par le droit à l'oubli. Quand bien même le sentiment de honte peine à se faire une place au sein du droit pénal, il semble toutefois être implicitement protégé. Cette protection se conçoit tout d'abord à travers un droit à l'oubli numérique dont toute personne physique peut se prévaloir. Au croisement d'un droit numérique évolutif et en construction et d'un droit pénal quelque peu démuni[336], la problématique du phénomène de cybercriminalité[337] est toujours et encore d'actualité[338]. Les services de lutte contre ce phénomène, au niveau national[339], européen[340] et international[341],

---

[335] Conformément à l'article 122-1 alinéa 2 du CP « *La personne qui était atteinte, au moment des faits, d'un trouble psychique ou neuropsychique ayant altéré son discernement ou entravé le contrôle de ses actes demeure punissable. Toutefois, la juridiction tient compte de cette circonstance lorsqu'elle détermine la peine et en fixe le régime. (...)* » ; V. en ce sens : A. Bourrat-Gueguen, « L'aménagement de la procédure pénale à l'égard de l'auteur d'une infraction atteint de troubles mentaux », Dr. Pénal, février 2015, étude 4 ; E. Bonis-Garcon, « Altération du discernement d'un auteur récidiviste et choix de la peine », Dr. Pénal, Mars 2014, comm. 50 ; R. Mesa, « L'étrange régime répressif de l'anormal mental », Gaz. Pal., 2014, n° 310 ; W. Roumier, « L'altération du discernement au moment de l'infraction, cause explicite de diminution de la peine encourue », Dr. Pénal, février 2011, alerte 7.

[336] Malgré la loi n° 2004-204 du 9 mars 2004 portant adaptation de la justice aux évolutions de la criminalité, dite *Perben II*, vient renforcer cette lutte concernant par exemple la pornographie infantile ou les discriminations racistes et xénophobes.

[337] Selon l'Organisation pour la coopération et le développement économique (OCDE), la cybercriminalité est « *tout comportement illégal ou contraire à l'éthique ou non autorisé, qui concerne un traitement automatique de données et, ou de transmissions de données* », *in* M. Quemener, Y. Charpenel, *Cybercriminalité, droit pénal appliqué*, Pratique du droit, Ed. Economica, 2010, p. 8.

[338] V. *Rapport du groupe de travail interministériel sur la lutte contre la cybercriminalité,* placé sous la responsabilité de M. Marc Robert, procureur général près la cour d'appel de Riom, intitulé *Protéger les internautes. Rapport dur la cybercriminalité,* février 2014, www.justice.gouv.fr ; A. Lepage, « Réflexions de droit pénal sur la loi du 6 août 2004 relative à la protection des personnes à l'égard des traitements de données à caractère personnel », Dr. Pénal, mars 2005, étude 5 ; A. Lepage, « un an de droit pénal des nouvelles technologies », Dr. Pénal, décembre 2014, chron. 11.

[339] Services spécialisés : le département informatique et électronique de l'Institut de recherches criminelles (IRCGN), la Brigade d'enquêtes sur les fraudes aux

essaient tant bien que mal de maîtriser son évolution massive et notamment l'épiphénomène de la cyberdélinquance[342]. À cet égard, la pratique de « *l'happy slapping* »[343], consistant à filmer, à l'aide d'un téléphone portable ou par d'autres moyens, des violences commises sur une personne ensuite diffusées sur Internet [344], a été érigée, en 2007, au rang d'infraction dans le Code pénal[345]. Ce phénomène criminel à la mode[346], est soumis à un droit à l'oubli numérique lorsqu'il porte atteinte à l'intégrité physique ou psychique de la personne mais également à son droit à l'image. Dès lors, le sentiment de honte ressenti par la personne filmée serait en quelque sorte protégé par l'effacement de la vidéo sur internet. De plus, la honte publique relative à l'auteur des violences mais également à celle du complice[347], auteur de la vidéo, serait elle-même source d'un droit à l'oubli, quoiqu'un peu injuste. Il en va de même concernant les atteintes à la vie privée et notamment à la réputation et à l'image des personnes privées ou publiques. En effet, la protection de ces droits de la personne permet involontairement de protéger le sentiment de

---

technologies de l'information (BEFTI), la Brigade centrale de répression de la criminalité informatique (BCRCI) et l'Office central de lutte contre la criminalité liée aux technologies de l'information et de la communication (OCLCTIC).

[340] V. Convention de lutte contre la cybercriminalité du Conseil de l'Europe du 23 novembre 2001, entrée en vigueur le 24 mars 2004 et notamment en France grâce à la loi n° 2005-493 du 19 mai 2005 autorisant l'approbation de la Convention : www.Conventions.coe.int.

[341] Acteurs de la coopération internationale : Interpol, Europol et Eurojust *in* C. Castets-Renard, *Droit de l'internet : droit français et européen*, Collection Cours, LGDJ, Montchrestien, lextenso éditions, 2012, p. 466 à 472.

[342] Définie comme « *l'ensemble des infractions pénales susceptibles de se commettre sur les réseaux de télécommunications en général et plus particulièrement sur internet* » *in* M. Quemener, Y. Charpenel, *Cybercriminalité, droit pénal appliqué, op. cit*, p. 8.

[343] V. P.-J. Delage, « Happy slappers and bad lawyers », D. 2007, p. 1282 ; et aussi F. Chopin, « Cybercriminalité », Répertoire de droit pénal et de procédure pénale, 2013, (actualité : avril 2015).

[344] M. Quemener, Y. Charpenel, *Cybercriminalité, droit pénal appliqué, op. cit*, p. 97.

[345] Article 222-33-3 du CP au sein de la section « de l'enregistrement et de la diffusion d'images de violence », instauré par la loi n° 2007-297 du 5 mars 2007 relative à la prévention de la délinquance.

[346] V. C. Lacroix, « Happy slapping : prise en compte d'un phénomène à la mode », JCP G, 2007. I. 167.

[347] S. Detraz, « L'enregistrement d'images de violence : un cas de présomption légale de complicité », Dr. pénal, nov. 2007, étude 23.

honte, lequel est inhérent aux droits de la personnalité. Ce constat fait l'objet d'une analyse civiliste postérieurement.

De plus, dans un tout autre registre d'un droit à l'oubli numérique, le sentiment de honte semble bel et bien protégé une fois de plus grâce au droit à l'oubli du casier judiciaire d'une personne anciennement condamnée au pénal[348]. Lorsqu'une infraction est inscrite sur le casier judiciaire de la personne, celle-ci peut demander à ce qu'elle soit effacée. Cet effacement peut se faire soit de manière automatique[349], comme c'est le cas lorsque le mineur atteint l'âge de la majorité, soit de manière facultative[350]. Cette volonté d'effacer les erreurs de jeunesse participe donc à un droit à l'oubli de celles-ci et *ipso facto* permet d'oublier la honte relative aux infractions commises. Par ailleurs, l'effacement d'informations quant aux infractions peut également se faire par « *réhabilitation légale ou judiciaire* »[351], à l'exception des infractions sexuelles ou violentes depuis la loi *Perben II*[352]. Cette analyse ne vaut pas seulement pour le casier judiciaire mais davantage pour les fichiers de police[353]. En outre, le cas de l'effacement de faits amnistiés[354] est également une possibilité d'un droit à l'oubli spécifique qui permet clairement d'apurer le casier judiciaire d'un individu. De plus, le droit à l'oubli ne concerne pas seulement les condamnations pénales mais aussi les condamnations commerciales, telles que par exemple les jugements affirmant les

[348] Sur ce point voir : M. Herzog-Evans, S. Grunvald, V. Bianchi, E. Serfass « Effacement des condamnations : peut-on parler de droit à l'oubli ? », Dalloz actualité, nov. 2007, Dossier ; S. Grunvald, « Casier judiciaire et effacement des sanctions : quelle mémoire pour la justice pénale ? », AJ Pénal 2007, p. 416.

[349] Conformément à l'article 769-2 du CPP.

[350] Conformément à l'article 770 du CPP.

[351] Conformément aux articles 133-12 et s. du CPP ; M. Giacopelli, « Casier judiciaire », *Rép. de dr. pén. et de proc. pén.,* Dalloz, avril 2007 (actualité : janvier 2015).

[352] Loi n° 2004-204 du 9 mars 2004 portant adaptation de la justice aux évolutions de la criminalité.

[353] V. M. Herzog-Evans, S. Grunvald, V. Bianchi, E. Serfass « Effacement des condamnations : peut-on parler de droit à l'oubli ? », *art. précit.* ; Dossier ; J. Gate, « STIC : la France doit respecter un certain droit à l'oubli dans ses fichiers policiers », Dalloz actualité, sept. 2014 ; CEDH 18 septembre 2014, Brunet c/France, n° 21010/10.

[354] Articles 133-9 et svts. du CPP ; R. Derieux, « Droit à l'oubli : interdiction de faire rappel de faits amnistiés », JCP G, mai 2013, 592.

liquidations judiciaires ou encore les faillites personnelles[355]. Dès lors en fonction de l'infraction commise, l'utilisation de tel ou tel procédé importe peu, ce qui est intéressant c'est l'oubli du sentiment de honte par ces derniers. Que la honte soit provoquée, assumée ou ressentie par l'auteur de l'infraction, celle-ci tombe ainsi dans les limbes de l'oubli et de fait semble être clairement protégée par les mécanismes de droit pénal. Cette analyse est davantage justifiée lorsqu'une personne est relaxée, acquittée voir innocentée suite à une erreur judiciaire.

24. En conclusion, s'il est vrai que le droit pénal vacille entre la protection, la consécration ou encore la considération de ce sentiment de honte au service de la justice pénale, le droit civil semble lui aussi soumis aux mêmes incertitudes.

B. L'éventuelle réparation d'un préjudice de honte

25. La honte inhérente à la réparation civile. Concrètement, si les partisans de la justice restaurative ont voulu l'introduire au sein du droit positif français, cela ne pouvait que se faire sous l'angle de la procédure pénale. En effet, comme précédemment énoncé, la justice restaurative se fonderait sur une honte dite assumée du délinquant[356]. Celle-ci a pour objectif de transformer, par le moyen de mécanismes procéduraux pénaux mis en place, la honte de l'infraction commise par son auteur, en une « *force réintégrative* »[357], ayant ainsi pour but de le responsabiliser et de promouvoir sa réinsertion dans la société. Malheureusement, après réflexion, aucun mécanisme juridique de droit civil n'apparaît équivalent à ceux du droit pénal. À titre d'illustration, les modes de résolution amiable des différents n'apparaissent pas comme un socle suffisamment fécond pour une justice restaurative « *civile* ». Quand bien même, il est toutefois difficile d'imaginer que l'auteur d'une simple faute de négligence ou d'imprudence[358] assume une quelconque honte de son acte

---

[355] M. Giacopelli, « Casier judiciaire », *Rép. de dr. pén. et de proc. pén., précit.*

[356] J.-P. Brodeur, J. Braithwaite, « De l'humiliation à la honte "positive" », *art. précit.*, p. 20.

[357] J-H. Robert, « La honte réintégrative, moteur de la justice restaurative », JCP G 2015, n° 9, doctr. 273.

[358] Art.1383 du Cc : « *Chacun est responsable du dommage qu'il a causé non seulement par son fait, mais encore par sa négligence ou par son imprudence* ».

involontaire à l'égard de la victime lors d'une rencontre victime-responsable par exemple. De plus, seuls les préjudices moraux invoqués par la victime, sur le fondement de l'article 1382 du Code civil[359], pourraient éventuellement susciter un sentiment de honte, même minime, chez le responsable. En effet, cela ne serait que peu plausible concernant les préjudices matériels, lesquels n'occasionnent que peu ou prou une quelconque honte assumée de la part du responsable. Cette explication se justifie davantage au regard de la fonction réparatrice et non répressive de la responsabilité civile. Au demeurant, la honte d'un fait volontaire[360] ou involontaire semble tout à fait inhérente à la réparation due à la victime. En effet, la honte de l'auteur du dommage prendrait directement racine dans l'indemnisation allouée à la victime ayant subi le préjudice. Les dommages-intérêts n'étant admis que dans le seul but de réparer le préjudice de la victime et non de punir le responsable du dommage, la honte éventuellement ressentie par l'auteur se manifeste dès l'instant où il a l'obligation de payer le montant alloué à la victime.

En somme, partant du constat que le sentiment de honte est finalement inhérent à la réparation, l'introduction en droit civil d'une justice restaurative, fondée sur ledit sentiment, semble dénuée de tout intérêt. Cependant, il existerait d'autres mécanismes et notamment des droits spécifiques à la matière civile qui pourraient enfin consacrer le sentiment de honte.

26. Les incontournables droits de la personnalité. Il est couramment admis qu'un sujet de droit jouit de droits individuels c'est-à-dire de « *droits subjectifs* »[361]. Après de vives controverses doctrinales tant sur l'existence de ses droits[362] que sur leurs définitions[363], une véritable consécration législative était donc plus

---

[359] Cass. civ., 13 févr. 1923 : DP 1923, I, 52, note H. Lalou, 2e esp.

[360] Art.1382 du Cc : « *Tout fait quelconque de l'homme qui cause à autrui un dommage, oblige celui par la faute duquel il est arrivé, à le réparer* ».

[361] P. Malaurie et P. Morvan, *Introduction au droit*, collection Droit civil P. Malaurie et L. Aynès, Defrénois Lextenso éditions, 2012, 4e éd., n° 45, p. 48.

[362] Plusieurs auteurs furent d'avis de penser que ces droits furent l'objet d'une invention moderne du XIVe siècle et d'autres nièrent totalement la naissance de ces droits subjectifs, *in* P. Malaurie, P. Morvan, *op. cit.*, n° 46, p. 50.

[363] Plusieurs définitions furent données, notamment par Windscheid, pandectiste allemand du XIXe siècle comme « *un pouvoir de volonté* », par Ihering, sous

que jamais attendue. Ces droits subjectifs, de nature patrimoniale ou extrapatrimoniale, n'ont pas tous la même finalité. À ce titre, seule la protection des intérêts moraux de la personne sera analysée, autrement dit uniquement les droits extrapatrimoniaux. Au cœur de ces droits « *inaliénables, attachés à la personne, insaisissables, imprescriptibles et perpétuels* »[364], se trouvent les droits de la personnalité. La notion de droit de la personnalité est née de « *la volonté d'assurer une protection de la personne humaine contre les atteintes dont elle pouvait faire l'objet dans les différents aspects de sa personnalité* »[365]. Faisant l'objet d'une véritable consécration législative au XXe siècle, notamment due aux évolutions sociétales, aux nouvelles technologies mais également à la complexification du droit, les droits de la personnalité ont su se faire une place prépondérante au sein du droit civil. Ces droits, constituant l'ensemble des prérogatives juridiques accordées à une personne, telles que la vie privée, la dignité, l'honneur, la réputation ou encore le droit à l'image, font l'objet d'une protection spécifique tant en matière civile que pénale. À cet égard, deux articles du Code civil sont le socle de cette protection. L'article 9 du Code civil[366], relatif à la vie privée, considéré par la doctrine comme la « *matrice* »[367] des droits de la personnalité, et l'article 16 dudit Code[368], lequel interdit toute atteinte à la dignité humaine.

27. L'éventuelle consécration de la honte au travers des droits de la personnalité. Au titre de ces droits acquis, la question se pose de savoir s'il est possible de consacrer le sentiment de honte au travers de l'un de ces droits de la personnalité et *ipso facto* sur le fondement des articles 9 et 16 du Code civil. La réponse serait *a priori* positive. La honte, comme précédemment énoncé, n'est pas clairement définie par le droit. Elle semble toutefois émerger en

---

l'influence du droit romain, qui fait du droit subjectif « *un intérêt juridiquement protégé* », ou encore par le courant néo-libéralisme contemporain qui estime que les droits subjectifs seraient « *des droits fondamentaux* », *in* Ph. Malaurie, P. Morvan, *op. cit.*, p. 50, n° 46.

[364] T. Hassler, « La crise d'identité des droits de la personnalité », LPA, 7 déc. 2004, n° 244, p. 3.

[365] P. Jourdain, « Les droits de la personnalité à la recherche d'un modèle : la responsabilité civile », Gaz. Pal., 19 mai 2007, n° 138, p. 52.

[366] Issu de la loi n° 70-643 du 17 juillet 1970.

[367] V. A. Lepage, « L'article 9 du Code civil peut-il constituer durablement la "matrice" des droits de la personnalité ? », Gaz. Pal., 19 mai 2007, n° 139, p. 43.

[368] Issu de la loi n° 94-653 du 29 juillet 1994.

matière civile par un sentiment d'abaissement, de mépris, d'humiliation, de crainte d'avoir à subir le jugement défavorable d'autrui, qui résulterait d'une atteinte à l'intégrité morale de la personne. S'il est de principe constant que la protection de l'individu est au cœur du droit, pourquoi ne pas reconnaître la honte comme un sentiment qu'il est interdit d'infliger à autrui eu égard à son droit à la dignité, à son honneur, à sa réputation, à sa vie privée ou encore à son droit à l'image ? Si de tels droits sont évidemment protégés, il semble légitime que la honte émanant de ces derniers soit également prise en compte par le droit sur le fondement des articles 9 et 16 du Code civil. De plus, il n'est pas sans rappeler les nombreuses condamnations par la Cour européenne des droits de l'homme sous le prisme des droits fondamentaux de la personnalité tels que la vie privée[369] ou la dignité[370]. En effet, ces droits sont perpétuellement confrontés au droit à l'information, au droit à l'image et notamment à la liberté de la presse. À propos de l'interprétation large et fluctuante de la notion de vie privée, il est évident que le sentiment de honte doit entrer dans le champ d'application de l'article 8 de la Convention lorsqu'il résulte d'une atteinte à l'un des éléments de l'identité de la personne, tels que son intégrité physique ou morale, son nom ou encore sa photo[371]. À titre d'illustration, si la réputation[372] ou l'image[373] d'une personne est en jeu et qu'elle en a honte, étant donné la diffusion de certaines informations relevant de sa vie privée dans la presse[374] ou *via* internet, pourquoi ne pas considérer le sentiment de honte comme la conséquence des atteintes à ces droits ? Si une protection effective de la honte s'avère compliquée, il n'en reste pas moins que cette idée serait réalisable lorsque la honte naît dans le for intérieur de la personne qui a subi une atteinte à sa vie privée.

---

[369] Art. 8 de la CEDH ; V. notamment, E. Dreyer, « Le respect de la vie privée, objet d'un droit fondamental », Communication Commerce électronique n° 5, mai 2005, Etude 18.

[370] Articles 2, 3, 4 et 8 de la CEDH.

[371] Affaires confirmant que le droit à l'image entre dans le champ d'application de l'article 8 de la CEDH : V. CEDH, 24 juin 2004, *Von Honnover c/ Allemagne*, n° 59320/00, § 64, D. 2004, Somm. P. 2538, obs. J.-F. Renucci ; CEDH, 11 janv. 2005, *Sciaccia c/ Italie*, n° 50774/99, § 29, JCP 2005. I. 159, obs. F. Sudre.

[372] Le droit à la réputation est compris dans la protection de vie privée : V. CEDH, 30 mars 2004, *Radio France et autres c/ France*, n° 53984/00, § 31.

[373] À titre d'exemple, l'affaire Mitterrand : V. CEDH, 18 mai 2004, *Sté Plon c/ France*, n° 58148/00

[374] V. CEDH, 1er juillet 2003, *Prisma Presse c/ France*, n° 66910/10.

À l'inverse, lorsque c'est le droit à la dignité, confondu au droit à la vie privée, qui est en jeu, cela paraît plus énigmatique. En effet, dans un monde utopique où la liberté de chacun s'arrête là où commence celle de l'autre[375], la honte n'aurait aucunement sa place dans le droit à la dignité, et pourtant…Il est certain que la loi assure le respect et la primauté de la personne[376] depuis sa naissance et même après son décès[377]. Pourquoi la honte n'aurait-elle donc pas sa place au sein du droit à la dignité ? Dans l'hypothèse où une diffusion d'image peut porter atteinte à la dignité d'un individu, de même que cette image peut être source de honte, il est clair qu'un tel sentiment pourrait entrer dans le champ de l'article 16 du Code civil.

28. La protection juridique de la honte. Malgré une consécration inexistante mais souhaitée du sentiment de honte, la question fondamentale est de savoir si le droit positif assure de manière implicite une protection juridique de la honte notamment au travers des droits de la personnalité ? En analysant certains de ces droits à l'heure du numérique, est-il possible que le droit à l'oubli soit un instrument juridique protégeant la honte ? Les nouvelles technologies, le nombre accru de réseaux sociaux, le développement considérable d'internet et de ses moteurs de recherches, n'ont fait qu'amplifier les atteintes à la vie privée d'une personne[378]. La protection de l'image et des données personnelles peine à se faire une place sur le vaste territoire d'internet considéré comme « *le nec plus*

---

[375] J.-F. Renucci, *Droit européen des droits de l'homme*, Manuel, LGDJ, 1999, p. 106, n° 71.

[376] J. Hauser, J.-J. Le Mouland, « Dignité et intégrité physique des personnes », *Rép. de dr. civ.*, Dalloz, avril 2015.

[377] Conformément à l'article 16-1-1 du Cc : « Le respect dû au corps humain ne cesse pas avec la mort » ; En ce sens : Les photographies du Président Mitterrand sur son lit de mort : TGI Paris, 13 janv. 1997 : JCP 1997. II. 22845, note M. Serna ; La publication de la photographie d'un préfet assassiné : Cass. 1re civ. 20 déc. 2000 : JCP 2001. II. 10488, concl. J. Sainte-Rose ; J.-P. Gridel, « Retour sur l'image du préfet assassiné : dignité de la personne humaine et liberté de l'information d'actualité », D. 2001, chron. 872 ; et, du même auteur, « Liberté de presse et protection civile des droits modernes de la personnalité en droit positif français », D. 2005 ; V. CEDH, 14 juin 2007, Hachette Filipacchi c/France : JCP 2007. II. 10164, note E. Derieux ; G. Loiseau, « La protection posthume de la personnalité », JCP G 2010, n° 39, p. 942.

[378] V. en ce sens : A. Astaix, « Internet : une loi contre les atteintes à la vie privée », D. 2010, p. 756.

ultra des NTIC »[379]. Toutefois, certains droits de la personnalité tels que le droit à la vie privée ou encore de droit à l'image, sont soumis à un véritable droit à l'oubli numérique, lequel est consacré depuis 2014 par la Cour de justice de l'Union européenne[380]. Le nombre accru de plaintes[381] de personnes physiques, tant privées que publiques, atteintes dans leurs droits de la personnalité a amené *Google* à mettre en place, à juste titre, un formulaire nommé « *droit à l'oubli* » pour les internautes[382]. Le pendant de voir le sentiment de honte consacré parmi certains droits de la personnalité est que, comme ces deniers, la honte pourrait elle aussi faire l'objet d'une protection relative au droit à l'oubli numérique. Pour que cela soit plausible, il faut étudier internet comme une éventuelle source de honte, lorsqu'il est porté atteinte à l'image, la vie privée ou encore à la dignité[383]. *De facto*, « *si l'oubli passe par l'effacement de données personnelles* »[384], il est tout aussi légitime qu'il en soit de même pour le sentiment de honte. Finalement, si une protection juridique existe d'ores et déjà pour le sentiment de honte et qu'une consécration est envisageable, pourquoi ne pas reconnaître ce dernier comme un réel

[379] Termes de Jean Frayssinet, dans la conclusion de son intervention au colloque des 25 et 26 septembre 2000 : « L'internet et la protection juridique des données personnelles », *in L'internet et le droit*, Acte du colloque, Légipresse, 2001 ; L. Marino, « Les nouveaux territoires des droits de la personnalité », Gaz. Pal., 19 mai 2007, n° 139, p. 22.

[380] V. CJUE, gr. Ch., 13 mai 2014, *Google Spain SL, Google Inc c./Agencia Espanola de Proteccion de Datos, Mario Costeja Gonzalez*, aff. C- 131/12 : JCP E 2014, 1327, note G. Busseuil ; L. Marino, « Un droit à l'oubli numérique consacré par la CJUE », JCP G 2014, n° 26, 768 ; M. Griguer, « Conditions et modalités d'exercice du droit à l'oubli numérique.- ou les apports de l'arrêt CJUE, 13 mai 2014, C-131/12 », JCP E 2014, n° 24, p. 1326.

[381] A titre d'illustration : Plainte en 2012 sur la publication de « tweets antisémites » sur les réseaux sociaux, *in* E. Derieux, A. Granchet, *Réseaux sociaux en ligne, Aspects juridiques et déontologiques*, Axe Droit, Lamy, p. 31, n° 42 ; V. également : C. Fleuriot, « Droit à l'oubli sur internet » : les plaintes se multiplient à la CNIL », Dalloz actualité 2012 ; O. Dufour, « Cnil : une activité "extrêmement intense" en 2014 », LPA 2015, n° 78, p. 3 ; J. Mucchielli, « L'e-réputation : une préoccupation croissante des Français, pour la CNIL », Dalloz Actualité, 20 mai 2014.

[382] L. Marino, « Comment mettre en œuvre le "droit à l'oubli" numérique ? », Recueil Dalloz 2014, p. 1680.

[383] A titre d'illustration : Publication en 2012 de tweets antisémites » sur les réseaux sociaux.

[384] J.-M. Bruguière, « Le "droit à" l'oubli numérique, un droit à oublier », Recueil Dalloz 2014, p. 299.

préjudice, comme une véritable atteinte à l'intégrité morale de la personne en droit de la responsabilité civile ?

29. L'objectif indéniable du droit de la responsabilité civile. Certains auteurs affirment clairement que la responsabilité civile est la « *matrice du droit à réparation de la victime* »[385]. Cette réparation se traduit inévitablement par une véritable obligation indemnitaire[386] à la charge du responsable, laquelle sera allouée à la victime. Ainsi, la fonction première de la responsabilité civile se trouve dans son critère indemnitaire. La satisfaction d'un besoin lésé passe donc par l'indemnisation octroyée à la victime, laquelle doit impérativement être en adéquation avec la perte subie et le fait qui a causé le dommage. A cet égard, il est de jurisprudence constante que « *le propre de la responsabilité est de rétablir aussi exactement que possible, l'équilibre détruit par le dommage et de replacer la victime dans la situation où elle se serait trouvée si l'acte dommageable n'avait pas eu lieu* »[387]. Finalement, cela revient à affirmer que l'un des objectifs majeurs de la responsabilité civile est d'apporter à la victime le sentiment d'être reconnue dans « *sa dignité d'être humain* »[388], à travers une satisfaction pécuniaire intégrale.

Au titre de cette garantie indemnitaire, la réparation intégrale du dommage constitue la pierre angulaire du droit de la responsabilité civile. En effet, la consécration jurisprudentielle et législative d'un tel principe en France s'est d'ailleurs vue offrir le soutien indiscutable tant du Conseil constitutionnel que de la Cour européenne des droits de l'homme. Bien que les décisions de ces juridictions ne soient pas toujours claires et ne consacrent pas *in extenso* le principe de réparation intégrale, et bien que ce dernier ne soit pas toujours absolu

---

[385] Y. Lambert-Faivre, S. Porchy-Simon, *Droit du dommage corporel, Systèmes d'indemnisation,* Précis, DALLOZ, 7e éd., 2012, n° 507, p. 568.
[386] V. notamment Cons. Const., 22 octobre 1982, n° 82-144 DC, JO 23 octobre, p. 3210 ; Rec. Cons. Const., 61 ; D. 1983. 189, note F. Luchaire.
[387] Cass. 2e civ., 20 décembre 1966 : D. 1967, p. 169 ; 23 novembre 1966 : Bull. civ. II, p. 640 ; Cass. 2e civ., 9 mai 1972 : JCP. 1972. IV, p. 164 ; Civ., 18 janvier 1973 et CA Riom, 7 mars 1973 : JCP. 1973. II. 17545, note M.A ; Cass. 2e civ., 9 juillet 1981 : Gaz. Pal, 8-9 octobre 1982 ; Cass. 2e civ., 4 février 1982 : JCP. 1982. II. 19894, note J.-F. Barbieri. ; Crim., 12 avril 1994 : Bull.crim., n° 146 ; Civ. 1re, 30 mai 1995 : JCP. 1995. IV. 1810.
[388] Y. Lambert-Faivre, S. Porchy-Simon, *op.cit.,* p. 24, n° 30.

a posteriori, ces institutions s'affairent toutefois à rattacher rigoureusement le principe de réparation intégrale au droit civil. Ce principe semblerait ainsi être strictement considéré comme prépondérant et favorable à la nécessité de la justice[389]. Le réel atout de ce dernier tire sa force dans l'indemnité exhaustive offerte à la victime, compensant chacun des préjudices subis. Prenant la forme d'une compensation financière, les dommages-intérêts alloués à la victime, ne doivent nullement avoir une valeur supérieure au montant du préjudice occasionné, pour la simple raison que l'allocation de dommages-intérêts punitifs est strictement prohibée en droit français[390]. En effet, la responsabilité civile n'a aucunement une fonction punitive ou répressive contrairement au droit pénal. Dès lors, le responsable se voit donc dans l'obligation de réparer l'entier préjudice et rien que celui-ci[391].

30. La honte, un préjudice autonome réparable ? Partant du principe de réparation intégrale du préjudice, il n'est pas sans rappeler que les droits de la personnalité ouvrent droit à réparation dès l'instant où la personne subit une atteinte, un préjudice moral. La jurisprudence est d'ailleurs catégorique quant à la réparation d'une atteinte portée à la vie privée d'une personne. Elle énonce clairement que « *la seule constatation de l'atteinte à la vie privée ouvre droit à réparation* »[392]. Cette décision rompt irrémédiablement avec l'idée selon laquelle l'atteinte en question devait automatiquement se prouver par une faute, un dommage et un lien de causalité au titre de l'article 1382 du Code civil[393].

---

[389] F. Meyer, « La problématique de la réparation intégrale », Droit social, 1990, p. 718.

[390] La Cour de cassation affirme clairement que la responsabilité civile n'a pas de fonction pénale. En ce sens : Crim., 8 février 1977 : Bull. crim., n° 52, p. 120.

[391] « *La réparation d'un dommage, qui doit être intégrale, ne peut excéder le montant du préjudice* » : Cass. 1re civ., 9 novembre 2004 : Bull. civ. I, n° 264 ; D. 2004. IR 3117 ; JCP 2005. I. 114, n°1 s., obs. P. Grosser (2e esp.).

[392] Cass. 1re civ., 5 nov. 1996 : JCP 1997. I. 4025, n° 5, obs. G. Viney, II. 22805, note J. Ravanas Cass. 1re civ., 25 févr. 1997 : JCP 1997. II. 22873, note J. Ravanas, Bull. civ. I, n° 73.

[393] J. Ravanas, « L'article 9 du Code civil ouvre t-il un droit à réparation autonome », JCP G 1997. II. 22805.

Dans l'hypothèse où la honte est considérée comme une atteinte autonome à l'intégrité morale de la personne, il est nécessaire qu'elle fasse l'objet d'une réparation pécuniaire sur le fondement des articles 9 et 16 du Code civil. De plus, il paraît évident qu'elle soit pareillement considérée comme un préjudice autonome au regard du droit de la responsabilité civile.

Dès lors, il serait souhaitable que le sentiment de honte soit considéré comme un préjudice extrapatrimonial indépendant sous le prisme des droits de la personnalité afin de pouvoir être invoqué en justice. À l'épreuve du projet de réforme du droit de la responsabilité civile, n'importe quel préjudice extrapatrimonial se devra d'être réparé[394]. Autrement dit toute atteinte aux sentiments, à l'affect, aux intérêts moraux de la personne devra être considérée comme un préjudice moral pour la victime. Ce préjudice, aujourd'hui absent de la nomenclature *Dintilhac* énumérant de nombreux préjudices moraux résultant de dommages corporels, pourrait peut être également en faire partie dans l'avenir comme un préjudice extrapatrimonial né d'une atteinte corporelle. Une telle proposition de reconnaissance du préjudice autonome de honte semble irréaliste mais pourrait être susceptible de concrétisation.

---

[394] C. Corgas-Bernard, « Le préjudice extrapatrimonial à l'épreuve des réformes », RCA 2012, n° 7, Etude 5.

DEUXIÈME PARTIE

L'EMPRISE DU DROIT SUR LES SENTIMENTS

Propos introductifs[395]

Laurie BOLLERI-SCHENIQUE

C'est un honneur pour moi de présenter cette seconde partie du colloque des doctorants du CERDP. À cet égard, je tiens à exprimer ma plus vive reconnaissance à Mr le professeur Yves Strickler, directeur du CERDP et à Mme Fabienne Ghelfi pour la confiance dont ils nous ont honorées dans l'organisation de ce colloque. Ceci est une réelle chance pour nous et sachez que nous en mesurons pleinement l'ampleur. Je remercie également Mr le professeur Frédéric Rouvière de nous avoir fait l'honneur et le plaisir de présider ce colloque et de nous apporter son éclairage sur les rapports entre le droit et les sentiments.

Un grand merci encore et toutes mes félicitations à l'ensemble des doctorants du CERDP qui ont contribué à ce colloque. Chacune des interventions présentées aujourd'hui est brillante et démontre de réelles qualités de recherches, d'analyses et de synthèse. Inviter ces jeunes chercheurs à réfléchir sur les rapports entre les sentiments et le droit a permis d'ouvrir des champs d'interrogations variés. En effet, si le droit semble traditionnellement hermétique aux sentiments, il se doit parfois de les prendre en compte pour mieux les encadrer. Les relations entre le droit et les sentiments apparaissent donc complexes.

On l'a vu précédemment, les sentiments détiennent une emprise certaine sur le droit. Pour autant, la réciproque est-elle juste ? Il semble exister une réelle antithèse entre le droit et les sentiments. Comment le droit, froid, distant, lointain, peut-il s'intéresser aux sentiments qui nous animent au plus profond de notre être ? Le sentiment fait partie du ressenti de l'individu alors que le droit sanctionne, régule des actes. Le droit, destiné à régir la vie des hommes en société, ne peut, pour autant, ignorer ce qui fait l'humain, et donc les sentiments. La sphère sentimentale, émotionnelle, dans laquelle tout semble possible, ne peut être laissée dans une zone de non-droit. Les sphères juridique et sentimentale se recoupent, s'entremêlent, de sorte que l'on pourrait parler d'un « droit des

[395] Le style oral de l'intervention a été conservé.

sentiments ». L'antithèse entre le droit et les sentiments semble se dérober, ouvrant le champ à la synergie des deux sphères. Si bien que le droit ne peut ignorer certains sentiments pour être plus proche des citoyens et donc des justiciables.

Le premier sentiment qui sera abordé ici est un sentiment que nous connaissons tous, l'amour. Sentiment fort, envoûtant, déroutant, conduisant parfois à des situations d'extrême folie, l'amour devait être appréhendé par le droit. Celui-ci intervient alors comme un garde-fou, fixant certaines limites au sentiment amoureux afin de l'encadrer. Étudier ce rapport délicat entre amour et droit est la tâche qu'a relevée brillamment Melle Hania Kassoul et nul doute qu'après l'avoir entendue, notre vision sur l'amour changera.

La sphère amicale, où semblent régner joie, bonheur, partage et rires, n'est, elle non plus, pas ignorée par le droit. D'ordinaire, aucun lien ne paraît exister entre les sentiments amicaux et le droit. Pourtant, ces deux domaines se révèlent complémentaires : les amis peuvent être confrontés au droit, soit par besoin soit par pure obligation : le droit les aide et les limite. Complémentarité également car l'amitié semble fonder l'amiable, mode de résolution des conflits basé sur l'écoute et l'échange. Les rapports entre amitié et droit seront parfaitement mis en exergue et étudiés par Mr Thibault Goujon-Bethan.

Melle Audrey Bouillez, quant à elle, a décidé de porter son étude sur l'appréhension du sentiment d'excitation par le droit pénal. De prime abord, tout semble encore opposer ces deux thèmes : le droit pénal n'a que faire des émotions, il les ignore. Pourtant, l'excitation va être objectivée par le droit pénal qui va la prendre en compte d'une manière originale. L'excitation est alors prévue non pas en tant que telle par le législateur pénal mais par le biais d'un autre concept, celui de l'excitant. L'excitant concourt à la réalisation de l'infraction, tant d'un point de vue matériel que d'un point de vue moral. Les juges vont également prendre en compte le sentiment d'excitation dans une appréciation *in concreto* des faits pour le prononcé de la responsabilité pénale.

Melle Joanna Genovese clôturera ce colloque en traitant, de manière forte intéressante, des rapports entre le droit et le sentiment d'appartenance. Sentiment que nous connaissons tous, l'appartenance est inhérente à l'être humain qui a souvent besoin d'être membre d'un groupe –quelconque- pour avoir l'impression d'exister. Ce besoin d'existence peut être reconnu par le droit qui va lui donner une existence matérielle. Mais, derrière une façade positive, le sentiment d'appartenance peut aussi conduire, parfois, à des dérives ; le droit va alors être chargé de le refréner.

Pour finir, gageons qu'un sentiment fort nous réunit tous aujourd'hui dans cet amphithéâtre : la passion. Mais pas n'importe quelle passion, *la passion du droit*. Espérons que ce colloque contribue à alimenter ce sentiment, commun à nous tous, juristes !

L'emprise du droit sur l'amour

Hania KASSOUL

Résumé. *Le Droit et l'Amour vivent une histoire faite d'Idéal et de désillusion. Leur liaison est à la fois forcée et fructueuse, en ce qu'elle doit intégrer des sentiments intimes dans l'ordre juridique, par essence général, impersonnel et impératif. Tout d'abord, l'Amour appartient par nature aux Hommes. Il s'exprime alors pour l'Institution au travers d'une liberté qui doit être protégée. Ensuite, l'Amour est traduit par le Droit comme un modèle de comportement qui doit être promu (I). Toutefois, le Droit, en tant que machine sociale qui concilie des intérêts divers, a pour fonction de limiter la place des sentiments en faveur d'autres valeurs à préserver. C'est ainsi qu'une certaine indifférence peut être observée. Enfin, cette indifférence peut se transformer en réprobation si l'expression de l'Amour nuit à la société (II).*

Comprendre l'art d'aimer. – « *Si quelqu'un parmi vous [...] ignore l'art d'aimer, qu'il lise mes vers; qu'il s'instruise en les lisant, et qu'il aime* »[396]. Suivons cette recommandation d'Ovide, et abordons le sens de l'amour au travers la poésie.

L'amour dit par la poésie. - Dire son amour n'est pas chose aisée. Dire ce qu'est l'amour n'est pas plus facile. Dans l'extrait d'une supplique magnifique du poète Louis Aragon, on découvre que l'amour est :

> « *[...] Ce qui me traverse*
> *Ce qui me bouleverse et qui m'envahit*
> *[...] Ce qui me transperce*
> *Ce qu'ai j'ai trahi quand j'ai tressailli*
> *Ce que dit ainsi le profond langage*
> *Ce parler muet de sens animaux*
> *Sans bouche et sans yeux miroir sans image*
> *Ce frémir d'aimer qui n'a pas de mots* »[397].

Les vers du poète sont autant d'indices pour exprimer ce que signifie Aimer. Si surgit l'idée d'un instinct, animal et physique, il s'agit aussi d'un langage muet et silencieux. Cette dualité signe

---

396 Ovide, *L'art d'aimer*, Livre I, § 1, FV Editions, 2012.
397 L. Aragon, « *Les mains d'Elsa », in Le Fou d'Elsa,* 1963.

la rencontre mystérieuse d'univers physique et métaphysique. Les mots manquent nécessairement pour dire un sentiment qui ne peut se décrire. Est-ce pour autant que l'on ne sait pas ce qu'est l'Amour ? Bien sûr nous le savons ! C'est pourquoi le poète décrit encore « *ce que le silence, un éclair, aura connu d'inconnu* »[398]. *Le silence qui connaît l'inconnu.* L'amour a donc quelque chose de surnaturel en ce qu'il nous dote d'un savoir indicible.

L'amour, un sentiment aux expressions variées. - Néanmoins, l'Homme ne résiste pas au défi de dire l'indicible... La conséquence est que l'amour apparaît, mais de façon protéiforme. Son expression dévoile une réalité aussi riche que variée, du fait notamment de la subjectivité qui l'anime. De plus, l'amour, comme une force invisible, nourrit les relations humaines sous différents aspects. *Philia, storgè, érôs, agape*[399]... Passionnel, platonique, heureux, pathologique, romantique, charitable, parental... Les formes d'amour sont multiples, complexes et changent selon les cultures et les siècles. Ainsi, définir les relations entre le Droit et l'amour semble un véritable défi, d'autant que définir l'amour lui-même s'avère problématique. Il faut pourtant reconnaître que des tentatives de définitions existent. Essayons de mettre des *mots* sur ce sentiment, pour saisir ensuite les *maux* dont il peut être responsable. Pour cela, il faut recourir à d'autres sciences, car le Droit ne saurait définir à lui seul un phénomène aussi complexe.

L'amour vu par la philosophie. - L'insaisissabilité de l'amour n'a pas découragé la philosophie qui s'est naturellement essayée à un exercice de définition. L'amour y est joie et jouissance. Tels sont les éléments classiques du sens prêté à ce mystérieux sentiment, établis par Aristote, repris par Spinoza, expliqués par André Compte-

---

[398] *Idem.*

[399] *Cf.* V° Agape, *in Encyclopaedia Universalis [en ligne] :* « *Agapè convient principalement à l'amour fraternel, à l'amour paisible et pur, à l'amour de dilection. Erôs convient davantage à l'amour des amants, à l'amour enflammé* ». *Adde* V° Agape, *in* M. R. Gabriel, *Dictionnaire du Christianisme,* Publibook, 2007 : « *Terme grec qui, selon certains théologiens, désigne l'amour de Dieu pour l'homme ; amour désintéressé et loyal qui ne dépend pas des mérites de celui qui est aimé et qui implique le don de soi, en opposition à érôs, amour fugitif, passionnel, possessif et charnel. Autres termes grecs pour désigner l'amour sont* ***philia****, l'amour amical, et* ***storgè****, l'amour familial ou affection naturelle* ».

Sponville dans son Dictionnaire philosophique[400]. Toutefois, observons que toutes les amours ne sont pas heureuses. La cause de cette fatalité réside notamment dans le sens platonicien de l'amour qui est associé au désir. Pas de désir, pas d'amour. Or seul le manque nourrit le désir, puisque nous désirons ce que nous n'avons pas. Obtenir l'objet aimé reviendrait à ruiner le désir et donc l'amour. Selon cette approche, la satisfaction tue l'amour. Pour surmonter l'ennui de la satisfaction, et la frustration liée à l'insatisfaction du désir, l'Homme doit réussir à aimer ce qui lui est déjà accordé. Mais peut-on aimer passionnément l'ordinaire, se demande alors André Compte-Sponville[401]. En l'occurrence, demandons-nous en quoi le Droit peut nous sauver des caprices du cœur? La solution est peut-être dans une forme d'encouragement, très simple et bien sage (mais non moins ambitieux), de la part des institutions, à désirer ce que l'on a déjà. Le Droit aurait alors l'audace de faire la promotion d'une humanité capable d'aimer ce qu'on ne lui refuse pas, d'aimer ce qui la comble, quitte à extraire un acte d'engagement d'un sentiment intime, et à faire peser des devoirs sur l'amour.

L'amour vu par la psychologie et les neurosciences. - S'il peut être question de volonté pour aimer ce que l'on a déjà, il ne faut toutefois pas sous-estimer l'aspect pulsionnel des sentiments. La psychologie rappelle leur caractère irrépressible. En effet, les individus apparaissent davantage comme victimes de leur emprise que comme acteurs volontaires. Ainsi, l'amour correspond à une excitation pulsionnelle. Selon la Métapsychologie freudienne, il s'agit d'un état de contrainte intérieure auquel on ne peut se soustraire et que la fuite ne peut évincer. Ce n'est pas une force d'impact momentanée, mais une force constante. Ce besoin est supprimé par la satisfaction. L'amour est ici défini au travers de la *libido*. Ce désir ne se réduit pas au seul désir sexuel, bien que ce dernier en soit une expression.

Les neurosciences expliquent pour leur part que l'amour est une réalité hormonale complexe, variable selon que le sujet soit homme ou femme, selon son âge, etc.[402] Le philtre d'amour serait ainsi,

---

[400] V° amour, *in* A. Compte-Sponville, *Dictionnaire philosophique,* PUF, 1re éd., 2013, p. 38 s.
[401] V° amour, *in* A. Compte-Sponville, *idem.*
[402] V. not. Pr B. Sablonnière, *La chimie des sentiments*, Odile Jacob, 2015.

en réalité, un subtil mélange biochimique qui agit dans notre cerveau. La question se pose alors de l'intensité de cette contrainte interne et du prix de sa satisfaction. Le Droit pénal sera préoccupé par de tels questionnements lorsque l'excitation pulsionnelle ou l'activité hormonale du sujet le pousse à l'infraction. Tel est le débat suscité par la castration chimique des délinquants et criminels sexuels[403]. L'amour peut-il rendre fou? Peut-il rendre irresponsable ou peut-il excuser l'infraction? C'est notamment les questionnements qu'ont pu poser les affaires de crimes passionnels.

L'amour vu par le Droit. - Alors que le Droit se définit par son caractère impersonnel, rigoureux, ordonné et en quête de tempérance, il peut paraître difficile de l'associer sans encombre au sentiment intime, impétueux, indomptable et excessif que peut représenter l'amour. De plus, l'amour apparaît comme un sentiment dont la beauté universelle tarit les mots humains. Indicible n'est pourtant pas juridique... En effet, aux yeux du juriste, les mots doivent pouvoir encercler une dimension de l'amour, certes modeste, mais suffisante à exposer utilement le sentiment au domaine du Droit. C'est ainsi que la doctrine détermine que « *l'amour selon la loi c'est le regard du législateur sur les rapports d'affection entre les individus, un regard relayé par le juge lorsqu'il applique la loi* »[404]. Cette approche, nécessairement objective, place les juristes en observateurs extérieurs d'un phénomène social. Ne pouvant assurément pas agir sur les sentiments eux-mêmes, le Droit n'a d'autre choix que de respecter la nature essentielle des Hommes.

En revanche, il peut encadrer les actions causées par les sentiments. À ce titre, les interactions les plus connues sont celles qui forment la conception de l'union, de la famille, des mœurs... Mais, incapable de sonder les cœurs, le langage juridique, aux antipodes du lyrisme littéraire, utilise des vocables aseptisés pour exprimer les sentiments. L'exaltation se meurt quand l'amour est traduit au travers d'expressions telles que *l'intention matrimoniale*, la *procréation*, la *vie commune*, le *devoir conjugal*... Exprimant à sa manière cette

---

[403] Cf. « La castration chimique », *Les Documents de travail du Sénat*, Étude de législation comparée n° 202, nov. 2009.

[404] F. Terré et C. Puigelier, « L'amour selon la loi. Exercices d'écriture », Droit soc. 2014, p. 964.

tendance à la rationalisation des comportements, Charles Baudelaire écrivait que « *ne pouvant pas supprimer l'amour, l'Eglise a voulu au moins le désinfecter, et elle a fait le mariage* »[405]. En bref, l'association entre Droit et amour n'apparaît donc pas comme un mariage de passion, mais plutôt de raison. Or, un problème se pose : il paraît, selon Pierre Corneille que « *la raison et l'amour sont ennemis jurés* »[406].

La problématique du rapport entre Droit et amour. – Sentiments et raison se perturbent mutuellement. Or le Droit compte sur notre raison pour respecter les règles. C'est à ce titre que la rencontre du Droit et de l'amour doit prendre en compte un élément fondamental : le Devoir. Voici la problématique très classique qui oppose l'*Ethos*[407], le devoir, et le *Pathos*[408], le sentiment. L'idée simple qui soutient ce couple infernal est que les sentiments détournent parfois les individus, même les plus raisonnables, de leurs devoirs. « *L'amour est transgressif par nature* »[409]. Corrélativement, les devoirs peuvent faire obstacle à l'épanouissement des sentiments. Si l'issue de cette opposition a traditionnellement clos des destins

---

[405] Ch. Baudelaire, *Mon cœur mis à nu*, Chant XVIII.

[406] P. Corneille, *La Veuve,* Hachette, 1862, p. 427.

[407] L'éthos grec est une notion difficile à cerner par les philosophes. Elle désigne généralement les actions et comportements habituels et constants chez les Hommes. Elle se rapporte ainsi aux mœurs et, par extension, à la morale. Le terme fonde également la formation du mot *éthique.* C'est pourquoi l'éthos permet d'identifier les vertus et la part d'actions humaines qui doit leur obéir. En outre, « *Nietzsche distingue l'êthos du pathos. Ainsi, êthos est lié au « style de l'intellect » ou « style dépourvu de sentiments* », « *[Il] démontre que la durabilité de l'êthos doit être opposée à la volatilité du pathos* », *in* D. Bilate, « La signification de l'éthique chez Nietzsche », *Philonsorbonne,* vol. 7, 2013, pp. 27-44, § 12 et § 15.

[408] Le *pathos* exprime les sentiments, associés littéralement à la souffrance intérieure qu'ils peuvent notamment provoquer lorsqu'ils sont passionnels. La notion s'oppose à celle d'*éthos* notamment en ce qu'elle contient une grande part d'inconstance. « *En latin, affectus, ainsi qu'affectio, signifie tout changement dans le corps ou dans l'esprit. D'après saint Augustin, le terme est très proche du grec pathos et de sa traduction immédiate par passion. Augustin écrit : « ces mouvements de l'âme [motus animi] que les Grecs appellent pathos, ce que certains des nôtres, Cicéron par exemple, traduisent par perturbationes animi d'autres par affectiones ou affectus, ou encore, comme Apulée, précisément, par passiones, [...] Le pathos est donc lié aux sentiments et aux affects* », *in* D. Bilate, *op. cit.,* § 20.

[409] T. Nathan, *Philtre d'amour*, Odile Jacob, 2013, *La passion amoureuse, Passion,* § 2.

tragiques, tels que celui d'Antigone et Aimée, de Roméo et Juliette, de Tristan et Iseult, de Sophonisbe et bien d'autres... Il reste d'abord possible de croire raisonnablement que le Droit permet de concilier les sentiments individuels et les devoirs. Tel est l'Idéal du rapport entre Droit et amour. Cet Idéal permet d'intégrer tant le droit d'aimer que les devoirs que fait naître l'amour.

Cependant, lorsque l'opposition entre sentiments et devoirs devient violente ou tourmentée, alors la conciliation n'est plus possible et le Droit exige des sacrifices. Le rapport entre Droit et amour connaît alors une amère désillusion. Cette désillusion écaille l'Idéal du couple Droit- Amour et le transforme en *Spleen...* Elle met en évidence le droit d'ignorer l'amour, mais également le devoir d'en limiter les manifestations. En conséquence, il est possible de voir dans la relation entre Droit et amour deux phases : la phase d'idéalisation, ***Droit et Amour : L'Idéal (I),*** et la phase de désillusion, ***Droit et Amour : La désillusion (II).***

I. Droit et Amour : L'idéal

Au service de l'humain, le Droit ne saurait rester insensible aux sentiments. Ces derniers vont nécessairement apparaître sous différents aspects. Mais en tant que projection sociale, le droit va promouvoir et organiser l'amour autour d'un Idéal.

D'une part, le Droit va concevoir l'amour au travers de l'exercice d'une liberté. C'est pourquoi, nécessairement, ***L'Amour est protégé par le Droit*** (A). D'autre part, le Droit va chercher à responsabiliser l'amour, contrepartie logique de la liberté. C'est pourquoi ***L'Amour est rattrapé par le Devoir*** (B).

A. L'Amour protégé par le Droit

L'amour est liberté. – « *Il n'y a de Joie que d'Amour, il n'y a d'Amour que de Joie* »[410]. Il faut prendre le soin de préciser également qu' « *il n'y a pas d'amour de la part d'un être sans liberté* »[411]. Or l'idée de Liberté est consubstantielle au Droit, et l'amour est consubstantiel à l'Homme.

Le droit d'aimer. - La liberté d'Aimer existe par le droit d'aimer, de ne pas ou de ne plus aimer. Le consentement libre et éclairé est donc une condition de réalisation de l'amour. L'article 146 du Code civil prévoit qu'il n'y a pas de mariage lorsqu'il n'y a pas de consentement et, selon l'article 202-1, quelle que soit la loi personnelle applicable aux époux. Cette liberté est consacrée par l'article 16 (2) de la DUDH et par l'article 12 de la CESDH. Le Code pénal prévoit depuis 2013 que le fait de contraindre une personne à contracter mariage ou à conclure une union à l'étranger en usant à son égard de tromperies afin de la déterminer à quitter le territoire de la République, est puni de 3 ans d'emprisonnement et 45 000 euros d'amende.

Le droit de choisir l'être aimé. - Le Droit doit permettre d'aimer la personne de son choix. Un Montaigu peut-il aimer un Capulet? La tragédie shakespearienne enseigne qu'un amour entre deux familles ennemies n'est pas toléré par les Véronais. La société s'oppose à l'union pour des raisons morales et politiques. Cette situation semble théorique et il est tentant de réserver cette analyse à la fiction shakespearienne. Toutefois, la réalité rattrape parfois la fiction. Aujourd'hui, les noms Montaigu et Capulet pourraient être remplacés par Peuls et Forgerons, au Mali, Watchi et Fon dans le Golf

---

[410] A. Compte-Sponville, *op. cit.*, p. 38.
[411] J. Bousquet, *Langage entier*, Rougerie, 1966, p. 79.

du Bénin que la coutume n'autorise toujours pas à s'unir[412]... Jusqu'au 4 août 1982[413], l'homosexualité était pénalisée en France.

Pourtant, notons que dans le mythe de Roméo et Juliette, une autorité sauve l'amour : il s'agit d'une force divine symbolisée par *Frère Laurent* qui célèbre secrètement l'union des jeunes amants. Plus qu'une force divine, s'impose la voix d'une autorité instituée par l'ordre ecclésiastique. Sa légitimité est renforcée par le contexte de l'œuvre, c'est-à-dire au décor décrit en 1597, dans une société où l'institution du mariage appartient au pouvoir spirituel. On observe alors une concurrence entre la loi des Hommes, et le *Jus naturale*[414]. Les règles circonstancielles et matérielles apparaissent injustes lorsqu'elles sont une entrave à l'amour. Plus encore, elles sont contraires à la Nature. Il semble donc qu'en vertu de valeurs naturelles et universelles, le Droit doit protéger l'amour. Tout autre Droit serait un mauvais Droit, un Droit injuste ou inhumain. C'est d'ailleurs ce que nous enseigne l'Antigone de Jean Anouilh, dont l'histoire est présentée comme un appel à la résistance. Antigone perd la vie pour défendre ce qu'elle croit juste. Le sentiment de justice est ancré profondément dans l'amour qu'elle porte à ses frères. Le courage de ce combat, elle le puise effectivement dans ses sentiments, représentation de son humanité, face à un droit déshumanisé. Ici, l'amour est un contrepoids du Devoir et place l'Humain au-dessus de la règle lorsque celle-ci nie son humanité. Antigone qui viole la règle positive illégitime, honore une loi supérieure inspirée par l'amour et la Justice. Rappelons également que *Les Lois civiles dans leur ordre naturel*, ainsi que le *Traité des Lois* de DOMAT posent l'amour comme loi régnant sur la matière civile, et les engagements comme les

---

[412] Cf. Y. Diallo, *Nomades des espaces interstitiels : pastoralisme, identité, migration (Burkina Faso—Côte d'Ivoire)*, Rüdiger Köppe Verlag, 2008, not. p. 87, 160 et 216. *Adde* I. Diallo, *L'Etat et la religion au Mali de 1960 à nos jours*, Jamana, 2009, p. 311. Pour une explication synthétique de l'origine de la prohibition coutumière, v. B. Sangare, « Mariage : ces interdits qui ont la vie dure », *MaliActu.net*, 28 nov. 2014.

[413] Abrogation de l'art. 331 (al. 2) du CP par la loi n°82-683 du 4 août 1982.

[414] À noter toutefois que le personnage de Frère Laurent incarne également l'Humanisme de la Renaissance. Érudit, il connait l'art de la posologie et l'usage médicinal des plantes. C'est ainsi qu'il apparaît comme un personnage proche des Lois de la Nature. Il croit, pour sa part, en l'amour qui a le pouvoir de contrer la haine des Hommes de la cité et donc de rétablir l'équilibre dans leurs excès.

effets de l'amour sincère que chaque Homme doit porter à tout autre[415].

L'amour protégé par le bon Droit. – Il semble possible d'affirmer maintenant que « *là où l'amour n'existe pas, la raison elle aussi est absente* »[416]. Cette affirmation peut sembler paradoxale alors que sentiments et Raison sont traditionnellement regardés comme antagonistes. L'Idéal subtil qui porte l'alliance de l'amour et de la Raison est pourtant très proche des fondements philosophiques du Droit lui-même. En effet, l'amour réunit en lui les idéaux du Bien et du Beau. La Raison, pour sa part, accède à un autre Idéal qu'est le Vrai (selon la doctrine platonicienne, l'amour aussi permet de reconnaître le Vrai[417]). Justement, selon la philosophie classique platonicienne, la notion d'Idéal repose sur trois piliers : Le Bien, le Beau et le Vrai[418]. Ainsi, on ne peut trouver la Vérité là où il n'y a pas le Bien et le Beau. Tels des organes complémentaires, Raison et sentiments doivent fonctionner ensemble : la Raison permet à l'âme de chercher la Vérité et l'amour lui permet de chercher le Bien et le Beau. Or, le Droit est l'art du bon et du juste. Il ne peut donc pas ignorer l'amour sans se priver de raison.

Raisonnable, le Droit se doit ainsi de l'être en valorisant et protégeant l'amour. C'est d'ailleurs ce que le législateur et le juge font en France lorsque, par exemple, l'incrimination d'aide à la circulation

---

[415] « *L'amour est le principe naturel de tous nos mouvements et de toutes nos actions, et le lien que Dieu a formé pour unir les hommes, et pour régler leur société* », J. Domat, *Les lois civiles dans leur ordre naturel, le droit public et legum delectus,* t. I,1745, p. 285.

[416] F. M. Dostoievski, *Dans mon souterrain,* Nouvelles Editions Latines, 1948, p. 194.

[417] Cf. note suiv.

[418] « *Ce qui nous fait quitter le monde sensible, ce qui nous pousse à pénétrer dans le monde idéal, ce qui sous-entend tout notre effort scientifique, le fonde et à la limite, le justifie, c'est l amour que nous portons au Vrai, au Bien, au Beau. Cet amour est inné en nous, parce que, en nous, au fond de notre âme, se trouve enfouie la notion du Bien et du Beau en soi que nous avons contemplé avant de choisir un corps de chair, prisonnier de la matière. Par cet amour, nous reconnaissons le moindre reflet du Beau, la moindre image du Bien, la plus frêle imitation du Vrai, et à cause de lui, nous désirons nous élever de plus en plus vers l'objet suprême de notre amour, le Bien en soi* », J.-M. Lovinfosse, « La morale de Platon », *L'Antiquité classique,* t. 34, fasc. 2, 1965, p. 498.

ou au séjour irréguliers d'un étranger exclut de son champ d'application les comportements humanitaires, et les attitudes inspirées par l'amour et l'affection. C'est en se fondant sur cette protection des sentiments de l'ordonnance n° 45-2658 du 2 novembre 1945, modifiée par la loi n° 94-1136 du 27 décembre 1994, que la jurisprudence a déjà permis la réintégration d'un professeur de l'éducation nationale, ainsi que l'annulation de sa condamnation pour aide, assistance et protection d'une prostituée en séjour irrégulier sur le territoire[419]. La décision est motivée par le fait qu'il était venu en aide à une femme dont il était tombé amoureux. Dans une autre espèce comparable, un professeur certifié en disponibilité parvient à soustraire de la prostitution une jeune femme moldave dont il était amoureux. Cette relation le conduit à une condamnation pénale pour aide à l'entrée, à la circulation et au séjour irrégulier d'un étranger en France ainsi que pour aide, assistance ou protection de la prostitution d'autrui. Mis à la retraite d'office pour ces mêmes faits, il demande et obtient l'annulation de cette sanction et sa réintégration par la Cour administrative d'appel de Marseille[420].

Cependant, si le Droit valorise l'amour, il en organise également la construction dans les relations. En effet, aux yeux du Droit, là où il y a de l'amour, il n'y a pas que du plaisir, et là où il y a du plaisir, il n'y a pas que l'amour. C'est ainsi que l'amour va être rattrapé par le Devoir.

B. L'Amour rattrapé par le Devoir

L'amour, plus qu'un sentiment. - « *L'amour est un risque terrible car ce n'est pas seulement soi que l'on engage. On engage la personne aimée* »[421]. Le Droit protège certes l'amour mais, attaché à une certaine idée de celui-ci, il fait la promotion non pas d'un modèle de sentiment, mais d'un modèle de comportement. « *L'amour, ce n'est pas la respiration coupée, ce n'est pas l'excitation, ce n'est pas l'échange de promesses d'une passion éternelle, ce n'est pas le désir de s'accoupler à chaque minute [...] Ça, c'est simplement être*

---

[419] TGI Toulouse 30 oct. 1995 ; D. 1996, p. 101.
[420] Arrêt rendu par la Cour adm. d'appel de Marseille, 2e ch., 10 nov. 2009, n° 07MA03132.
[421] E. Morin, *amour, Poésie, Sagesse*, Editions du Seuil, 1997, p. 33

« amoureux », ce qui est à la portée du premier imbécile venu. L'amour vrai, c'est ce qui reste quand on a cessé d'être amoureux »[422]. C'est ainsi que l'amour se dessine aussi sous les traits de l'engagement.

Un engagement soumis à des obligations par le Droit. - D'aucuns diront qu'*« il est plus facile d'être amant que mari, par la raison qu'il est plus difficile d'avoir de l'esprit tous les jours que de dire de jolies choses de temps en temps »*[423]. L'exemple du mariage est assurément le plus topique, il engage pour le meilleur et pour le pire, fait peser des obligations sur les partenaires entre eux, mais également à l'égard de leur foyer. Obligations de vie commune, de respect, de fidélité, de secours, d'assistance sont autant de devoirs qui participent à la création d'une société commune entre les conjoints. La plus mythique des obligations reste quand même celle du *copula carnali,* c'est-à-dire du devoir d'union charnelle. Il faut noter que ce devoir ne peut être contraint, sauf à constituer un viol entre époux[424] et à transformer « *la plupart des mariages en prostitution jurée* »[425]. À ce sujet, la présomption de consentement des époux aux rapports sexuels a été supprimée par la loi du 9 juillet 2010 (art.36) relative aux violences faites aux femmes, aux violences au sein du couple, et aux incidences de celles-ci sur les enfants.

Toutefois, le juge civil peut relever l'absence de relations sexuelles comme un comportement fautif. C'est ainsi que la Cour

---

[422] L. de Bernières, La *mandoline du Capitaine Corelli*, Denoël & d'ailleurs, 1996, chap. 47.

[423] H. deBalzac, *Physiologie du mariage*, « Le catéchisme conjugal », Instruction XLIX, *in Œuvres illustrées de Balzac*, Maresq et Compagnie et J. Bry Ainé, 1832, p. 14. Ce catéchisme affirme également que le mariage est une science, qu'un homme ne peut se marier sans avoir étudié l'anatomie, ou au moins une fois disséqué une femme, ou qu'un mari ne doit jamais se permettre un plaisir qui n'ait été désiré par sa femme, ou encore qu'il existe dans l'âme de toute femme un sentiment qui tend à proscrire les plaisirs dénués de passion.

[424] Reconnu par la Cour de cass. en 1990 : Crim., 5 sept. 1990, D. 1991, p. 13. En 1992, la Haute juridiction confirme sa position en admettant le viol en l'absence de coups et blessures : Cass. crim. 11 juin 1992, Bull. crim. 1992, n° 232, D. 1993, p. 117.

[425] G. Sand, *La Comtesse de Rudolstadt,* Alph. Lebègue et Sacré Fils, t. 3, 1844, p. 47.

d'appel d'Aix-en-Provence[426] a pu prononcer un divorce aux torts exclusifs de l'époux, condamné à indemniser son épouse à hauteur de 10 000 euros, aux motifs que « *la quasi-absence de relations sexuelles pendant plusieurs années, certes avec des reprises ponctuelles, a contribué à la dégradation des rapports entre époux* ». Aussi « *les attentes de l'épouse étaient[-elles] légitimes dans la mesure où les rapports sexuels entre époux sont notamment l'expression de l'affection qu'ils se portent mutuellement, tandis qu'ils s'inscrivent dans la continuité les devoirs découlant du mariage* ». La jurisprudence a pu s'intéresser à la qualité des rapports sexuels, en affirmant que le fait pour un époux d'avoir « *entretenu des rapports si imparfaits qu'ils ne procuraient à sa femme ni espérance de maternité ni plaisir* »[427] était fautif.

L'amour entre partage et solidarité. - Plus globalement, le droit exige des époux une « *communauté de vie réelle et affective* »[428]. Cette communauté est censée marquer le lien entre les époux, en tant qu'expression de l'intention matrimoniale. De plus, les liens du mariage prescrivent notamment aux époux un devoir de secours et d'assistance décrit comme permettant de « *s'aider à porter le poids de la vie* » et de partager une « *commune destinée* »[429]. Si l'assistance peut se traduire matériellement, alors corollaire du devoir de secours, elle puise néanmoins son essence dans l'idée d'un soutien moral entre partenaires. Une relation solidaire est ainsi exigée entre les époux qui doivent s'assister mutuellement. Si cette exigence semble évidente et naturelle, le contentieux matrimonial démontre que les conceptions subjectives du mariage n'incluent pas toujours les mêmes valeurs que celles du Code civil. C'est ainsi que la jurisprudence a dû rappeler aux conjoints le caractère gratuit de l'assistance. En effet, lorsque, par exemple, un époux s'occupe de l'autre malade, la Cour de cassation a dû préciser que l'accomplissement de ce devoir ne donne pas droit à un salaire au titre des soins prodigués[430]. Il en ressort que l'engagement pris par les époux évoque un rapport de confiance et de

---

[426] CA Aix-en-Provence, 6e Ch. B, 3 mai 2011, n° 2011/292, RG 09/05752

[427] CA Lyon, 28 mai 1956, D. 1956, p. 546.

[428] Cass. 2e civ., 14 janv. 2015, n° 13-27138.

[429] G. Cornu, *Droit civil. La famille*, coll. « Domat droit privé », Montchrestien, 9e éd., 2006, p. 274.

[430] Cass. Soc. 19 mars 1954, D. 1954, p. 239. – Cass. 1re civ., 8 juin 1963, D. 1964, p. 713.

soutien mutuel instauré par un idéal juridique pour lequel les devoirs sont à la fois un effet de l'affection entre conjoints, mais également gardiens d'une vie commune conforme à l'intention matrimoniale. En effet, « *il y a l'amour, bien sûr. Et puis il y a la vie, son ennemie* »[431]. Certains concluront dans le même sens qu' « *on devrait toujours être amoureux. C'est la raison pour laquelle on ne devrait jamais se marier* »[432]. L'amour pouvant ainsi être mis à l'épreuve par la vie de couple, les obligations matrimoniales visent à commander des comportements pour préserver ou remplacer le rôle les sentiments. La violation des devoirs peut donc être la manifestation d'une défaillance des sentiments, ou en être la cause. C'est d'ailleurs en constatant cette violation que le juge peut conclure, sur la base d'une appréciation *in concreto*, à la dégradation de la vie commune pour prononcer le divorce. La Cour de cassation a ainsi pu rejeter un pourvoi moyennant le manque de base légale d'un divorce prononcé aux torts exclusifs de l'épouse, aux motifs qu'était justifiée « *l'appréciation souveraine des juges du fond qui ont estimé que le comportement de l'épouse constituait une violation grave et renouvelée des devoirs et obligations résultant du mariage qui rendait intolérable le maintien de la vie commune* »[433]. En outre, la contribution des époux à la vie commune ne doit pas éclipser leur individualité propre. C'est ce à quoi contribue pour sa part le devoir de respect qui veille à protéger l'intégrité tant physique que psychologique et morale de chacun des époux.

L'amour absent de la liste des devoirs. - Il faut bien constater que nul *devoir d'amour* n'est prévu par le Code civil. L'amour ne peut être exigé par les partenaires qui doivent, en cas de défaut des sentiments, se contenter d'un effet placebo au travers de la fidélité,

---

[431] J. Anouilh, *Ardèle ou la Marguerite, Pièces grinçantes,* La Table Ronde, 1973, p. 14.

[432] O. Wilde, cité *in* J.-P. KURTZ, *Nouveau recueil de citations et de pensées,* Essai, Books on demand, 2013, p. 60.

[433] Cass. 1re civ., 24 juin 2014, inédit, n° 13-20291. Dans le cas d'espèce, il était reproché à l'épouse d'avoir consenti mariage dans un intérêt purement patrimonial, organisé une captation du patrimoine de son mari en obtenant, notamment, de fortes sommes d'argent de la part de son époux, en retirant l'intégralité de la pension de retraite de ce dernier qu'elle insultait et violentait. L'épouse refusait également de fréquenter la famille ou les amis de son conjoint et s'opposait à toute intimité dans le couple.

du respect, de l'assistance et du secours. Comme produisant un substrat rationnel des sentiments, le Droit indique quel doit être l'effet objectif des noces. Mais il ne peut forcer les couples à s'aimer. Alors qu'un époux reprochait à son épouse un manque caractérisé d'affection et de tendresse, une Cour d'appel lui a rappelé de ne pas confondre mariage et amour, en affirmant que « *le manque d'affection et de tendresse ne peuvent constituer non plus une [violation des droits et devoirs du mariage], les sentiments ne pouvant résulter d'une obligation et seuls les comportements devant être pris en compte* »[434]. Il n'y a pas de norme d'amour, il n'y a pas de standard d'affection. Comme un excipient au dosage incertain, l'amour est traité par le droit conjugal avec précaution, tel un auxiliaire facultatif du couple. Sans être le but poursuivi par l'Institution du mariage, il est toutefois difficile de nier l'influence du sentiment sur l'esprit qui anime le modèle d'union préconisé par le Droit. S'il n'est pas nécessairement la substance de la relation matrimoniale, il en est quelque part la coquille.

L'amour nécessaire à la protection de la famille. - Par ailleurs, nous l'avons dit, les époux ont des obligations envers leur foyer. La plus centrale concerne l'amour porté aux enfants : « *pour exercer l'autorité parentale, les parents doivent avoir une grande puissance d'amour* »[435]. L'engagement des partenaires envers leur progéniture est certainement le plus vital en ce qu'il doit garantir la protection de la famille. La fonction de la famille est notamment définie plus généralement dans le préambule de la Charte Internationale des Droits de l'Enfant qui dispose que « *l'enfant doit grandir dans le milieu familial, dans un climat de bonheur, d'amour et de compréhension* ». L'article 9 de ce même texte prévoit que l'enfant ne pourra être privé de sa famille que lorsque son intérêt supérieur l'exigera. La quintessence de l'amour au travers de l'union s'impose donc par la protection du fruit de l'amour.

Bien que profondément dépendant d'un Idéal, l'amour vu par le Droit est écaillé par la réalité vécue par le Droit. Les sentiments étant propices aux excès, ils sont capables de dicter le meilleur comme le

---

434 CA Paris, 17 sept. 2008, n° 07/17622.

435 Ph. Malaurie et H. Fulchiron, *La Famille,* Defrénois, coll. « Droit civil », 2e éd., 2006, n° 1520.

pire. Ce constat classique alimente leur définition même, de telle sorte qu'à la question posée par Phèdre : « *Qu'est-ce donc qu'on appelle amour chez les humains?* », intervient la réponse inévitable : « *Rien n'est plus doux, ma fille, ni plus amer tout ensemble* »[436]. Après avoir envisagé l'Idéal du rapport entre Droit et amour, il est donc naturel de s'intéresser maintenant au temps de la Désillusion.

II. Droit et Amour : La Désillusion

Les institutions ont beau être au service de l'humain, cela ne signifie pas qu'elle est esclave de ses moindres désirs. En tant que machine qui concilie des intérêts divers, le Droit recherche un équilibre dans lequel les sentiments peuvent être devancés par des valeurs prioritaires.

D'une part, afin de remplir ses fonctions de régulateur social, le Droit restera parfois indifférent aux sentiments. On verra alors ***L'Amour délaissé par le Droit*** (A). D'autre part, le Droit pourra légitimement s'opposer à l'amour. C'est ainsi que ***L'Amour sera éconduit par le Droit*** (B).

A. L'Amour délaissé par le Droit

Le Droit ne s'occupe pas que de l'amour. - « *Tout l'univers obéit à l'amour ; - Aimez, aimez, le reste n'est rien* »[437]. Cet encouragement signé par Jean de la Fontaine n'emporte pas l'émotion des juristes. Assurément, *le reste n'est pas rien.* Le Droit ne peut se préoccuper que de l'amour alors qu'il est l'art d'orchestrer des intérêts sociologiques divers. Incrédules, les sciences juridiques ne comptent pas sur les bons sentiments comme seuls rouages de l'Univers, ou du moins d'une harmonie sociale satisfaisante. En quête d'un ordre général, il n'est pas étonnant que ce dernier se montre parfois peu sensible à l'amour, en faveur d'impératifs indispensables au fonctionnement de la collectivité.

La place relativisée de l'amour. - Le sort des familles des détenus en est un exemple. On parle des victimes *extra-muros* qui se

---

[436] Euripide, *Hippolyte*, 347-348.

[437] J. de La Fontaine, « Eloge de l'Amour », *Les Amours de Psyché.*

voient privées par la justice d'un parent. Mais le Droit ne peut prendre en compte parfaitement l'amour des familles quand il s'agit d'exécuter la loi qui vise à protéger la société toute entière. Des aménagements existent néanmoins, tels que les rencontres au parloir, les Unités de Vie Familiales[438], les procédures de mariage entre détenus et personnes extérieures[439], ou encore les aménagements de peine[440]. Mais les détenus eux-mêmes sont victimes de l'altération du lien affectif avec leurs proches, ce qui alimente et renforce les troubles psycho-sociaux en milieu fermé. « *Sanctionner un individu en le privant de liberté, est-ce aussi l'interdire d'amour et de chair?* »[441] s'interroge la société civile au travers de la presse. Cette question est celle de la prise en compte des sentiments des détenus et leur famille dans un contexte naturellement hostile à l'épanouissement affectif[442].

---

[438] Cf. Art. 36 de la loi pénitentiaire n° 2009-1436 du 24 nov. 2009.

[439] Cf. Art. D. 424 du CPP dans la *Section 4 relative aux événements familiaux et sorties exceptionnelles qu'ils peuvent motiver*, au sein du *Chapitre IX* « *Des relations des personnes détenues avec l'extérieur* » (LIVRE V – Titre II).

[440] Tel est le cas par exemple pour une détenue devant assumer sa maternité en prison. À ce sujet, cf. A. Garraud, « La maternité bouleversée par l'incarcération », AJ Fam. 2014, p. 551 : Si l'enfant est âgé de plus de 18 mois, il « *doit bénéficier de la protection inscrite à l'art. 7 Conv. de New York (droit d'être élevé par ses deux parents). Or, la mère est séparée de son enfant dès lors que ce dernier est âgé de plus de 18 mois (v. supra p. 553). La réforme de 2014 permet à la femme, exerçant l'autorité parentale sur un enfant de moins de 10 ans ayant chez elle sa résidence habituelle, de bénéficier d'une suspension de peine (C. pr. pén., art. 720-1) ou d'une libération conditionnelle (déjà prévue par C. pr. pén., art. 729-3 dans son ancienne rédaction)* ». Concernant l'enfant âgé de moins de 18 mois, « *la circulaire de 1999 admet la présence, auprès de sa mère détenue, d'un enfant déjà né avant l'incarcération lorsque deux conditions sont réunies : l'enfant a moins de 18 mois et la mère refuse de se séparer de lui. Elle exhorte, toutefois, les autorités judiciaires à tenter de rechercher d'autres solutions pour éviter cette situation* ».

[441] M. Piquemal, « L'amour au parloir », *Libération.fr,* 17 avr. 2015. Cet article relate une sanction prise par un établissement pénitentiaire à l'encontre d'un détenu auquel était reprochée une trop grande proximité avec sa compagne lors des rencontres au parloir. L'administration pénitentiaire avait en l'occurrence suspendu temporairement le permis de visite pour ensuite n'autoriser, temporairement toujours, que des rencontres à l'hygiaphone.

[442] Pour une analyse du lien maternel à l'épreuve de la détention, cf. A. GARRAUD, *op. cit.*, p. 551 : « *Le droit essaye donc de concilier les vies carcérale et familiale en prenant en considération le lien maternel que doit tisser une mère détenue avec son enfant devenu, bien malgré lui, le principal acteur du processus de responsabilisation de sa mère. En réalité, le lien maternel s'effiloche sous l'effet de l'incarcération de la mère, le droit restant perfectible* ».

Toutefois, les effets de l'emprisonnement sur l'équilibre émotionnel du détenu ou de sa famille peuvent parfois représenter un préjudice indemnisable. Pour preuve, le chiffre de 65 000 euros représente le montant de l'indemnisation octroyée par la Commission de réparation des détentions à un homme incarcéré deux ans avant d'être définitivement acquitté[443]. En l'espèce, un homme est incarcéré pour des charges criminelles dont il est finalement définitivement acquitté, après presque deux ans d'enfermement. Il forme une demande de réparation de son préjudice moral, fondé sur la violence du choc d'une primo-incarcération qui l'a conduit à une tentative de suicide en milieu fermé. Son état a nécessité un suivi médical par psychothérapie et prise d'anxiolytiques. L'état du détenu s'est dégradé, témoin de l'affaiblissement de sa mère et du chagrin inconsolable de son enfant âgé de sept ans - qui a dû être pris en charge par des soins pédopsychiatriques. Le détenu invoque aussi la détérioration de son état psychique au travers, notamment, de troubles de l'érection et du développement d'une phobie de la relation amoureuse manifestement provoqués par la promiscuité mal vécue en centre pénitentiaire. La Cour d'appel de Reims accueille la demande en octroyant une indemnité de 200 000 euros à l'intéressé. L'Agent judiciaire de l'État, estimant sur-évalué le montant de l'indemnisation du préjudice moral, se pourvoit devant la Commission de réparation des détentions. En 2013, la Cour de cassation accueille la demande de l'Agent de l'État en estimant que, compte tenu de la durée de l'incarcération, le droit à réparation ne peut excéder la somme de 65 000 euros, le retentissement familial et les séquelles psychologiques persistantes fussent-ils dûment attestés.

La Cour de cassation rappelle à cette occasion que les frais de transport exposés par la mère du détenu pour les visites n'ouvrent pas droit à réparation, contrairement aux frais de transport de l'enfant mineur. On observe donc en l'occurrence une indifférence relative à l'équilibre sentimental et familial, qui ne trouve malheureusement qu'une place artificielle dans le système carcéral.

L'amour laissé pour compte. - Un exemple d'indifférence radicale aux sentiments est observable chez nos voisins helvètes. En effet, depuis le 1er janvier 2011, la Suisse interdit le mariage entre ses

---

[443] Cass. CRD, 30 sept. 2013, Bull. Crim. CRD, n° 6, n° 12-CRD045.

citoyens et personnes sans-papier[444]. Cette prohibition participe à une politique drastique de gestion de l'immigration. Ici, il ne s'agit pas de définir les mœurs ou une idée des comportements amoureux. Une telle politique se contente de se montrer hermétique aux sentiments en ignorant les désirs humains, afin de poursuivre un objectif de régulation migratoire. Assurément, la méfiance étatique à l'égard d'un éventuel opportunisme matrimonial des personnes en situation irrégulière, a mené les autorités à durcir la législation au mépris de l'amour, mais surtout au grave détriment des libertés publiques. Alors que la France applique un principe d'opportunité du contrôle de l'intention matrimoniale, le choix de la Confédération helvétique s'avère extrême en ce qu'il présume irréfragablement le détournement du mariage en moyen d'obtenir une régularisation administrative. Ce parti pris semble oublier que l'union entre les personnes relève par essence de l'affection qu'elles se portent mutuellement et non d'une course à la légalisation du séjour des migrants. Il s'agit là d'un déni d'humanité dont le critère discriminant est celui de la nationalité.

Le cas des *centres de détention administrative* (équivalents de nos centres de rétention) est également particulièrement polémique. Les centres regroupant notamment les demandeurs d'asile dont la requête a été rejetée, et en attente d'expulsion, révèle l'insensibilité volontaire de la situation personnelle des *détenus*. Effectivement, l'indifférence aux sentiments ainsi qu'à la protection de la famille est patente lorsque sont exécutées des mesures d'éloignement à l'encontre d'étrangers ayant fondé un foyer sur le territoire, devenus époux ou parents de nationaux, et ayant vécu, travaillé et payé leurs impôts depuis de nombreuses années sur le sol suisse. Ainsi balayés, les sentiments n'ont de valeur que pour ceux qui les vivent, alors que

---

444 L'art. 98 al. 4 du C. civ. suisse prévoit que «*les fiancés qui ne sont pas citoyens suisses doivent établir la légalité de leur séjour en Suisse au cours de la procédure préparatoire du mariage ou du partenariat*». Pour un exemple d'application du texte : cf. la IIe Cour de droit civil qui, dans une décision n° 5A_814/2011 rendue le 17 janv. 2012, statué sur la conformité du droit national aux exigences européenne et affirmé que « *l'officier de l'état civil, saisi d'une demande d'ouverture de la procédure préparatoire en vue du mariage, ne dispose d'aucune marge de manœuvre lorsque le fiancé étranger n'a pas établi la légalité de son séjour en Suisse, conformément à l'art. 98 al. 4 CC : il doit refuser d'entrer en matière sur la demande de mariage* ».

la stratégie de froideur institutionnelle permet d'appliquer une politique déshumanisée pour davantage d'efficacité[445].

L'amour émancipé du regard Droit. - Dans un autre registre, il est possible de se demander si la libéralisation des mœurs laisse plus ou moins de place à l'amour qui a tendance à s'émanciper du contrôle étatique. Une tendance à la libéralisation préserve notamment la vie privée de l'intervention du Droit qui ne fait plus son affaire des sentiments.

Le Code d'Hammourabi prévoyait la noyade pour punir les femmes adultères[446]. Les Amérindiens punissaient les femmes adultères en leur coupant le nez, en leur arrachant les cheveux, ou en leur infligeant un viol collectif[447]. Aujourd'hui, en France, le Droit ne pénalise plus l'adultère suite à la loi n° 75-617 du 11 juillet 1975. Depuis une loi de 2001[448] et une ordonnance de 2005[449], les enfants naturels bénéficient d'une égalité devant la succession. En 2004, l'arrêt Galopin reconnaît que la libéralité consentie par un homme marié à sa concubine adultère n'est pas contraire aux bonnes mœurs[450]. La création du PACS, l'évolution jurisprudentielle du concubinage, et l'adoption du *mariage pour tous* sont encore d'autres exemples de la libéralisation[451]. En plein cœur de l'actualité, le développement des sites de rencontre en ligne extraconjugales pose la problématique des mœurs. *Prend-un-amant.com, entre-infidèles.fr, vivre-son-infidélité.com, sitepourtromper.fr...* Il y paraît qu' « *être*

---

[445] Pour un éclairage sur la situation des étrangers retenus sur le territoire français, cf. A. GARRAUD, « Actualités sur la retenue des étrangers pour vérification du droit au séjour : de la jurisprudence européenne à la jurisprudence nationale », RPDP, 2014, n° 4, pp. 811-818.

[446] V. P. Cruveilhier, *Commentaire du Code d'Hammurabi,* E. Leroux, 1938, p. 126.

[447] V. L. Verrand, *La vie quotidienne des Indiens Caraïbes aux Petites Antilles (XVIIe siècle),* Karthala, 2003, p. 63 : « *[la femme adultère] est rendue commune et libre à tous ceux qui en veulent* ».

[448] Loi n° 2001-1135 du 3 déc. 2001 relative aux droits du conjoint survivant et des enfants adultérins et modernisant diverses dispositions de droit successoral.

[449] Ordo. n° 2005-759 du 4 juill. 2005 portant réforme de la filiation.

[450] Ass. Plén. 24 oct. 2004, n° 03-11.238, Bull. A. P., n° 12, p. 27.

[451] Pour un état du droit et des pratiques, cf. V. Avena-Robardet, « Dossier « Mariage, pacs, concubinage : le guide » : Statistiques », AJ Fam. 2015, p. 43 ; *adde* S. Thouret, « Dossier « Mariage, pacs, concubinage : le guide » : Relations du couple », AJ Fam. 2015, p. 662.

fidèle à deux hommes, c'est être deux fois plus fidèle ». Un site a été attaqué par les associations familiales catholiques[452]. Le problème est de déterminer si la cause de la société, et du contrat proposé est contraire aux bonnes mœurs. La jurisprudence a déjà rejeté le caractère illicite de la cause d'un contrat de courtage matrimonial conclu par un homme encore marié mais déjà à la recherche de sa future âme sœur[453]. Si le juge décide de s'inscrire dans la continuité de cette libéralisation, il est probable que l'action des associations catholiques soit vouée à l'échec, laissant ainsi à chacun la liberté de vivre sa vie privée comme bon lui semble, quitte à indemniser un jour le cœur brisé de son partenaire.

En mariage, trompe qui peut[454] ! *Il faut bien passer le temps, il faut bien que le corps exulte*[455] !

Les mœurs délaissent donc une conception traditionnelle des sentiments, en faveur de plus de libertés. De Hammurabi à Galopin, on voit que le Droit passe d'une indifférence à l'autre, c'est-à-dire d'une indifférence aux sentiments comme liberté, à une indifférence aux sentiments comme valeur d'un engagement. En d'autres termes, les mœurs rigides se désintéressent des sentiments qui étouffent derrière les devoirs imposés aux Hommes. Quant à elles, les mœurs souples se désintéressent des sentiments dont la réalisation et la forme sont confiées aux choix des Hommes. Néanmoins, si ces choix viennent perturber gravement l'ordre social, alors le Droit ne sera pas simplement indifférent, il deviendra hostile aux comportements perturbateurs. L'amour sera alors éconduit par le Droit.

B. L'Amour éconduit par le Droit

L'amour, ennemi de la cité ? - « *amour, sur ma vertu prends un peu moins d'empire* »[456] ! Dans la version de Sophocle, l'histoire tragique d'Antigone est un enseignement de piété, une mise en garde

---

[452] V. not. S. Kovacs, « L'adultère en un clic : la justice saisie contre Gleeden », *Le Figaro.fr*, 18 fév. 2015.

[453] Cass. 1re civ., 4 avr. 2011, n° 10-20114, Bull. civ. I, n° 191 ; note F. Chénédé, AJ Fam. 2011, p. 613.

[454] Selon la maxime célèbre de A. Loysel.

[455] J. Brel, *La chanson des vieux amants*.

[456] P. Corneille, *Suréna, général des Parthes*, Hachette, 1862, p. 473.

contre les comportements subversifs qui doivent être punis : « *honte à l'orgueilleux qui viole les lois et prétend follement gouverner les rois* » ; « *la désobéissance est le mortel fléau qui fait la cité cendre, et la maison un tombeau* »[457]. Dans la tragédie de Sophocle, dans laquelle le chœur s'exclame « *amoureux, c'est-à-dire fou !* »[458], la désobéissance à la Loi est provoquée par la passion d'Antigone. L'amour humain, individuel, détourne du Droit et du Divin qui veulent pour leur part le bien commun. La Loi a ici quelque chose de supérieur à la Passion, en ce qu'elle protège l'Homme de ses excès. Le rôle protecteur du Droit connaît alors un antagonisme au travers de sa fonction sanctionnatrice. Les sentiments qui menacent la loi ou l'ordre public doivent donc être combattus. L'*ethos* vertueux doit l'emporter sur le *pathos* transgressif.

La lutte contre les comportements déviants. - Le Droit condamne ou cherche à neutraliser les expressions de l'amour lorsque ce dernier incite à la transgression, lorsqu'il est violent, pathologique, exploité... Les illustrations les plus connues sont celles de l'amour forcé, possessif, de l'érotomanie ou encore du harcèlement. Les excès infligés par les sentiments peuvent également confiner au tragique. La folie meurtrière due à la virulence des sentiments en est la représentation au travers du crime passionnel. Tel est le cas d'Otello qui assassine Desdemone. Le *pathos* est violemment exprimé puisque la passion pour la femme qu'il aime lui fait perdre la raison, malade d'une jalousie paranoïaque. Cet aspect pathologique de l'amour obscurcit le jugement d'Otello qui, dans un élan furieux, supprime l'objet de son désir irraisonné, en même temps qu'il anéantit l'objet de sa souffrance. Le tragique en l'occurrence se révèle dans l'impossibilité de faire un choix éclairé, l'amour ayant aveuglé le sujet, et dans le fait de donner la mort à sa femme, innocente de la trahison dont il la croit fautive. Auteur de son propre malheur, au travers d'un acte dont l'injustice est provoquée par une folie amoureuse, Otello finalement perd l'amour autant qu'il viole son Devoir.

---

[457] Strophe finale du chœur qui clôture la tragédie.
[458] Strophe de la scène VIII.

Il faut néanmoins remarquer que généralement l'aspect passionnel de l'infraction attire l'indulgence de la Justice, faisant des sentiments une circonstance atténuante de l'acte. Cette tendance indique la croyance de la société en la force contraignante des élans du cœur et de ses humeurs, jusqu'à possiblement inspirer une forme de compassion à l'égard de l'agent pénal. L'acquittement en 1914 d'Henriette Caillaux, auteur du meurtre de Gaston Calmette, en est une illustration célèbre. Henriette Caillaux est soutenue par l'opinion publique (comme pouvait l'être Antigone de Sophocle, ce qui n'a pas pour autant évité son sort tragique) notamment du fait que son crime a été inspiré par l'amour qu'elle porte à son mari et à l'honneur de sa famille[459]. De plus, en tant que femme, elle bénéficie d'une forme de bienveillance à l'égard de son genre, voire même des stéréotypes tant féministes que d'autres sexistes, et de son courage.

Toutes les infractions dans lesquelles l'amour est mêlé ne sont pas pour autant passionnels. Le cas du crime passionnel définit un modèle où l'infraction, qui n'a pas nécessairement de rapport direct avec les mœurs, est justifiée par les sentiments. Mais ce sont parfois les pratiques amoureuses elles-mêmes qui constituent l'infraction. S'il n'est pas interdit de ressentir le désir, il n'est pas pour autant de le satisfaire à n'importe quel prix. Le droit d'aimer n'est pas absolu et touche ses limites lorsque l'assouvissement des sentiments nuit à la liberté, plus spécialement à la liberté et à l'intégrité de la personne désirée. En l'occurrence, quelques exemples jurisprudentiels illustrent de façon marquante le contrôle du droit, notamment en matière pénale.

L'amour ne disqualifie pas l'agression sexuelle. - Que penser de l'amour d'un beau-père pour sa belle-fille, mineur de 15 ans, donnant lieu à des relations sexuelles répétées durant quatre années ?

---

[459] C'est vraisemblablement par amour pour son époux qu'Henriette Caillaux assassine Gaston Calmette, rédacteur en chef du journal *Le Figaro* qui, au moment des faits et pour des raisons politiques, menait une campagne de dénigrement du couple Caillaux. Avant le passage à l'acte, elle adresse à son époux une lettre dans laquelle elle explique son geste : « *Tu m'as dit que tu voulais lui casser la gueule. Je ne veux pas que tu te sacrifies. La France et la République ont besoin de toi. C'est moi qui commettrai l'acte. Je t'aime et je t'embrasse du plus profond de mon cœur* », rapporté *in* S. July, *Dictionnaire amoureux du journalisme,* V° CAILLAUX (Henriette), Meurtre du Figaro.

La question s'est posée devant les juridictions pénales[460]. En l'espèce, après la mort de sa mère, la jeune fille développe une admiration et une affection considérable pour son beau-père qui est également son entraîneur de sport à haut niveau. L'homme l'initie à la sexualité, lui expliquant qu'elle doit remplacer sa défunte mère qui est « *partie pour lui laisser sa place* ». Il souhaite sincèrement attendre les 18 ans de sa belle-fille afin de pouvoir l'épouser : il est très épris d'elle[461]. Finalement, en grandissant la jeune femme porte plainte. Il s'agit d'agressions sexuelles sur mineur, avec aggravation du fait que l'auteur soit un ascendant ayant autorité sur la victime. Les sentiments du beau-père ne justifient pas son comportement, pas plus que l'affection naturelle que lui porte sa belle-fille. Au contraire, facteurs de confiance, d'emprise et de proximité entre les personnes, ils aggravent l'infraction[462].

L'amour unilatéral et excessivement démonstratif. - Il paraît que « *le plus grand bonheur après que d'aimer, c'est de confesser son amour* »[463]. Un prétendant a le droit de déclarer sa flamme à l'élue de son cœur. Mais, quand ses déclarations se font pressantes, inondent de messages l'être aimée, pousse le soupirant éconduit à contacter les amis de sa muse, pirater son compte *Facebook*, pour au final lui envoyer, en l'espace d'une nuit, 33 SMS décrivant le fait qu'il venait de « *s'empoisonner, qu'il mourrait pour elle et qu'elle pourrait venir le voir à la morgue* », cela constitue le délit d'appels téléphoniques malveillants[464]. En l'espèce, le harceleur, qui expliquait littéralement être « *trop amoureux* »[465] pour parvenir se contrôler, est condamné à un an d'emprisonnement dont 6 avec sursis, d'une interdiction d'entrer en relation avec la victime, et d'une obligation de soins

---

460 Cass. Crim. 17 août 2011, n° 11-84081, inédit.

461 « *S'il est manifeste que M. X... s'est attaché affectivement à la jeune Marion au point d'en tomber amoureux très tôt et de vouloir l'épouser à sa majorité, aucun élément ne va dans le sens de la réciprocité des sentiments de la part de MarionY..., en dépit de l'affection et de l'admiration qu'elle a pu avoir un temps pour cet homme qui l'avait élevée et entraînée* ».

462 À noter qu'en l'espèce, le beau-père exerçait une contrainte au travers d'un chantage affectif, de manipulations psychologiques et de menaces répétées.

463 A. Gide, *Journal : 1887-1925*, Gallimard, 1996, p. 1067 (11 mai 1918).

464 Cass. Crim. 17 sept. 2014, n° 13-85637, inédit.

465 « *M. X... a reconnu, lors de l'enquête comme lors de l'audience, avoir « trop contacté » la victime, que ce soit par téléphone ou par mails, affirmant avoir été trop amoureux de Mme Y...* ».

psychiatriques. Il s'agit là d'un état pathologique qui ne doit pas être confondu avec l'amour lui-même. Les sentiments ne sont pas reconnus comme un trouble par la juridiction. Des troubles d'ordre psychiatriques peuvent être de nature à exacerber les comportements jusqu'à l'obsession. Il faut alors être certain que les gestes de nature compulsive et maladive, pouvant se traduire dans le domaine amoureux, ne doivent pas être confondus avec les sentiments eux-mêmes. La contrainte interne éventuelle ne peut pas être reconnue dans le sentiment amoureux lui-même, propre à expliquer un facteur émotionnel dans la manifestation de la pathologie. Mais seule la pathologie de l'individu peut être regardée par le droit comme étant de nature à éventuellement déclarer irresponsable le délinquant.

L'amour, un état de sujétion psychologique ? - Certains comportements sont également punis par la loi lorsqu'ils consistent à exploiter l'état de faiblesse d'une personne, de sorte à en obtenir des avantages financiers. La jurisprudence a ainsi reconnu la constitution de l'infraction d'abus frauduleux de l'état d'ignorance ou de faiblesse, dans le fait pour une femme âgée de 47 ans d'avoir bénéficié de gratifications de la part d'un homme de 88 ans, en basant l'état de sujétion psychologique sur le fort sentiment amoureux qu'il a développé à son égard[466]. En l'espèce, les sentiments étaient notamment entretenus par l'auteur de l'infraction au travers de promesses illusoires de consentir un jour à des relations sexuelles avec un veuf (qui en avait été privé durant onze années auprès de son épouse malade).

En l'occurrence, il est intéressant d'observer que l'état de sujétion psychologique correspond au sentiment amoureux que la victime développe à l'égard du manipulateur. La faiblesse telle que définie par le Code pénal peut donc être constituée par l'amour. Dans l'arrêt cité, un moyen au pourvoi s'attache d'ailleurs à contester cette confusion entre sentiment amoureux et état de sujétion psychologique. Mais l'argument ne parvient pas à convaincre les hauts magistrats qui entérinent le raisonnement des juges du fond. Est-ce à dire que le seul fait d'être amoureux afflige la victime d'un état de faiblesse, comparablement à l'état de grossesse par exemple? Il est plutôt permis de croire que le raisonnement des juges repose sur la reconnaissance

[466] Cass. Crim. 29 avr. 2015, inédit, n° 12-87650.

d'un état de faiblesse relatif, c'est-à-dire induit par les circonstances qui entourent le sentiment de l'individu. Impossible donc de se déclarer en état de faiblesse du simple fait d'être amoureux. Contrairement aux critères structurels, tels que l'âge ou la lucidité, qui caractérisent une personne en état de faiblesse constant, la faiblesse relative n'existe que lorsqu'une situation provoque une injustice susceptible de donner lieu à des abus. Dans le cas d'espèce précité, la faiblesse tient à l'abus qui a été fait des sentiments de la victime, notamment au vu de son âge, de sa situation personnelle et des manipulations exercées en considération de ces éléments.

Les pratiques extrêmes. - Impossible d'évoquer l'amour *aux exultations insolites* sans se référer à l'arrêt KA et AD de 2008[467]. Un magistrat et un médecin, friands de pratiques sadomasochistes, sont condamnés pour coups et blessures sur leur partenaire - qui n'est autre que l'épouse du magistrat. Ils invoquent devant la Cour EDH le droit au respect de leur intimité sexuelle et de disposer librement de leurs corps, dans un contexte de libéralisation des mœurs. Si la Cour rappelle l'existence de ce droit fondamental, même si les pratiques concernées sont physiquement ou moralement dommageables, elle décide toutefois qu'en l'espèce, l'immixtion de l'État dans la sphère intime est proportionnée. En effet, les requérants n'avaient pas respecté leur engagement à stopper les pratiques à la demande de l'épouse du magistrat, s'adonnant ainsi à une surenchère de violence contre la volonté de leur partenaire-victime (coups, brûlures, entailles, électrocution...). C'est sur le critère essentiel du consentement que la Cour européenne exerce son appréciation. L'enseignement de cette décision revient à reconnaître la liberté de chacun de disposer de son corps conformément à ses mœurs; ce qui ne permet pas pour autant la liberté de disposer du corps de l'autre contre son gré, les mœurs seraient-elles partagées par ailleurs.

L'amour contraire aux bonnes mœurs. – Un dernier exemple des sentiments éconduits par le droit s'impose au travers d'une actualité législative de droit comparé. Le projet de loi de réforme du Code pénal marocain prévoit de un à trois mois d'emprisonnement, ainsi qu'une peine d'amende, pour les personnes qui auraient des

[467] KA et AD c./ Belgique, 17 fév. 2008, Req. n° 42758/98 et 45558/99.

« *contacts sexuel* » sans être mariés[468]. On voit alors que seul l'amour chaste est toléré en l'absence de liens matrimoniaux entre les personnes[469]. L'amour charnel est ici éconduit sévèrement par le droit en ce qu'il est soumis entièrement au domaine de la loi. En effet, alors que le sentiment échappe naturellement au droit qui ne peut l'observer que de l'extérieur, les normes instigatrices des mœurs rigides font du Droit un outil d'absorption des libertés qui font l'essence de l'Homme. L'amour sans le droit, en l'occurrence sans la célébration du mariage, est frappé d'illégitimité. La législation française a déjà pu adopter des démarches analogues, par exemple en n'autorisant pas conjoints auteurs d'adultère à se remarier avec leur complice, faisant de l'amour illégitime une union illégale[470]. Si la finalité de ces prohibitions est de standardiser les comportements afin de décourager l'infidélité, l'instabilité de la cellule familiale, ou encore la conception d'enfants en-dehors du cadre protecteur du mariage, il est possible de douter tant de la réelle efficacité des mesures, que de la place laissée à l'intimité de la vie privée. De plus, il est acquis qu'elles limitent considérablement l'évolution et l'émancipation des mœurs et des individus dont la vie sentimentale est mise sous tutelle de l'État.

En conclusion, voilà posée très brièvement la corrélation entre l'amour et le Droit. Le Droit doit contenir le déchaînement des passions humaines, pour rappeler l'Homme à l'ordre d'un côté. Parallèlement, les sentiments doivent rapprocher le Droit de l'Humain, d'un autre côté. La prise en compte de nos cœurs est inéluctable. Mais elle doit composer avec le respect et l'amour des libertés, préalables des obligations à la charge des Hommes, de la justice, de l'ordre; avec un amour peut-être un peu pathologique que je nous soupçonne tous de cultiver ici aujourd'hui : l'amour du Droit. Attention toutefois ! Si notre amour scientifique devient déraisonnable, au point de rendre le juriste incapable de regarder les rapports humains autrement que comme des rapports de droit, le Doyen Carbonnier proposait sagement

---

[468] Art. 490 de l'avant-projet de loi de réforme du CP marocain. À noter que la locution imprécise « *contacts sexuels* » ne permet pas d'identifier les comportements susceptibles de tomber sous le coup d'une condamnation. Ainsi, du simple baiser aux relations sexuelles, il est impossible de prévoir le champ d'application de l'incrimination.

[469] Art. 418 et s. de l'avant-projet.

[470] La loi du 15 déc. 1904 a abrogé l'ancien art. 298 du C. civ. qui prévoyait cette interdiction.

d'inscrire un article zéro en tête du Titre préliminaire du Code civil : "*l'amour du droit est réductible en cas d'excès* »[471].

[471] J. Carbonnier, « Scolie sur le non-droit », *in Flexible droit*, L.G.D.J., 2001, p. 51.

L'emprise du droit sur l'amitié

Thibault GOUJON-BETHAN

Résumé*. Droit et amitié forment a priori un couple antithétique. L'amitié décrit un sentiment chaleureux, une relation réciproque d'intimité et de bienveillance entre deux personnes. Le droit est une création rationnelle de l'État, un ensemble froid de normes abstraites, impuissant à sonder les profondeurs ineffables de la relation amicale. L'amitié reste en principe à la porte des institutions : les amis veulent vivre dans le non-droit, et le droit se déploie en toute insensibilité à l'égard de l'amitié. Pourtant, droit et amitié se révèlent complémentaires. En premier lieu, les amis peuvent faire appel au droit, pour sécuriser certaines opérations, ou comme refuge en cas d'atteinte à leur sentiment (§I). En second lieu, le droit n'ignore pas l'amitié (§II). Parfois méfiant lorsqu'elle porte atteinte à l'ordre public, il sait aussi lui ménager une place quand il en va de l'intérêt de la société. L'amitié est perçue comme un outil social à promouvoir pour faire face au panjurisme qui menace. C'est alors que, modelée par le droit, l'amitié fonde l'amiable.*

1. L'amitié, un non-droit. – De prime abord, l'association de l'amitié et du droit paraît antithétique. L'amitié évoque la chaleur d'un bon sentiment qui relie les âmes humaines. Mâtinée d'autant d'amour que de respect selon Kant[472], elle est une relation fondée sur la durée, la réciprocité[473], la confiance, et la bienveillance ; l'amitié est ce « contrat tacite entre deux personnes sensibles et vertueuses » dont parle Voltaire[474], cette valeur qu'Alain invite à cultiver pour être heureux[475]. En face, le droit rappelle la froideur des principes, l'inflexibilité des lois, la rigueur du raisonnement. Corps de normes abstraites et de catégories, il repose tout entier sur une dépersonnalisation des rapports sociaux[476].

Pour le dire tout net, le droit ne comprend rien à l'amitié. Ensemble hermétique d'actes de langage, il n'est, pour paraphraser

[472] E. Kant, *Métaphysique des mœurs*, trad. A. Renault, Flammarion, 1994, § 46-47.
[473] A. Lalande, *Vocabulaire technique et critique de la philosophie*, PUF, coll. « Quadrige », 10e éd., 2013, V° « Amitié », spéc. p. 44.
[474] Voltaire, *Dictionnaire philosophique*, Flammarion, 2010, V° « Amitié ».
[475] Alain, *44 propos sur le bonheur*, Folio, 2007, V° « Amitié ».
[476] J. Bédoura, *L'amitié et le droit civil*, th. dactyl. Tours, 1976, p. 8.

Bergson, qu'une manière de coller des étiquettes sur les choses. Or, l'amitié, qui évolue dans les limbes de l'ineffable, ne se laisse dessécher par aucun discours ni enclore dans aucun concept. Montaigne ne disait pas autre chose quand il écrivait « parce que c'était lui, parce que c'était moi ». L'amitié ne se décrit pas avec des mots ; elle ose préférer le silence.

Ce faisant, l'amitié ne voit pas dans le droit une nécessité. Les amis vivent dans l'intimité, à l'ombre de l'institution. Il faut, du reste, rappeler que le droit, originellement, est la mesure du partage réalisé conformément à la justice particulière[477], dans lequel chacun ne reçoit ni plus ni moins que sa part (*suum cuique tribuere*). Or, un tel partage ne peut être l'œuvre que d'un organe public, du tiers désintéressé dans lequel Kojève voyait la marque distinctive du droit[478]. Tout l'inverse de l'amitié qui n'est le théâtre d'aucun partage - « entre amis, tout est commun » - et qui repose quoi qu'il en soit sur la spontanéité des amis[479] et non sur la décision d'un tiers. Ainsi que le notait Aristote, « quand les hommes sont amis, il n'y a plus besoin de justice »[480].

Voilà qui explique pourquoi *a priori* droit et amitié semblent devoir voguer sur des fleuves distincts. L'amitié appartient au non-droit[481] : les amis, gens heureux[482], ne se soucient guère du droit, et le droit, créature insensible, ne considère pas l'amitié.

2. L'amitié, une relation artificielle ? – La réalité n'est pas aussi tranchée. Les contributions de ce colloque auront l'occasion de montrer que les sentiments peuvent avoir une certaine emprise sur le droit[483], ce qui le rend moins sec qu'on le dit. Après tout, les « lois sont faites pour les hommes, et non les hommes pour les lois »[484].

---

477 M. Villey, *Philosophie du droit. Définitions et fins du droit. Les moyens du droit*, rééd. Dalloz, coll. « Bibliothèque Dalloz », 2001, n° 35 s., p. 50 s.

478 A. Kojève, *Esquisse d'une phénoménologie du droit,* Gallimard, coll. « Tel », 1981, not. § 13, p. 61 s.

479 M. Villey, *Philosophie du droit..., op. cit.*, n° 45.

480 Aristote, *Éthique à Nicomaque*, trad. J. Tricot, Vrin, coll. « Bibliothèque des textes philosophiques », 1994, VIII, I, § 4.

481 J. Carbonnier, *Flexible droit*, LGDJ, 10e éd., 2001, p. 36.

482 *Ibid.*, p. 41 : « Les gens heureux vivent comme si le droit n'existait pas ».

483 V. les contributions de la première partie ; *Adde* G. Cornu, « La bonté du législateur », RTD civ. 1991, p. 283.

484 Portalis, *Discours préliminaire sur le projet de Code civil*, 1er pluviôse an IX.

À l'inverse, l'amitié n'est pas toujours aussi chaleureuse qu'on le prétend... Si celle-ci évoque la vertueuse *philia* grecque[485], elle s'accommode aussi d'une certaine dose d'artifice - si résolument dénoncée par Alceste dans le *Misanthrope* de Molière. Elle peut donc abriter un sens profond de l'abnégation autant que l'intérêt, l'utilité voire l'amour-propre[486]. Aristote ne le niait pas qui jugeait fragiles ces amitiés « accidentelles » - et le juriste sait bien que la fragilité ouvre une brèche propice à l'immixtion du droit...

L'amitié pourrait finalement n'être qu'un sentiment pauvre - « quelque chose d'intermédiaire entre la fatigue et l'ennui », pensait Proust[487]. Le développement des réseaux sociaux semble d'ailleurs contribuer à sa banalisation. Paradoxe du numérique qui, en proposant d'enrichir les modalités de perception de l'autre[488], et ainsi de prolonger l'amitié hors de l'espace et du temps[489], ne parvient en réalité qu'à fabriquer un *ersatz* d'amitié. La plupart des *amis* numériques - quand ils ne sont pas des imposteurs - ne sont que des *contacts* qui alimentent un réseau sans âme. Paradoxe, aussi, d'une amitié qui se vide de l'intérieur, mais qui laisse planer moins de mystère vue de l'extérieur. En s'affichant publiquement, en laissant des traces (messages en tous genres), l'amitié numérique « matérialise » ce qui n'était auparavant que diffus. C'est ici pointer un élément important car si le droit ne peut saisir le sentiment *in mente retentum*[490], il peut en revanche en appréhender toutes les manifestations objectives.

---

485 V. J.-C. Fraisse, *Philia. La notion d'amitié dans la philosophie antique*, Vrin, 1974.

486 En ce sens, la critique de F. La Rochefoucauld, *Maximes et réflexions diverses*, Flammarion, 1999, p. 52-53, spéc. maximes 80 à 88.

487 M. Proust, *Le Côté de Guermantes*, t. 2, Gallimard, coll. « Bibliothèque de La Pléiade », 1988, p. 689.

488 S. Vial, *L'être et l'écran : comment le numérique change la perception*, PUF, 2013, § 22, p. 217 s. : « le phénomène numérique est autrui-phanique ».

489 A. Dalsuet, *T'es sur Facebook ? Qu'est-ce que les réseaux sociaux changent à l'amitié ?*, Flammarion, coll. « Antidote », 2013.

490 Selon l'expression de G. Cornu, « Du sentiment en droit civil », *in L'art du droit en quête de sagesse*, PUF, 1998, p. 71-84, spéc. p. 80.

3. L'amitié, une relation sociale. – Il s'ensuit que l'amitié se pose comme une relation sociale en sus d'être un pur sentiment. Voilà qui suscite l'intérêt du droit.

Au niveau de l'individu, l'amitié est une forme majeure de sociabilité[491]. Or, le droit protège l'individu en tant qu'être social et reconnaît le droit fondamental pour tout individu de « nouer des relations avec ses semblables »[492].

Au niveau de la société elle-même, l'amitié apparaît comme un ciment pour le lien social. Mode de participation élective à la collectivité[493], elle évoque plus largement l'idée de fraternité. L'amitié a donc aussi une dimension politique et universelle, car selon Aristote, « le choix délibéré de vivre ensemble n'est autre que l'amitié »[494]. Le droit, qui promeut le vivre-ensemble, ne peut demeurer insensible à cette réalité.

4. Des interactions dialectiques. – Mais en posant ainsi l'amitié tantôt comme un droit, tantôt comme un devoir fondamental, le droit manifeste en réalité une emprise sur cette amitié qu'il tente de réduire à son expression socialisée. De sorte que s'il existe bien des interactions entre le droit et l'amitié, celles-ci semblent plutôt conflictuelles. À l'échelle de l'histoire, elles semblent même dialectiques, faites de mouvements de négation réciproques.

En effet, le droit, jaloux de ses prérogatives, cédant aussi aux sirènes d'un panjurisme grisant, entend régner en maître sur la plupart des comportements sociaux. Historiquement, l'affirmation de Domat selon laquelle l'amitié « n'est pas une matière des lois civiles »[495] n'a pas toujours été exacte. Ainsi, au moyen-âge, l'amitié était réglementée par des coutumes[496], ou par le truchement de l'institution familiale avec laquelle elle s'est parfois confondue[497]. Un auteur a pu

---

[491] C. Bidart, *L'Amitié. Un lien social*, La Découverte, 1997.
[492] CEDH, 16 déc. 1992, Nimietz c. Allemagne, n° 13710/88, spéc. § 29.
[493] S. Paugam, *Le lien social*, PUF, coll. « Que sais-je », 2013, n° 38.
[494] Aristote, *Le Politique*, 1280b40, cité par P. Ricœur, « Aristote : de la colère à la justice et à l'amitié politique », Esprit 2002, p. 19-31.
[495] J. Domat, *Les loix civiles dans leur ordre naturel*, t. 1, Nyon, 1777, p. 12 s.
[496] V. not. C. Heusch, *La philosophie de l'amour dans l'Espagne du XVe siècle*, th. dactyl. Paris-Sorbonne, 1993, spéc. p. 205 s.
[497] D. Mayer, « L'amitié et le droit », JCP G 1974, I, 2663, spéc. n° 4.

relever qu'au XVe siècle, la pratique des *affrèrements*, contrats instaurant une communauté de biens entre frères, avait été étendue aux amis[498]. De même, Saint-Just, qui ambitionnait de faire de l'amitié un mode de gouvernement égalitaire pour remplacer le droit avait pourtant prévu des règles qui revenaient à faire... du droit[499].

De son côté, l'amitié, ivre de son insubordination naturelle, peut parfois se croire au-dessus des lois et vouloir défier le droit. C'est la vision véhiculée par la littérature, celle de Georges, le héros de l'œuvre *Des souris et des hommes* de Steinbeck, qui fait le choix d'abréger la vie de son compère Lennie pour le faire échapper à une implacable poursuite. D'un point de vue objectif, l'amitié a des raisons de croire en sa supériorité. En effet, si d'éparses coutumes ont tenté de lui fixer un cadre au moyen-âge, c'est parce qu'elle constituait à elle seule un mode de régulation des rapports sociaux et politiques. Elle apparaissait, dans un contexte d'effacement de l'État, comme la façon de faire régner la paix[500]. Se prêtant au jeu de la négociation, parée de la sincérité de manifestations effusives - embrassades publiques - l'amitié drapait ainsi sous les couleurs de la concorde la réalité des rapports de force et s'affirmait comme le principal vecteur de conservation des équilibres politiques[501]. À telle enseigne qu'Alphonse X voudra même faire de l'amitié naturelle, censée exister entre les hommes et leur roi, un fondement pour la création d'un droit étatique[502] ! L'amitié peut ainsi éclairer nombre d'institutions juridiques[503].

---

[498] E. Leroy-Ladurie, *Les paysans de Languedoc*, vol. 1, SEVPEN, 1966, p. 165-166. V. aussi A. Supiot, « Les deux visages de la contractualisation : déconstruction du Droit et renaissance féodale », *in* C. Chassagnard-Pinet, D. Hiez (dir.), *Approche critique de la contractualisation*, LGDJ, 2007, p. 19-44, spéc. p. 36.
[499] Saint-Just, *Fragments d'institutions républicaines*, éd. 10/18, coll. « Fait et cause », 2003, p. 26. V. l'analyse de F. Fortunet, « L'amitié et le droit selon Saint-Just », Annales historiques de la Révolution française 1982, n° 248, p. 181-195.
[500] N. Offenstadt, *Faire la paix au Moyen-Âge*, Odile Jacob, 2007, p. 185-186.
[501] D. Boquet, « Faire l'amitié au Moyen-Âge », Critique 2007/1, p. 102-113.
[502] C. Heusch, « Les fondements juridiques de l'amitié à travers les Partidas d'Alphonse X et le droit médiéval », Cahiers de linguistique hispanique médiévale 1993, n° 18-19, p. 5-48.
[503] L. Cadiet, « Petit glossaire de l'amitié dans le procès civil », *in* Mél. P. Couvrat, PUF, 2001, p. 3-23.

5. Réconciliation. – Le droit et l'amitié ne sont donc pas des sphères séparées. Les forces inverses qui les animent finissent par devoir former un équilibre newtonien dans lequel le droit exerce son emprise sans pour autant transformer l'amitié en un objet intégralement juridique. Le principe selon lequel les relations amicales ressortissent au non-droit demeure, mais le droit peut surgir quand il en va de l'intérêt des amis ou de la société. L'antithèse entre le droit et l'amitié se dérobe, ouvrant la voie à la synergie des deux sphères. Les deux présupposés initiaux doivent donc être nuancés. Il est faux d'affirmer catégoriquement que les amis vivent dans l'insouciance du droit (**I**) et que le droit se déploie insensiblement à l'égard de l'amitié (**II**).

I. La prétendue insouciance des amis à l'égard du droit

6. – Dans les relations d'amitié pure, quand les amis ne sont pas en même temps des partenaires d'affaires[504], le droit apparaît comme un signe de défiance. Pourquoi venir impliquer l'institution, ce monstre froid, dans le cadre d'une relation si douce et informelle ? Lorsqu'un conflit survient entre amis, il n'est pas besoin de droit. Le temps fait son œuvre.

Est-ce à dire que l'amitié est une anarchie ? Certes, non. Comme vertu, l'amitié repose sur le respect de commandements moraux. Comme groupe social, les amis partagent des valeurs et obéissent à des rituels. La norme sociale[505] côtoie la morale. Cela étant, l'amitié demeure en principe un terrain de la « normativité informelle non juridique »[506].

Reste que dans certains cas, le droit peut rendre un service aux amis. Ceux-ci peuvent vouloir, exceptionnellement, sortir un aspect de leur relation de « la nuit paisible du non-droit »[507] et ainsi revendiquer consciemment des droits subjectifs, soit pour sécuriser certaines

---

[504] Par ex., F. Pollaud-Dulian, « Les contrats entre peintres et marchands ou galeries d'art », Droit et patr. 2004, p. 122.
[505] S. Benisty, *La norme sociale de conduite saisie par le droit*, préf. T. Clay, Institut universitaire Varenne, coll. « Collection des thèses », 2014.
[506] *Ibid.*, n° 2.
[507] J. Carbonnier, *Flexible droit*, *op. cit.*, p. 36.

manifestations d'une amitié effusive (A), soit pour que le droit vienne agir tel un remède afin de panser les plaies d'une amitié disloquée (B).

A. Le droit, facteur de sécurité pour amis heureux

7. Complaisance. – Les amis se consentent quotidiennement promesses et services, s'obligent les uns envers les autres, donnent et reçoivent en retour… Mais par principe, ces manifestations de volonté ne sont pas des actes juridiques, faute de reposer sur une intention claire de se placer sous l'égide du droit[508]. Lorsqu'un ami s'engage, c'est sur l'honneur[509] et non sous la contrainte. Lorsqu'un ami reçoit un engagement, ce n'est pas en vue de recourir au juge si l'exécution devait se révéler défectueuse…

Les actes amicaux relèvent *a priori* de la complaisance[510]. Ils ne sont pas créateurs d'obligations juridiques et ne peuvent donc prétendre à la qualification de contrat[511]. Ils ne donnent lieu à aucune action, et ne constituent pas une situation opposable aux tiers. Or, certaines opérations amicales ne peuvent se satisfaire d'une telle fragilité. La reconnaissance de l'institution est parfois nécessaire, ce qui amènera les amis à se conduire comme de véritables sujets de droit, manifestant alors clairement *ab initio* une intention juridique. Deux hypothèses méritent d'être analysées.

8. Contrat entre amis. – D'une part, les amis peuvent volontairement conclure un véritable contrat entre eux. Si le contrat est alors voulu, c'est parce que l'effet de droit est spécifiquement recherché. Le recours au droit est en effet indispensable lorsqu'il

[508] Sur la condition de la volonté de produire des effets de droit, V. J. Ghestin, « La notion de contrat », D. 1990, p. 147. – C. Demolombe, *Cours de Code Napoléon*, XXIV, *Traité des contrats*, t. 1, Hachette, 1868, p. 11.
[509] Sur cette notion, V. B. Beignier, *L'honneur et le droit*, LGDJ, coll. « Bibliothèque de droit privé », 1995.
[510] A. Viandier, « La complaisance », JCP G 1980, I, 2987 ; M. E.-H. Perreau, « Courtoisie, complaisance et usages non obligatoires devant la jurisprudence », RTD civ. 1914, p. 481-522.
[511] Encore que dans un sens large, le terme puisse recouvrir une réalité plus large que le droit, ainsi que l'illustre le zeugma de Rouhette : « on contracte les fièvres, des amitiés et des vices (ou de bonnes habitudes) ; on contracte aussi des dettes » (v. Encyclopédie Universalis [en ligne], V° « Contrat »).

s'agit de procurer une certaine forme d'immutabilité et d'opposabilité à l'opération conclue. En la faisant échapper au monde du fait, et donc au règne sans partage des rapports de force, le droit permet de réduire les canaux de contestation de l'acte, qui doivent emprunter les formes légales, et de garantir le respect par les tiers de la situation créée.

Le fait que certaines règles de droit aient vocation à protéger après coup des situations de fait - comme la prescription acquisitive - ne suffit pas toujours. Il existe un seuil sociologique de conscience du droit qui est nécessairement dépassé lorsque certaines opérations sont en jeu. Ainsi, pour la conclusion d'actes graves translatifs de propriété, les amis auront en général la volonté consciente de produire des effets de droit. La donation d'une somme importante sera par exemple accomplie dans le respect des formalités requises - la conclusion d'un acte authentique[512] -, ce qui permet d'établir l'intention juridique des parties.

Il est donc possible d'esquisser une sorte de modèle idéal-typique du contrat entre amis[513]. Généralement solennel, celui-ci est fondé sur un *intuitus personae* particulièrement fort, car la considération de la personne influence non seulement le choix du cocontractant mais aussi, bien souvent, la décision même de contracter[514]. La décision de donner, par exemple, est indissociable de la personne du cocontractant et donc consubstantielle à la relation d'amitié. De même, le contrat d'amis sera en général un contrat de bienfaisance, la gratuité étant la manifestation la plus pure du désintéressement. Néanmoins, il arrive que des amis entretiennent des relations pécuniaires[515], la gratuité n'étant du reste qu'une technique juridique pouvant elle aussi poursuivre des fins autres que strictement

[512] L'affirmation est moins évidente s'agissant du don manuel. Ce type de donation est un contrat réel qui se forme par la remise matérielle de l'objet donné au donataire. L'intention juridique résulte de cette *tradition* de la chose qui joue le rôle d'un formalisme de substitution, à laquelle s'ajoute la nécessité d'une déclaration au regard du droit fiscal. V. not. F. Terré, Y. Lequette, S. Gaudemet, *Droit civil. Les successions. Les libéralités*, Dalloz, coll. « Précis », 4e éd., 2013, n° 538 s.
[513] V. l'analyse de J. Bédoura, *L'amitié et le droit civil*, *op. cit.*, n° 23 s.
[514] *Ibid.*
[515] *Ibid.*, n° 29 s.

affectives[516]. Il reste qu'au niveau des motifs, qui composent ce qu'il est encore d'usage d'appeler la cause subjective, les engagements pris sont dictés par l'affection, ce qui recoupe souvent l'intention libérale.

Sur un plan théorique, le contrat d'amis démontre que le contrat n'est pas uniquement un support d'opérations économiques[517] inspirées par l'intérêt[518]. Pour nuancer cette vision très libérale, on avait déjà soutenu que le contrat devait être appréhendé comme un haut lieu de solidarité, d'amitié voire d'amour fraternel[519]. Mais les tenants de cette doctrine, dite du solidarisme, n'ont fait que penser l'amitié au service du contrat. Souhaitant rétablir la coopération entre des contractants supposés inégaux économiquement[520], ils ont exalté la loyauté sans aucunement promouvoir l'utopie d'une amitié réelle entre contractants. Les véritables amis, égaux par nature[521], sont *de facto* exclus de leur pensée.

Avec le contrat d'amis, il s'agit au contraire de mettre le droit au service de l'amitié, et d'affirmer que le contrat peut aussi servir à véhiculer la sincérité d'un pur sentiment. Honneur à celui qui ose s'engager juridiquement dans une intention libérale. Honte à celui qui prétend donner sans l'intention de s'engager juridiquement…

9. Contrat avec un tiers. – D'autre part, la volonté de produire des effets de droit est également présente lorsque l'opération inspirée par l'amitié prend la forme d'un contrat conclu avec un tiers. La présence de l'étranger justifie le recours au droit. L'amitié est alors extérieure au contrat, mais elle explique l'économie de l'opération.

Elle peut être le mobile qui va pousser un ami à prendre un engagement à l'égard d'un tiers. Par exemple, celui qui accepte de

---

516 V. Égéa, « Gratuité, intention libérale et désintéressement », RLDC 2013, p. 93, spéc. p. 94.

517 J. Rochfeld, *Les grandes notions du droit privé*, PUF, coll. « Thémis Droit », 2013, n° 6.

518 F. Terré, Y. Lequette, Ph. Simler, *Droit civil. Les obligations*, Dalloz, coll. « Précis », 11e éd., 2013, n° 22.

519 J. Cédras, « Le solidarisme contractuel en doctrine et devant la Cour de cassation », *in* Rapport annuel de la Cour de cassation, 2003, p. 186-204 .

520 *Ibid.*

521 Ph. Malaurie, L. Aynès, P.-Y. Gauthier, *Les contrats spéciaux*, LGDJ, coll. « Droit civil », 7e éd., 2014, spéc. n° 847.

cautionner la dette souscrite par un ami signera un contrat en bonne et due forme avec le créancier, sans quoi la caution ne bénéficierait pas de la protection légale et le créancier ne disposerait en réalité d'aucune sûreté personnelle. De même, celui qui accepte de se porter fort de l'exécution par un ami d'une obligation engage sa responsabilité en cas d'inexécution.

Elle peut aussi être ce qui va déterminer l'insertion dans un contrat d'une stipulation pour autrui, c'est-à-dire d'un engagement pris par l'étranger envers l'ami non partie au contrat. Le souscripteur d'un contrat d'assurance-vie peut ainsi désigner un ami en qualité de bénéficiaire.

10. – Dans toutes ces hypothèses, le droit est le moyen choisi par les amis pour concrétiser leur amitié, un instrument de sincérité mis au service de l'effusion du sentiment. En contrepartie, les amis acceptent d'entrer dans le moule abstrait du droit. Le régime juridique s'applique à eux comme s'ils étaient des contractants quelconques.

Ce n'est pas là la seule utilité du droit en amitié. Il peut aussi constituer un remède rétroactif pour panser les plaies d'une amitié malmenée.

B. Le droit, remède pour amis malheureux

11. Récupération. – L'amitié n'est pas un long fleuve tranquille. Soumise aux tumultes de l'affect, elle peut être blessée ou se transformer en une intransigeante rivalité. Face au chaos de son âme, un ami peut être alors tenté de lancer une bouteille dans la mer du droit, en espérant que celui-ci voudra bien s'en saisir et lui répondre. Le droit est alors sollicité *a posteriori*.

Le droit, par son contenu dépassionné, incarne la possibilité d'un répit dans la tempête. Mais s'il peut constituer un refuge à nul autre pareil, il ne répondra à l'appel que s'il peut récupérer *a posteriori* la situation en enfilant les habits d'un fait juridique (a) ou d'un acte juridique (b).

a) La reconnaissance d'un fait juridique

12. – Les amis vivent en commun nombre d'événements dont une majorité échappe au droit. Seuls certains d'entre eux seront qualifiés de faits juridiques parce qu'en opportunité[522], la loi décide de leur attacher des conséquences de droit. La reconnaissance d'un fait juridique engendre des droits subjectifs : elle constitue créanciers ou débiteurs les individus concernés.

La reconnaissance d'un fait juridique peut créer une relation juridique entre les amis sans que le sentiment d'amitié ne soit en rien altéré. C'est le cas lorsque des responsabilités objectives ou des négligences sont en jeu. Mais parfois, c'est l'atteinte au sentiment d'amitié résultant d'un événement qui poussera un ami à revendiquer l'existence d'un fait juridique. En se voyant reconnaître une créance, l'ami espère ainsi obtenir une compensation face au malheur qui le frappe. L'événement en cause peut-être imputable à un tiers, ou à un ami lui-même.

13. L'amitié brisée par un tiers. – Aussi tragique soit-il, un exemple s'impose. Voilà qu'une personne décède par la faute d'un tiers. Ses amis éprouvent une vive douleur. Peuvent-ils faire appel au droit pour entendre réparer leur souffrance ? En droit, cette question de la réparabilité du dommage moral subi par ricochet par un proche non membre de la famille de la victime principale a évolué.

L'ami survivant est en effet une victime par ricochet : s'il ne subit pas directement le dommage causé par le fait générateur, le préjudice d'affection dont il demande réparation lui est bien personnel. Or, la réparation est longtemps restée tributaire de l'existence d'un lien de droit unissant la victime par ricochet à la victime principale. Avec l'arrêt *Dangereux* rendu par une chambre mixte de la Cour de cassation le 27 février 1970[523], cette exigence a été abandonnée, mais la jurisprudence a continué d'imposer un lien

---

[522] On a souvent dénoncé le « fourre-tout » que constitue cette notion. V. Ph. Jestaz, « Une révolution inaperçue », RTD civ. 2014, p. 67, *in fine*.

[523] Cass. ch. mixte, 27 févr. 1970, D. 1970, jur., p. 201, note R. Combaldieu, JCP G 1970, II, 16305, conclusions R. Lindon, note P. Pharlange ; RTD civ. 1970, p. 353, obs. G. Durry.

de cohabitation[524]. Désormais, l'indemnisation est simplement conditionnée par la preuve d'un lien affectif direct et suffisant[525] avec la victime principale. Si ces liens sont présumés pour les membres de la famille proche, ils ne le sont pas s'agissant des amis. En l'absence de décès de la victime principale, il faut aussi établir que le préjudice subi est suffisamment grave.

Aucun obstacle juridique d'envergure ne se dresse donc contre de telles actions. C'est plutôt pour une raison sociologique[526] qu'elles sont rares : outre le fait qu'une réparation pécuniaire paraît dérisoire face à la douleur éprouvée, il y a de la part des amis une forme de pudeur[527] qui les pousse à demeurer dans l'ombre. Mais au-delà de ces considérations techniques, il faut bien reconnaître que la tenue d'un procès remplit une fonction symbolique d'apaisement qui profite à toutes les victimes, parties ou non. Cet effet *catharsis* du procès démontre que le droit peut faire office d'exutoire face à la souffrance.

14. L'amitié malmenée par un ami. – Parfois, un ami commet une erreur qui vient créer une fracture profonde dans le lien amical. La querelle peut rapidement s'envenimer : l'ami devient ennemi. D'où l'idée de se servir du droit comme d'un moyen de se *venger*, de couler la relation passée dans la déshumanisation d'un rapport juridique. L'ami qui s'estime lésé est-il fondé à voir dans l'événement à l'origine de cette querelle un fait juridique propre à l'élever au rang de créancier et à réduire son ancien ami au rang de débiteur ? En toute froideur, le droit se tient aux conditions classiques de la responsabilité délictuelle.

D'une part, il faut se demander si le comportement de l'ami peut constituer une faute. Un comportement qui serait anormal en toutes circonstances - brutalité excessive - serait certainement jugé fautif car il est possible de l'analyser indépendamment des relations d'amitié unissant les parties. La question est plus complexe lorsque la faute

[524] D. Mayer, « L'amitié et le droit », art. préc., n° 15.
[525] M. Fabre-Magnan, *Droit des obligations*, t. 2 : Responsabilité civile et quasi-contrats, PUF, coll. « Thémis Droit », 3e éd., 2013, p. 148.
[526] J. Dupichot, *Des préjudices réfléchis nés de l'atteinte à la vie et à l'intégrité corporelle*, préf. J. Flour, LGDJ, 1969, n° 181 et 187.
[527] J. Flour, J.-L. Aubert, *Les obligations*, t. 2 : Le fait juridique, Sirey, coll. « Université », 14e éd., 2011, n° 148.

arguée révèle un simple manquement aux *rituels de l'amitié*. Comment apprécier l'écart de conduite ? Par référence au comportement d'une personne raisonnable quelconque ou à celui qu'aurait eu dans les mêmes circonstances un « ami-type »[528] ? La question n'est pas tranchée. D'autre part, s'agissant du préjudice, peut-on se prévaloir d'un préjudice moral lié à la déception qu'on éprouve quand on se sent trahi par son ami, quand on réalise que l'amitié n'était qu'un leurre ? Certaines juridictions du fond l'ont admis[529] ; d'autres l'ont refusé[530].

Sans raisonner sur la base d'un fait illicite, il se peut aussi que la querelle trouve sa cause dans un fait licite. Il s'agira alors de prouver l'existence d'un quasi-contrat, ce qui ne va pas sans difficulté. Par exemple, si un individu paie la dette d'un ami, le *solvens* dispose en principe d'un recours contre le débiteur sur le fondement de la gestion d'affaires (s'il n'y a pas de contrat entre *solvens* et débiteur ni de subrogation)[531]. L'obstacle sera alors de démontrer que le paiement délibéré n'a pas été motivé par une intention libérale auquel cas il s'agirait d'une donation indirecte. Or, la Cour de cassation présume l'intention libérale[532], la preuve contraire pesant sur l'ami *solvens*.

b) La qualification d'un acte juridique

15. Qualification. – À chaque fois que la querelle naît à la suite du non-respect par un ami d'un engagement qu'il avait pris, la victime peut tenter de rechercher sur le terrain du droit l'exécution de la prestation ou une réparation. C'est le cas lorsque, par exemple, un ami prête à l'autre une somme d'argent dont la restitution n'arrive jamais.

L'objection est alors connue : comment voir un acte juridique là où vraisemblablement les parties n'ont entendu à l'origine se rendre

---

[528] J. Bédoura, *L'amitié et le droit civil*, *op. cit.*, n° 103 s.
[529] Pau, ch. 2 sect. 1, 4 juin 2007, RG n° 06/00692.
[530] Versailles, ch. 13, 6 sept. 2007, RG n° 06/03024.
[531] C. Le Gallou, « Paiement de la dette d'autrui : quels recours pour le *solvens* ? », RLDC 2012, p. 94. – *Adde* Cass. 1re civ., 12 janv. 2012, n° 10-24.512, Bull. civ. I, n° 4, D. 2012, p. 1592, note A. Gouëzel.
[532] *Ibid.* - *Adde* Cass. 1re civ. 9 févr. 2012, n° 10-28.475, Bull. civ. I, n° 25, RLDC 2012/92, 4612.

qu'un service de complaisance ? Comment récupérer dans le domaine du droit un acte qui, par la volonté des parties, a été situé en dehors ?

La solution n'en est pas moins aisée : en vertu de l'article 12 du Code de procédure civile, le juge dispose du pouvoir de qualifier les faits. Question « soustraite au caprice des particuliers »[533], la qualification est l'apanage du juge. L'influence de la volonté individuelle sur celle-ci est encore plus limitée lorsque le critère de la qualification dépend d'un élément subjectif[534], comme l'est l'intention juridique. Le juge peut donc voir un contrat là où les parties n'en voyaient aucun[535].

Il reste à savoir ce qui déterminera le juge à consacrer la juridicité d'un acte ou à la refuser. Certains auteurs estiment qu'il faut malgré tout respecter le plus possible la volonté des parties et ne retenir l'acte juridique que lorsque la volonté exprimée présente les caractéristiques objectives de la volonté juridique (quoique les parties n'aient pas spécialement voulu créer des effets de droit)[536], ou quand les parties n'ont pas formellement exclu le recours au juge[537]. D'autres auteurs considèrent que le contrat est une « prévision socio-économique que le Droit décide (ou non) de protéger, à raison des fonctions que sa réalisation accomplirait »[538] et dont le « cœur est un vouloir indemne de tout alliage juridique »[539].

Quoi qu'il en soit, il est vrai que si la volonté est la source de l'obligation contractuelle, cela ne signifie pas forcément qu'elle constitue aussi le fondement de sa force obligatoire[540]. C'est au juge

[533] Ph. Jestaz, « La qualification en droit civil », Droits 1993, p. 45-53, *in limine*.
[534] F. Terré, *L'influence de la volonté individuelle sur les qualifications*, LGDJ, coll. « Bibliohèque de droit privé », 1954, rééd. LGDJ, coll. « Anthologie du droit », 2014, p. 183 s.
[535] V. A. Laude, *La reconnaissance par le juge de l'existence d'un contrat*, PUAM, coll. « Institut de droit des affaires », 1992, p. 329 s.
[536] J.-L. Aubert, F. Collart-Dutilleul, *Le contrat. Droit des obligations*, Dalloz, coll. « Connaissance du droit », 4e éd., 2010, p. 51.
[537] M. Fabre-Magnan, *Droit des obligations*, t. 1 : Contrat et engagement unilatéral, PUF, coll. « Thémis Droit », 3e éd., 2012, spéc. p. 172.
[538] S. Benisty, *La norme sociale de conduite saisie par le droit*, *op. cit.*, n° 273.
[539] *Ibid.*, n° 274.
[540] Comp. F. Chénédé, *Les commutations en droit privé : contribution à la théorie générale des obligations*, préf. A. Ghozi, Economica, 2008, n° 432.

de *dire* si l'engagement est ou non revêtu de la force obligatoire (en vertu de la loi), ce qui conditionne l'effectivité juridique de l'obligation. Comme lorsqu'il s'agit de saisir un engagement d'honneur[541], le juge prendra en considération différents critères : l'interprétation de la volonté des parties, certes, mais aussi la nature de l'engagement, sa durée, sa répétition dans le temps, la situation de la victime de l'inexécution... En somme, il dira si la situation sort de la banalité amicale et si elle est digne, en *équité*, d'être placée sous le règne de la banalité du droit.

16. Catégories. – Dans l'affirmative, la qualification suppose encore de trouver une catégorie juridique à laquelle rattacher l'acte.

Le Code civil offre à ce titre une palette intéressante de « petits contrats »[542] qui conviennent aux relations d'amitié de par leur caractère gratuit, et leur inspiration amicale depuis le droit romain[543]. En 1804, à propos du prêt à usage (ou commodat), Albisson avait évoqué une manière « s'entraider »[544]. Quant au mandat, le député Bertrand de Greuille le concevait comme « *un échange de confiance et de bienfaisance qui a lieu entre les deux contractants* »[545]. S'agissant du dépôt, ses origines sacrées[546] ont justifié pendant longtemps le refus de la jurisprudence de le considérer comme un contrat[547]. Le Doyen Carbonnier évoquait alors un « acte-fait », un « contrat machinal » dans lequel « la volonté serait plutôt lueur que lumière »[548]. Désormais professionnalisés, ces contrats obéissent encore à une morale particulière[549] et donc à un régime assoupli[550] lorsqu'ils sont conclus entre particuliers.

---

[541] B. Oppetit, « L'engagement d'honneur », D. 1979, chron. 107.
[542] J. Carbonnier, *Flexible droit*, *op. cit.*, p. 339.
[543] M. Villey, *Le droit romain*, PUF, coll. « Quadrige », 2012, p. 114.
[544] Discours prononcé par le tribun Albisson le 18 ventôse an XII – 9 mars 1804 devant le Corps législatif. Retranscrit *in* P.-A. Fenet, G. Canivet, F. Ewald, *Naissance du Code civil*, Flammarion, 2004, p. 354-355.
[545] Discours prononcé par le tribun Bertrand de Greuille le 19 ventôse an XII – 10 mars 1804 devant le Corps législatif. Retranscrit *in* P.-A. Fenet, G. Canivet, F. Ewald, *Naissance du Code civil, op. cit.*, p. 355-357.
[546] J. Carbonnier, *Flexible droit*, *op. cit.*, spéc. p. 341-344.
[547] Ph. Malaurie, L. Aynès, P.-Y. Gauthier, *Les contrats spéciaux*, *op. cit.*, n° 859.
[548] J. Carbonnier, *Flexible droit*, *op. cit.*, spéc. p. 343.
[549] Ph. Malaurie, L. Aynès, P.-Y. Gauthier, *Les contrats spéciaux*, *op. cit.*, p. 31.
[550] D. Mayer, « L'amitié et le droit », art. préc., n° 25.

À défaut, le juge peut créer lui-même une catégorie : la figure de la convention d'assistance a pu notamment servir à sanctionner sur le terrain de la responsabilité contractuelle l'exécution dommageable d'un service gratuit[551]. La figure du contrat de transport bénévole[552] n'a pas eu la même fortune, la jurisprudence se plaçant en général sur le terrain de la responsabilité délictuelle pour réparer le dommage causé au passager.

17. Preuve aménagée. – Pour que la récupération soit effective, il fallait également que le droit offre des moyens à l'ami cherchant un refuge juridique de prouver ce qui, au départ, n'avait pas été conçu comme un élément de droit. En effet, la preuve est l'instrument essentiel du refoulement d'une grande partie des relations sociales dans le non-droit[553]. Des aménagements à l'exigence d'une preuve écrite sont donc prévus. D'une part, celle-ci ne s'applique qu'à compter d'un certain seuil pécuniaire. D'autre part, la nécessité de la preuve écrite cède devant l'établissement d'une impossibilité morale de se constituer un écrit. Cette condition est rigoureusement appréciée par les juridictions[554] et suppose la preuve d'un degré d'amitié suffisant[555].

18. – Il apparaît donc nettement que le droit peut être utile aux amis. Or, une fois que les relations amicales sont placées sous la coupe du droit, le second présupposé intervient : le droit se déploierait sans faire cas de l'amitié régnant entre les individus. Est-il si insensible ?

---

[551] R. Bout, « La convention d'assistance », *in* Mél. P. Kayser, PUAM, 1979, p. 157. – S. Hocquet-Berg, « Remarques sur la prétendue convention d'assistance », Gaz. Pal. 1996, 1, doct. p. 32. – A. Sériaux, « L'œuvre prétorienne *in vivo* : l'exemple de la convention d'assistance », *in* Mél. M. Cabrillac, Litec, 1999, p. 229. – A. Laude, *La reconnaissance par le juge de l'existence d'un contrat*, *op. cit.*, n° 507 s.

[552] A. Laude, *La reconnaissance par le juge de l'existence d'un contrat*, *op. cit.*, n° 516 s.

[553] J. Carbonnier, *Flexible droit*, *op. cit.*, p. 31.

[554] Cass. 3e civ., 7 janv. 1981, Bull. civ. III, n° 7 (relève « l'existence de liens particuliers et quasi-familiaux d'estime et d'affection ») ; Cass. 1re civ., 11 févr. 2010, n° 09-11.527 (impossibilité retenue en présence de relations de voisinage).

[555] A. Aynès, X. Vuitton, *Droit de la preuve. Principes et mise en œuvre processuelle*, LexisNexis, coll. « Droit et professionnels », 2013, n° 456 et les réf. citées.

II. La prétendue insensibilité du droit à l'égard de l'amitié

19. Indifférence – En apparence, il est vrai, le droit ne semble réserver aucun traitement particulier aux amis. Sur un plan technique, l'amitié ne crée pas une entité juridique qui obéirait à des règles particulières, comme l'amour crée le couple ou *l'affectio societatis* une société. Les amis demeurent des individualités séparées. Sur un plan politique, le droit semble de granit face à l'amitié. Nous avons vu que lorsqu'il daignait céder à l'imploration d'un ami pour qu'il fasse office de refuge, ce n'était que parce qu'il était possible de faire abstraction de l'amitié pour considérer, en opportunité, la situation comme juridique.

Cette insensibilité se révèle particulièrement en matière pénale. Les amis ne bénéficient d'aucune immunité alors qu'il en existe dans le cadre familial. De plus, en vertu du principe d'indifférence des motivations, il importe peu qu'une infraction ait été commise par amitié. Seront réprimés sans compassion le faux témoignage ou le recel de malfaiteurs commis en faveur d'un ami. Le droit ne rechigne pas non plus à voir dans l'ami un complice[556] de certaines infractions, même lorsque son action se limite à crier « fonce, fonce, ne t'arrête pas » à un camarade qui dirigeait son véhicule vers les forces de l'ordre[557]. Il ne renâcle pas à poursuivre pour recel celui qui n'aura fait que tirer profit, certes en connaissance de cause, du produit d'un délit commis par un ami. Il ne répugne pas à sanctionner les manquements à la probité que préviennent et répriment les infractions d'abus de biens sociaux[558], de concussion[559], de malversation, de favoritisme[560],

[556] V. aussi D. Mayer, « L'amitié et le droit », art. préc., n° 17.

[557] Cass. crim., 18 mars 2003, n° 02-85.565, Bull. crim., n° 70, Dr. pén. 2003, comm. 9, obs. M. Véron. – Comp. Cass. crim., 14 déc. 2011, n° 11-80.479 relevant l'amitié pour caractériser la complicité.

[558] Cass. crim., 14 nov. 2007, n° 06-87.378, Bull. crim., n° 282, Gaz. Pal. 2008, 1, jur., p. 22, retenant que la Cour d'appel qui a relevé que les prévenus ont agi « dans le souci de maintenir de bonnes relations avec des tiers » a caractérisé l'intérêt personnel pris par eux. – *Adde* Cass. crim., 8 déc. 1971, n° 70-93.020, Bull. crim., n° 346, Rev. sociétés 1972, p. 514, note B. Bouloc.

[559] Cass. crim., 10 oct. 2012, n° 11-85.914, Gaz. Pal. 9 févr. 2013, n° 40, p. 40, note E. Dreyer (sanctionnant le fait, pour un maire, d'octroyer une exonération irrégulière à son chauffeur ayant occupé gratuitement un terrain appartenant à la commune).

[560] Cass. crim., 14 févr. 2007, n° 06-81.924 (sanctionnant le fait, pour l'autorité compétente, d'attribuer un marché public « non pas en fonction de critères objectifs

quand bien même il ne s'agirait pour l'auteur que d'être bienveillant à l'égard d'un ami.

Rien n'est plus légitime. Le droit, qui assure la défense de l'ordre public, n'a pas à tolérer des comportements infractionnels au seul motif qu'ils seraient amicaux. En condamnant les amitiés « bandites »[561] ou déviantes, il ne fait que suivre la recommandation qu'exprimait déjà Cicéron : l'amitié « nous a été donnée par la nature pour être le support de la vertu et non la complice du vice »[562].

Mais en marge de cette totale indifférence, le droit pourra avoir tendance à manifester une attention particulière à l'égard de l'amitié s'il en va de l'intérêt de la société. De ce point de vue, le droit oscille entre deux postures inverses. D'un côté, la méfiance, lorsque l'amitié est par elle-même, indépendamment des comportements qu'elle inspire, attentatoire à l'ordre public (A). De l'autre, la confiance, lorsque le droit valorise les valeurs positives dont l'amitié est porteuse (B).

A. La méfiance du droit à l'égard de l'amitié

20. Il est des contextes dans lesquels l'amitié est par elle-même suspecte et doit être combattue, indépendamment des manifestations auxquelles elle peut donner lieu. Le droit s'emploie alors à la débusquer et à la sanctionner. Il en va ainsi lorsque l'amitié interfère avec l'exercice de la fonction de juger ou avec l'institution familiale.

21. Protection de la fonction de juger. – Le juge ne peut jamais être l'ami d'une des parties. D'une part, la fonction du juge repose sur une autorité inconciliable avec l'égalité qui fonde le rapport amical[563].

---

de choix découlant des propositions faites par les candidats mais pour 'faire plaisir' à un tiers avec lequel elle entretenait des relations d'amitié »).

[561] M. Walter Ernesto Ude, « Amitié bandite : jeunesse, violence et masculinité », Adolescence 2007/3, n° 61, p. 671-676.

[562] M. T. Cicéron, *De amicitia, in Œuvres complètes*, trad. J.-B. Gallon de la Bastide, Lefèvre, 1821.

[563] A. Garapon *et alii*, *Les vertus du juge*, Dalloz, 2008, p. 65.

D'autre part, la fonction du juge exige de lui une totale impartialité. Sur un plan éthique, cela suppose qu'il sache prendre de la distance à l'égard de lui-même[564] pour mettre à l'écart ses convictions. Sur un plan juridique, cette garantie met à la charge du juge l'obligation de traiter les parties d'une manière égalitaire, en s'assurant, subjectivement, que dans son for intérieur, il n'ait aucune raison de défavoriser ou de favoriser telle ou telle partie[565]. La Cour européenne des droits de l'Homme a eu l'occasion de préciser qu'en la matière, les apparences avaient autant d'importance que la réalité[566]. La loi a donc fait de l'amitié avec une partie une cause de récusation, car cette circonstance est de nature à créer un doute sur l'impartialité dans l'esprit des justiciables. Peu importe que le juge ait manifesté ou non dans les faits une complaisance à l'égard de la partie amie.

22. Protection de la famille. – Le modèle familial bénéficie d'une considération supérieure en droit[567]. Le couple est un lien consacré juridiquement[568], tout comme la filiation. L'amitié ne saurait porter atteinte à ces structures.

D'une part, le droit défend le couple. Le couple, quelle que soit sa forme juridique, ne peut abriter qu'une relation amoureuse. Évidence pour le mariage - qui implique le devoir conjugal - mais également pour le Pacs, le législateur ayant renoncé à n'en faire qu'un statut patrimonial adaptable à tous types de relations (collatérales, amicales…)[569]. Le droit protège aussi la vie du couple contre l'intrusion de l'amitié. L'amitié peut ainsi être sanctionnée sur le fondement de l'obligation de fidélité pour les couples mariés[570], dont

---

[564] *Ibid.*, p. 43.
[565] J.-F. Renucci, *Traité de droit européen des droits de l'Homme*, LGDJ, 2e éd., 2012, n° 476.
[566] V. not. CEDH, 17 janv. 1970, Delcourt c. Belgique, n° 2689/65, § 31.
[567] J. Bédoura, *L'amitié et le droit civil*, *op. cit.*, p. 160 s.
[568] C. Brunetti-Pons, « L'émergence d'une notion de couple en droit civil », RTD civ. 1999, p. 27.
[569] F. Terré, D. Fenouillet, *Droit de la famille*, Dalloz, coll. « Précis », 8e éd., 2011, n° 337.
[570] Sur le domaine de l'obligation de fidélité, V. L. Antonini-Cochin, « Le paradoxe de la fidélité », D. 2005, p. 23.

il ne faut pas oublier qu'elle a aussi une dimension intellectuelle[571]. Or, l'entretien d'une relation simplement amicale avec autrui - sans rapports sexuels - peut caractériser, si elle est à la source d'un délaissement du conjoint, une faute cause de divorce. La cour d'appel de Chambéry a ainsi pu retenir les torts d'une épouse qui a « entretenu des relations de proximité et résidé dans le logement d'un autre homme » (qui n'était qu'un ami) « durant plusieurs années »[572] !

D'autre part, le droit protège la filiation. Il n'est pas possible d'adopter un ami. C'est ce que rappelle la première chambre civile de la Cour de cassation en énonçant que l'adoption n'a pas pour but « de renforcer les liens d'affection ou d'amitié entre deux personnes ayant des relations sexuelles mais de consacrer un rapport filial »[573]. Par-delà la référence surabondante à l'existence de relations sexuelles, l'arrêt signifie qu'il n'est pas possible de détourner l'institution de l'adoption simple en la réduisant à une forme de libéralité.

23. – En conclusion, il apparaît que le droit n'est pas un adversaire de l'amitié. Son attitude est plutôt la marque d'une priorité accordée à certains objectifs fondamentaux. En se montrant insensible ou méfiant, le droit rappelle que l'amitié est une affaire de bien, et assure une normativisation des comportements amicaux. Ayant en réalité très bien saisi les bienfaits d'une amitié pure entre les hommes, et des valeurs positives que celle-ci véhicule, le droit est davantage porté vers la confiance.

B. La confiance du droit dans l'amitié

24. – Promouvoir l'amitié peut aider le droit à remplir deux de ses fonctions majeures : la protection de la dignité humaine (a) et l'administration d'une bonne justice (b).

---

[571] M. Lamarche, « État matrimonial », *in* P. Murat (dir.), *Droit de la famille*, Dalloz, coll. « Dalloz action », 6e éd., 2013, n° 116.92 ; V. Laribau-Terneyre, J.-Cl. Civil Code, art. 212 à 215, Fasc. 10, n° 26.
[572] Chambéry, ch. 3, 6 nov. 2012, RG n° 11/02433.
[573] Cass. 1re civ., 4 mai 2011, Bull. civ. V, n° 81, RTD civ. 2011, p. 529, obs. J. Hauser ; RLDC 2011, n° 83, p. 51, note J. Gallois.

a) L'amitié et la protection de la dignité humaine

25. Dignité de la personne vivante. – À l'égard des personnes protégées, l'ami joue un rôle prépondérant[574], en raison de la nécessité de préserver l'environnement affectif de la personne, même au-delà du cadre familial. Non seulement l'ami peut être à l'origine de l'ouverture d'une mesure de protection[575], mais encore il est un des acteurs de la mesure (membre du conseil de famille[576], tuteur ou curateur[577]...). À l'égard de l'enfant, l'ami de la famille compte parmi ceux à qui l'enfant peut être provisoirement confié[578], ou pour qui le juge peut fixer un droit de visite et d'hébergement[579].

26. Dignité de la personne décédée. – Le droit funéraire accorde une importance particulière aux *dernières volontés* du défunt en ce qui concerne les modalités de son inhumation. En cas de contestation, il appartient au juge saisi de rechercher par tous moyens quelles avaient été les intentions du défunt, et à défaut, de désigner la personne la mieux qualifiée pour se faire l'écho de sa volonté

---

[574] V. sur l'ancienne législation, J. Bédoura, *L'amitié et le droit civil*, *op. cit.*, p. 231 s. et D. Mayer, « L'amitié et le droit », art. préc., n° 12.

[575] C. civ., art. 430 : la demande peut être présentée au juge notamment par une « personne entretenant avec le majeur des liens étroits et stables »

[576] Pour le mineur : C. civ., art. 399 indique que « les membres du conseil de famille sont choisis en considération de l'intérêt du mineur et en fonction de leur aptitude, des relations habituelles qu'ils entretenaient avec le père ou la mère de celui-ci, des *liens affectifs* qu'ils ont avec lui ainsi que de la disponibilité qu'ils présentent ». Pour le majeur sous tutelle : C. civ., art. 456 dispose que « le juge désigne les membres du conseil de famille en considération des sentiments exprimés par la personne protégée, de ses relations habituelles, de l'intérêt porté à son égard [...] ».

[577] S'agissant des mineurs, c'est le conseil de famille qui désigne le tuteur (C. civ., art. 404) s'il n'y a pas de tuteur testamentaire désigné dans les conditions de l'article 403 du Code civil. S'agissant des majeurs protégés, c'est le juge qui désigne le tuteur ou le curateur mais il ne dispose pas d'une totale liberté à cet égard. La priorité est donnée à la personne choisie par le majeur protégé du temps où il était en possession de ses facultés mentales. Cette personne peut être un ami, et ce choix s'imposera, sauf exception. À défaut, il s'agit du conjoint (au sens large). Ce n'est que si la vie commune a cessé ou qu'une autre cause empêche de lui confier la mesure, que le juge peut désigner d'autres personnes, parmi lesquelles figure celle qui, même sans résider avec lui, entretenait avec lui des liens étroits et stables.

[578] F. Terré, D. Fenouillet, *Droit civil. La famille*, *op. cit.*, n° 995 s.

[579] C. civ., art. 371-4. Pour une application à une amie de la famille, V. Rouen, 28 févr. 2008, RG n° 05/04813, n° Lexbase A5233G39.

supposée et ainsi décider des modalités des funérailles[580]. Si en général les juges retiennent plutôt un membre de la famille pour assumer cette responsabilité, il arrive que l'ami soit préféré[581], notamment eu égard à la durée de la relation amicale. C'est dire la consécration que reçoit l'amitié en ce domaine si éminent.

b) L'amitié et la bonne justice

27. Amiable. – De la même manière que les amis ont parfois intérêt à se servir du droit comme d'un instrument pour résoudre une querelle envenimée, le droit peut inviter les protagonistes d'un conflit juridique à y mettre un terme comme les amis le font d'ordinaire[582] : sans juge et par la discussion sereine. Ce mariage insolite du droit et de l'amitié donne naissance à ce qu'il convient d'appeler l'amiable. Moins qu'une institution juridique identifiée, il s'agit d'un état d'esprit[583] qui irrigue la résolution des conflits.

L'amiable tient de l'amitié sans être une amitié véritable. Il s'agit de valoriser l'esprit de concorde[584], qui permet aux hommes de s'écouter et de se retrouver autour d'intérêts communs. L'amiable est donc la traduction en droit processuel de l'amitié politique visée par Aristote[585].

L'amiable tient également de la justice mais s'éloigne de la *justice particulière* d'Aristote. Il s'agit moins de parvenir à un partage totalement égalitaire et réalisé par un tiers, qu'à un partage *accepté* par tous dans lequel le tiers ne décide pas[586]. En ce sens, l'amiable est une alternative à la justice[587]. Cependant, l'amiable prétend toujours atteindre la justice substantielle en aboutissant à une solution

---

[580] Cass. 1re civ., 15 juin 2005, Dr. fam. 2005, comm. 193, note B. Beignier.
[581] Cass. 1re civ., 27 mai 2009, LPA 25 sept. 2009, p. 6, note S. Prieur.
[582] J.-P. Viennois, « L'amiable », RGDP 1999, n° 4, p. 471-500, spéc. p. 472.
[583] L. Cadiet, « Petit glossaire de l'amitié dans le procès civil », art. préc., spéc. p. 10 ; « D'une justice contractuelle, l'autre », *in* Mél. J. Ghestin, LGDJ, 2001, p. 177-199, spéc. n° 5, p. 192.
[584] J.-P. Viennois, « L'amiable », art. préc., *loc. cit.*
[585] Aristote, *Ethique à Nicomaque*, *op. cit.*, IX, 6, § 2 ; v. n° 3.
[586] L. Cadiet, J. Normand, S. Amrani-Mekki, *Théorie générale du procès*, PUF, coll. « Thémis Droit », 2e éd., 2013, n° 57, spéc. p. 241.
[587] J. Timsit, « La médiation : une alternative à la justice et non une justice alternative », Gaz. Pal. 15 nov. 2001, n° 319, p. 53.

« conforme à l'équité et à la raison »[588]. Il est donc l'incarnation d'une justice plurielle[589] tolérant l'utilisation du contrat comme instrument consensuel pour donner une solution aux différends[590].

28. Valorisation. – L'essor des modes amiables de résolution des différends est un fait que nul ne conteste. Le développement de ces voies alternatives répond avant tout à un impératif économique de désengorgement des juridictions. Mais l'objectif poursuivi est aussi social : l'amiable marque en effet un pas vers une justice plus participative, et donc plus adaptée aux attentes de l'individu de la postmodernité[591].

La volonté politique de privilégier les modes amiables se traduit non seulement par des dispositions procédurales encourageant les parties à se soumettre à ces processus[592], mais également par un assouplissement des exigences de l'ordre public pour favoriser les accords négociés[593].

29. Signification. – Ce faisant, le droit cesse d'être considéré comme une fin pour n'être finalement qu'un moyen parmi d'autres pour régler un conflit. Dans un sens, l'amiable signe une certaine victoire des sentiments sur le droit : non seulement la résolution d'un litige peut se faire sans appliquer strictement le droit, mais encore cette résolution peut s'opérer grâce aux sentiments. La médiation, par exemple, fait une large part à la sensibilité. Le médiateur, non forcément juriste, cherche à recréer le lien rompu entre les parties en

---

[588] G. Cornu, *Vocabulaire juridique*, PUF, coll. « Quadrige », 10e éd., 2014, V° « Juste » (sens 3), p. 591.

[589] F. Ruellan, « Les modes alternatifs de résolution des conflits : pour une justice plurielle dans le respect du droit », JCP G 1999, I, 135.

[590] L. Cadiet, « Les jeux du contrat et du procès : esquisse », *in* Mél. G. Farjat, éd. Frison-Roche, 1999. – Sur la notion de consensus, v. not. V. Égéa, *La fonction de juger à l'épreuve du droit contemporain de la famille*, préf. A. Leborgne, Defrénois, coll. « Collection de thèses », 2010, n° 21 s.

[591] V. not. N. Fricero *et alii*, *Le guide des modes amiables de résolution des différends*, Dalloz, coll. « Guides », 1re éd., 2014, n° 0.12 et les réf. citées.

[592] V. dernièrement le décr. n° 2015-282 du 11 mars 2015 relatif à la simplification de la procédure civile, à la communication électronique et à la résolution amiable des différends, prévoyant que l'acte introductif d'instance doit préciser les diligences entreprises en vue de parvenir à une résolution amiable du litige.

[593] X. Lagarde, « Transaction et ordre public », D. 2000, p. 217, spéc. n° 13.

adoptant une posture empathique ; s'attaquant au conflit sous-jacent et non simplement à sa traduction juridique, il est celui qui, par son écoute active et ses reformulations, oriente les parties vers une *reconnaissance mutuelle* de leurs perceptions, préalable à la découverte d'un accord[594].

Face à cette emprise de l'amitié, doit-on craindre une perdition du droit ? La réponse est clairement négative. D'une part, il n'est pas question d'imposer un règlement amiable à tous les différends, certains y demeurant inéligibles. D'autre part, il appartient au droit de poser un cadre pour s'assurer que les modes amiables ne deviennent pas les théâtres de luttes inégalitaires propices à l'exploitation de la faiblesse. Il incombe au droit de structurer les processus, certains étant réglementés - à l'instar de la procédure participative assistée par avocat -, d'assurer leur articulation avec le procès[595], et à tout le moins de poser des garanties pour que leur déroulement s'opère en conformité avec les droits fondamentaux[596].

Le juge demeure également un rouage essentiel, même si sa posture se transforme. Avec l'avènement de l'État modérateur[597] succédant à un État Providence « malade de sa crise »[598], le juge n'est plus cet Hercule[599] à qui l'on demandait d'intervenir à tout va pour redresser les inégalités. Il se réincarne en un Hermès, « qui ne connaît d'autre loi que la circulation des discours, dont il arbitre les jeux toujours recommencés »[600].

---

594 Sur le processus de médiation, V. A. Pekar Lampereur, J. Salzer, A. Colson, *Méthode de médiation. Au cœur de la conciliation*, Dunod, 2008.

595 L. Cadiet, « Solution judiciaire et règlement amiable des litiges : de la contradiction à la conciliation », *in* Mél. Cl. Champaud, Dalloz, 1997, p. 123-147, spéc. n° 4.

596 L. Cadiet, « Les modes alternatifs de règlement des conflits et le droit », *in* P. Chevalier, Y. Desdevises, P. Milbrun (dir.), *Les modes alternatifs : les voies nouvelles d'une autre justice*, Doc. fr., 2003, p. 255-266, spéc. p. 261.

597 L. Cadiet, « Le spectre de la société contentieuse », *in* Mél. G. Cornu, PUF, 1994, p. 29-50, n° 34.

598 P. Rosanvallon, *La crise de l'État Providence*, Le Seuil, 1981, *in limine*.

599 F. Ost, « Jupiter, Hercule, Hermès : trois modèles du juge », *in* P. Bouretz (dir.), *La force du droit : panorama des débats contemporains*, éd. Esprit, coll. « Philosophie », Bruxelles, 1991, p. 241-272.

600 *Ibid.*, spéc. p. 244.

Cessant de n'être qu'une lame tranchante imposant une solution d'en haut, il redevient un *partenaire* de l'amiable[601]. Quand il ne concilie pas lui-même les parties - comme jadis le juge de paix, que l'on disait d'ailleurs gardien de l'amitié (*amicitiae custos*) - il peut contrôler les accords négociés hors sa présence. Fondamentalement, le juge reste dans le cœur de sa mission, dont Ricœur disait que la finalité longue était d'assurer la paix sociale[602].

30. Conclusion. – La rencontre du droit et de l'amitié démontre davantage qu'une simple coexistence pacifique. Sous l'influence de l'un, l'autre se transforme. L'amitié, au contact du droit, prend conscience de ce qu'elle est une valeur puissante dans l'ordre social, et une vertu qui doit demeurer pure dans l'ordre individuel. Le droit, au contact de l'amitié, se rappelle qu'il n'est pas la mesure de toute chose et découvre que les sentiments peuvent avoir un rôle à jouer à ses côtés dans la régulation des conflits.

Quant à la justice, elle s'ouvre à l'immanence. L'amiable marque la victoire ponctuelle de la concorde institutionnalisée sur la justice transcendante. Et cette succession n'est finalement pas illogique, au moins d'un point de vue mythologique. Homonoia, déesse de la concorde, n'était autre que la fille de Thémis, déesse de la justice[603]. Et c'est sous les auspices de cette *juste concorde* que les fleuves de l'amitié et du droit peuvent, comme aux premiers temps, confluer.

---

[601] Comp. J. Joly-Hurard, *Conciliation et médiation judiciaires*, PUAM, coll. « Droit privé », 2003, not. n° 485.
[602] P. Ricœur, « L'acte de juger », Esprit 1992, n° 183, p. 20-25.
[603] Encore que sa généalogie soit discutée, certains avançant qu'elle serait plutôt la fille de Praxidikè, déesse de la vengeance mais également de la protection du droit, ce qui ne fait que renforcer notre message ! V. G. Thériault, « Le culte d'Homonoia dans les cités grecques », Maison de l'Orient et de la Méditerranée Jean Pouilloux, coll. de la Maison de l'Orient méditerranéen. Série épigraphique, Lyon, 1996, p. 1.

L’emprise du droit sur l’excitation

Audrey BOUILLEZ

Résumé*. L’excitation a-t-elle une place en matière pénale ? Sa nature de sentiment devrait interdire sa prise en compte dans une branche du Droit où le refus de sonder les esprits et les cœurs humains relève de l’impératif. Cette excitation qui tend l’esprit et devient corps par l’infraction est, néanmoins, une réalité. Or, le Droit pénal, plus que toute autre branche du Droit, ne peut s’autoriser à se satisfaire de fictions et nier purement et simplement l’existence de l’état d’excitation. Alors, comment ce dernier se saisit-il de ce sentiment ? Il le vide de tout caractère subjectif ! Il l’objectivise ! Et si l’objectivisation légale du sentiment d’excitation (§I) permet par des notions très concrètes de prévenir, mais aussi de punir les états d’excitations jugés dangereux pour l’intérêt général, il faut également observer une objectivisation jurisprudentielle de celui-ci (§II) ouvrant une réflexion nécessaire sur l’utilité de ce dernier dans le prononcé de responsabilité pénale.*

Le sentiment se compose vraisemblablement de deux aspects : le ressenti en lui-même et l’expression de ce ressenti. Si la prise en compte des sentiments par le droit pénal semble évidente quant à l’expression directe verbale ou physique de ces derniers, l’appréhension du simple ressenti semble inexistante, et pour cause. Le droit pénal se garde de sonder les esprits et plus précisément les cœurs humains. Vous pouvez bien haïr une personne, le droit pénal n’en a que faire quant à la qualification des faits qu’il entend prohiber, si cela ne recouvre pas une réalité externe qui vous incombe. Un exemple opposant simple fantasme et agression sexuelle est éclairant de ce propos. Néanmoins, le ressenti est étudié, à l’occasion, pour servir au prononcé de la sanction, mais encore doit-il y avoir sanction et donc expression originelle…

L’excitation est en réalité le proto-sentiment[604]. Il est le sentiment à la base de tous les autres sentiments, puisqu’il est le premier ressenti support aux autres émotions (amour, haine, colère, tristesse, douleur, fierté…)[605]. L’excitation est, au regard des

[604] Néologisme personnel basé sur l’étymologie grecque : Le premier sentiment.

[605] Le Larousse définit à ce sujet l’état d’excitation comme pouvant être un « état d’agitation, d’énervement, d’enthousiasme, d’irritation ou d’exaltation ». Ceci révèle bien la nature de support de ce sentiment de tous les autres sentiments qu’ils soient réputés positifs ou négatifs.

différentes définitions utilisées en psychologie et psychiatrie contemporaines un phénomène primaire de tension intérieure[606], l'impulsion ouvrant la voie aux autres sentiments.

L'excitation est, qui plus est, un sentiment que l'on pourrait qualifier de fondateur à l'égard du droit pénal. On associe classiquement le droit pénal à des sentiments dits « négatifs » : la colère, la haine, la vengeance, la jalousie, l'envie... Or, l'excitation est le générateur originel de tous ces sentiments. S'il faut emprunter le concept de fait générateur au droit civil, cela semble assez bien seoir à l'excitation, dans cette étude.

Le Code pénal ne contient pourtant aucune référence à l'excitation. Il existait bien sous l'empire de l'ancien Code pénal un délit d'excitation des mineurs à la débauche[607], mais le législateur a remplacé ce dernier par le délit contemporain de corruption des mineurs. Désormais, sont donc bannies du Code pénal toutes déclinaisons sémantiques de l'excitation excepté le cas de la contravention d'excitation d'animaux dangereux[608]. *Exit* l'excitation des hommes ! Mais... comment cela est-il possible lorsqu'une qualité de fait générateur de droit pénal peut-être reconnue à cette notion ? Le droit pénal n'a pas vocation à appréhender les sentiments. Tout au plus, les prend-il en compte une fois le travail de qualification et de prononcé de responsabilité passé pour individualiser la peine. Mais quant à la technique pénaliste générale, il n'en est rien.

Alors que fait-il de l'excitation ? L'ignore-t-il ? Le droit pénal se défait-il purement et simplement du proto-sentiment ? Laisse-t-il donc pour compte sa genèse émotionnelle ? Est-ce possible ? Et comment, dans ce cas ?

Le droit pénal traite des humains. Et comment traiter des humains sans traiter de leur réalité sentimentale ? Cette branche du droit recourt à une méthode très précise pour ne pas sombrer dans la fiction : l'objectivisation constante de ces sentiments. Ainsi, crée-t-il

---

[606] Freud en a fait une étude précise et a décrit à maintes reprises ce phénomène. Il est, ici, impossible de ne citer qu'un seul de ses ouvrages.
[607] Article 334-2 de l'ancien CP.
[608] Article R.623-3 CP.

des repères objectifs en fonction des buts lui permettant d'appréhender l'excitation. Lors de la qualification, il fait appel à la définition objective légalement prévue des différentes formes d'excitants (**I**) et lors de la décision de responsabilité, il use simplement de critères objectifs situationnels constatés en jurisprudence (**II**).

I. L'objectivisation légale du sentiment d'excitation

L'excitation ne peut être prise en compte par le droit pénal telle qu'elle. En tant que sentiment, elle est non appréhendable par ce dernier, sinon à risquer de créer des fictions qui sont toujours des écueils pour le juriste. Le législateur a donc fomenté des notions objectives permettant la prise en compte, non pas de ce sentiment, mais des causes de ce sentiment. Ici, s'il faut s'attacher aux deux étapes de qualification pénale, soit la recherche de l'élément matériel et celle de l'élément intellectuel, il sera aisé de constater l'émergence de ces notions référant à l'excitation : les excitants. Si cette appellation n'apparaît pas littéralement au sein du Code pénal, ses déclinaisons permettent d'attester de son existence. Ainsi, l'élément matériel offre une efficace utilisation du concept de l'excitant-substance, et l'élément intellectuel, quant à lui, de celui d'excitant-comportement.

A. L'élément matériel ou la substance excitante

Une cause de l'état d'excitation est tout simplement l'exposition à un excitant. Cet excitant peut recouper l'élément matériel d'une infraction, lorsque le législateur a jugé que l'excitation provoquée conduisait à un comportement répréhensible et que donc la cause de cette dernière devait être endiguée.

L'excitant est soit une source exogène, soit une source endogène d'excitation. L'excitant exogène peut-être une substance, un comportement, une situation. L'excitant endogène, lui, va être toute forme d'auto-excitation telle qu'un souvenir ou un fantasme. Si on peut considérer que le phénomène d'auto-excitation émerge obligatoirement d'une situation extérieure ayant engendré les pensées à la base de l'auto-excitation et que donc l'excitant est *a fortiori* toujours d'origine exogène, cela n'est pas toujours le cas. Certains dysfonctionnements cérébraux sont à l'origine d'excitations autogénérées sans lien avec la réalité vécue. L'excitant endogène recouvre alors tout de même une réalité, mais une réalité de troubles mentaux *a priori*. Néanmoins, cette forme d'excitant endogène ne sera pas traitée dans cette démonstration en raison de caractère déresponsabilisant[609] de celle-ci et de la propre complexité dont elle fait l'objet.

Le droit pénal, sans les nommer ainsi, s'est employé depuis bien longtemps à encadrer l'exposition aux excitants exogènes, allant parfois jusqu'à la prohibition de cette dernière. En s'attaquant ainsi aux causes, il souhaite limiter les effets, soit l'état d'excitation, en l'occurrence, pouvant conduire à des infractions de nature grave. Il faut observer deux manières d'opérer, deux stratégies : l'interdiction et la limitation de la consommation des excitants-substances. L'élément matériel légalement prévu de nombreuses infractions vise ainsi ces excitants-substances.

Les excitants-substances s'envisagent de manière assez intuitive, mais sont bien sûr exhaustivement répertoriés par la loi. Ce sont toutes les substances pouvant être à l'origine d'un sentiment d'excitation. Il en est ainsi des stupéfiants et des boissons alcoolisées. Au sein du Code pénal, les stupéfiants[610] sont d'une interdiction totale de fabrication et de consommation. Ils font partie des éléments matériels de toutes les infractions de la Section 4 intitulé *Du trafic des stupéfiants* du Chapitre II du Titre II du livre II de la Partie législative du Code.

L'analyse de l'excitant et de l'excitation possiblement tirée de ce dernier revêt un caractère parfaitement objectif puisque préétabli par la loi pénale. La jurisprudence n'a ainsi plus qu'à rechercher ces éléments sans travail d'interprétation. Parfois, elle est aidée par l'auteur de l'infraction qui confirme lui-même l'effet excitant des substances consommées comme dans ces récents arrêts de la Chambre criminelle de la Cour de cassation où il est possible de lire que l'auteur de l'infraction « *a admis son impulsivité et a situé le coup de poing dans le ventre, la gifle ou encore le ou les coups de poing dans*

[609] L'irresponsabilité pénale des malades mentaux est prévue à l'article 122-1 CP.
[610] Ne sont visés, ici, que les stupéfiants dits illicites ou d'usage illicite. Pour consulter la liste de ces substances, voir l'article L. 5132-7 CSP.

les portes en lien avec un état d'excitation lié à son alcoolisation »[611] ou que « *la procédure relève que l'absorption d'alcool par M. X..., au demeurant admise par celui-ci cette nuit-là, pouvait provoquer, chez lui, un état d'excitation et de violence dont témoignent tant sa mère, que la sœur de Mme Y... s'agissant en particulier de la nuit des faits, et l'intéressé lui-même qui a reconnu qu'il avait* pété les plombs »[612]. Parfois, elle constate d'elle-même, mais toujours sans interprétation, les éléments objectifs, soit la présence de substances excitantes. Ainsi, il est possible de lire que « *parvenus sur les lieux les policiers ont pu immédiatement constater l'état d'excitation de M. X...lequel présentait certes un traumatisme crânien et des plaies au visage mais aussi une alcoolisation considérable (alcoolémie de 2, 9 g/ l)* »[613].

À propos de boissons alcoolisées, contrairement aux stupéfiants, elles ne font pas l'objet d'une interdiction de fabrication ou de consommation totale, mais ces actions sont strictement encadrées. Dépasser les limites fixées légalement entraîne la qualification d'une infraction, ainsi en est-il par exemple de l'ivresse publique et manifeste[614]. Au-delà de cet aspect, l'ivresse est bien souvent une circonstance aggravante, ce qui fait écho à nos propos introductifs sur la prise en compte des données subjectives dans la détermination des peines.

B. L'élément intellectuel ou le comportement excitant

Le Code pénal punit les comportements dus à l'excitation, certes. Néanmoins, il faut, de manière plus subtile, traiter de la question de la cause de ce type de comportement, les comportements causant l'excitation, les comportements excitants, et de leur possible qualification autonome. Deux termes extrêmement présents au sein du Code pénal dénomment ces formes d'excitants-comportements : la provocation et l'incitation. Il est à considérer que le changement de vocabulaire ne trouve aucune explication et que ces deux termes ne se joignent qu'en une notion unique. Dans cette étude, sera donc retenue la provocation pour désigner cette dernière.

---

611 Cass. crim., 7 août 2013, n° 13-83.609, inédit.
612 Cass. crim., 1 avril 2014, n° 14-80.149, inédit.
613 Cass. crim., 2 septembre 2014, n° 13-84.787, inédit.
614 Articles L. 3341-1 et R. 3353-1 CSP.

Le Code pénal interdit de nombreuses provocations qui sont en soit des excitants. Des excitants exogènes, d'ailleurs. Il en est ainsi de la provocation au suicide[615], de la provocation à la consommation habituelle ou excessive d'alcool[616], de la provocation à l'attroupement armé[617], de la provocation au génocide[618], de la provocation à s'armer contre l'autorité[619], de la provocation à la désobéissance[620], de la provocation à la rébellion[621], de la provocation non publique à la discrimination, à la haine ou à la violence[622] et de l'incitation à la haine, à la violence ou à la discrimination[623].

Au sein de toutes ces infractions autonomes, le comportement excitant est intimement lié à l'élément intellectuel. L'intention de l'auteur est d'exciter un tiers afin qu'il commette lui-même des infractions[624]. L'élément intellectuel est alors, au-delà de sa forme classique de commettre l'infraction en toute connaissance de cause, la recherche du sentiment d'excitation chez autrui. L'auteur souhaite transmettre sa propre excitation à autrui dans un but psychologique de libération émotionnelle et dans un but infractionnel.

Il a été vu que là où le Code utilise le terme de provocation, il s'agit toujours d'adopter un comportement excitant pour autrui. Il est une exception à cette observation, celle de l'article 411-1 du Code pénal qui est l'unique provocation prévue par ce dernier n'impliquant pas la recherche d'excitation, mais de collaboration raisonnée[625].

---

[615] Article 223-13 CP.
[616] Article 227-19 CP.
[617] Article 431-6 CP.
[618] Article 211-2 CP.
[619] Article 412-8 CP.
[620] Article 413-3 CP.
[621] Article 433-10 CP.
[622] Article R. 625-7 CP.
[623] Article 24 de la Loi *sur la liberté de la presse*.
[624] J-P. Doucet, *La protection de la Société*, n° II-II-223, p. 514, sur le délit de provocation en général.
[625] L'article étant ainsi rédigé : « *Le fait, par promesses, offres, pressions, menaces ou voies de fait, de provoquer directement à commettre l'un des crimes prévus au présent chapitre, lorsque la provocation n'est pas suivie d'effet en raison de circonstances indépendantes de la volonté de son auteur, est puni de sept ans d'emprisonnement et de 100 000 euros d'amende* ».

Il est indéniable qu'il s'agit, encore une fois, d'une mise en place légale de critères objectifs permettant l'appréhension de l'excitation, en tant qu'état.

Si l'objectivisation légale du sentiment d'excitation permet par des notions très concrètes de prévenir, mais aussi de punir les états d'excitations jugés dangereux pour l'intérêt général, il faut observer une objectivisation jurisprudentielle venant compléter cette première vague.

II. L'objectivisation jurisprudentielle du sentiment d'excitation

Contrairement à ce qu'il pourrait être cru, le droit pénal se défait constamment des sentiments par une politique d'adoption de critères objectifs traduisant ces derniers aux pénalistes dits insensibles, mais certainement en réalité soucieux de justice. La qualification de l'infraction établie vient une seconde étape, le prononcé de responsabilité, le jugement. La jurisprudence est évidemment reine en la matière. Et il est aisé d'observer qu'elle aussi mène un travail minutieux d'objectivisation constante du sentiment d'excitation en observant *in concreto* les faits pouvant témoigner d'un tel sentiment (A). Il est intéressant de constater d'ailleurs qu'elle s'applique à la caractérisation de cet état d'excitation alors qu'encore aucune théorisation d'un tel concept n'a été envisagée par la doctrine française (B).

A. Une appréciation à visée objectiviste

La jurisprudence de la Chambre criminelle de la Cour de cassation semble largement s'intéresser aux critères objectifs permettant de déduire l'existence et l'implication du sentiment d'excitation dans la qualification des faits qui lui sont soumis. Elle mène, en effet, une politique d'appréciation *in concreto* en la matière.

Il est ainsi possible de lire à l'occasion de deux différents arrêts de l'année courante que le fait d'agir en participation à un groupe qui permet de préserver l'anonymat et accroître l'audace des uns et des autres provoque une excitation mutuelle[626], ou encore que des circonstances de lieu et de temps décrites pour des viols créant une grande intimité sont susceptibles de créer l'excitation de l'auteur, notamment au regard de sa prise de risque[627]. Le nombre d'auteurs participants à l'infraction, le lieu de l'action, le temps de l'action sont donc autant de circonstances objectives dont la jurisprudence se sert pour déterminer s'il existe oui ou non objectivement un état d'excitation constatable en droit. La psychologie des sentiments n'est en rien explorée ou prise en compte, ici.

D'autres arrêts des trois dernières années viennent confirmer la tendance de la jurisprudence à caractériser l'état d'excitation de l'auteur dont le sort lui est donné et donne des exemples d'autres critères objectifs. La violence de l'action semble en être un essentiel. Plusieurs arrêts font des exemples parfaits de l'étude de ce critère en matière d'excitation notamment en énonçant que lorsque les investigations mettent en évidence une attitude récalcitrante confinant à la violence, l'état d'excitation est alors mis en lumière[628] ou que le comportement menant à une bagarre démontre un état d'excitation chez le sujet inculpé[629] ou encore que le fait de gesticuler, de hurler et de bousculer les personnes l'entourant par l'auteur des faits confirme un état de surexcitation de ce dernier[630].

L'enchaînement des infractions et la rapidité de l'action entrent aussi dans ces critères objectifs utilisés par la jurisprudence de la Chambre criminelle de la Cour de cassation témoignant de l'extrême excitation de certains auteurs[631].

La référence aux dates de prise des différents arrêts n'est pas impertinente. La Chambre criminelle de la Cour de cassation ne s'évertue à caractériser l'état d'excitation des auteurs qu'elle entend condamner que depuis ces dernières années. Sur la centaine d'arrêts rendus par cette chambre et abordant de près ou de loin le thème de

---

626 Cass. crim., 24 mars 2015, n° 15-80.024, inédit et Cass. crim., 24 février 2015, n° 14-87.792, inédit.
627 Cass. crim., 24 février 2015, n° 14-87.792, inédit.
628 Cass. crim., 18 novembre 2014, n° 13-88.001, inédit.
629 Cass. crim., 1 avril 2014, n° 13-81.174, inédit.
630 Cass. crim., 5 juin 2012, n° 11-84.895, inédit.
631 Cass. crim. 23 novembre 2010, n° 10-82.710, inédit.

l'excitation depuis 1850, seuls ces derniers arrêts traitent de la caractérisation objective d'un état d'excitation.

La question est alors pourquoi. Le but d'individualisation des peines peut expliquer en partie cet engouement récent, mais pas en totalité. L'individualisation des peines est depuis longtemps un point d'intérêt de la justice.

Sans savoir si la Chambre criminelle poursuit réellement ce but, il est limpide que l'intérêt de la qualification d'un état objectif d'excitation se trouve certainement dans la possibilité déjà explorée par des pays voisins de l'élaboration d'une légitime défense rénovée par le prisme de l'état d'excitation. L'état d'excitation sert et servirait alors de base à un fait justificatif autonome.

B. Une objectivisation à visée inspirante

Le fait justificatif fait obstacle au prononcé de la responsabilité pénale en rendant impossible soit l'imputabilité subjective, soit la culpabilité subjective, soit les deux. Que ferait disparaître l'état d'excitation si une place de fait justificatif ou à vrai dire d'accessoire à un fait justificatif lui était reconnue ? La culpabilité subjective pourrait, en effet, faire défaut dans certains cas d'état excusable d'excitation. Ainsi, le Code pénal suisse a décidé de prendre en compte cette réalité dans le cadre du fait justificatif de la légitime défense. L'article 16 du Code pénal suisse intitulé *Défense excusable* édicte la règle suivante à propos de la légitime défense : « *Si l'auteur, en repoussant une attaque, a excédé les limites de la légitime défense au sens de l'article 15, le juge atténue la peine. Si cet excès provient d'**un état excusable d'excitation** ou de saisissement causé par l'attaque, l'auteur n'agit pas de manière coupable* »[632]. Et si l'auteur n'agit pas de manière coupable, il n'est pas punissable. Là où cet article est partiellement pertinent puisqu'il prend, contrairement à ce qui est prévu en droit français, compte de la réalité, il est aussi partiellement insatisfaisant. En effet, il prévoit que « l'auteur n'agit pas de manière coupable », or si, l'auteur agit bel et bien de manière coupable. La culpabilité objective existe. C'est la seule culpabilité

[632] Article 16 du Code pénal suisse.

subjective qui ne pourra être retenue, le jugement réprobateur par la société de ce qui a été réalisé[633].

En France, un projet de loi a récemment été déposé dans le sens d'une inspiration des dispositions du Code suisse sur le sujet[634]. Une théorisation de la dualité de la notion de culpabilité et de la nécessité d'instaurer un droit pénal réaliste sur le terrain de la sanction par la doctrine française[635] a précédé cette proposition de loi. Néanmoins, l'utilisation précise de l'état d'excitation dans le prononcé de responsabilité n'a pas encore été déterminée. Il s'agit de déduire un nouvel aspect de cette théorisation.

Un arrêt toujours récent de la Chambre criminelle de la Cour de cassation[636] fait une analyse sensible. Dans cet arrêt, un homme visiblement ivre et excité ouvre violemment la porte du côté conducteur d'un taxi pour convaincre ce dernier de le laisser profiter de ces services, suite à une première altercation verbale. Le taxi entame alors une marche-arrière qui en entraînant involontairement la victime sous les roues du véhicule conduira au décès de celle-ci. La Cour semble retenir de cette espèce que l'excitation d'une victime qui décède des conséquences involontaires de la réaction volontaire d'un tiers à cette même excitation ne permet pas de justifier l'acte initial de la victime d'une extrême gravité et donc d'accorder le bénéfice d'une irresponsabilité pénale à cette dernière. En l'espèce, la victime a été jugée unique auteur de son malheur. Laissant de côté la question de l'existence d'une double responsabilité pénale intrinsèque à ce cas, l'état d'excitation d'un auteur ne serait donc en aucun cas une justification à l'infraction. Or, en réalité, il n'est pas question de justifier l'infraction par l'état d'excitation. L'infraction existe tant que la culpabilité objective existe. Et l'état d'excitation ne fera jamais disparaître celle-ci. Il ne pourrait avoir d'effet que sur la culpabilité subjective uniquement et donc sur le prononcé de responsabilité.

---

[633] R. Bernardini, *Droit criminel, Volume 2 : L'infraction et la responsabilité*, Larcier, 2012.
[634] Proposition n° 2368 de loi *tendant à adapter le régime de la légitime défense à l'évolution de la société*, enregistré le 19 novembre 2014.
[635] R. Bernardini., *Droit criminel, Volume 2 : op. cit.*
[636] Cass. crim., 12 mars 2013, n° 12-82.420, inédit.

Cet arrêt est cité pour asseoir l'affirmation que l'état d'excitation ne peut en aucun cas être envisagé comme un fait justificatif autonome. La question n'est pas celle-là, mais bien de l'envisager comme un élément possible dans l'utilisation du fait justificatif préexistant de légitime défense, lorsque cette dernière a été appréciée comme disproportionnée. Lorsqu'un excès de légitime défense est constaté, l'état d'excitation objectivement retenu peut et doit justifier l'absence de proportion de celle-ci. En effet, s'il y a disproportion, la culpabilité subjective subsiste. Mais si cette disproportion est due à un état d'excitation objectivement constaté et ainsi légitime à être pris en compte par le droit pénal pour le prononcé de responsabilité, alors il n'en est plus rien de la culpabilité subjective.

Le droit pénal ne tient compte des sentiments qu'une fois légitimés par une constatation objective de leur existence. Et un sentiment objectivisé persiste-t-il toujours dans sa nature de sentiment ou n'adopte-t-il pas une nature de simple fait ?

L'emprise du droit sur l'appartenance

Joanna GENOVESE

> « *Il faut juger les sentiments par des actes, plus que par des paroles* ».
>
> Georges Sand, Extrait *Le Marquis de Villemer*, 1864.

Résumé*. Aborder la question du sentiment d'appartenance et du droit c'est côtoyer de prime abord deux domaines parfaitement distincts. Le sentiment d'appartenance comme tout sentiment relève de la sphère intime d'un individu. Le droit sanctionne quant à lui des actes concrets. Pourtant, à partir du moment où le sentiment d'appartenance est matérialisé par des actions de l'individu le droit pourra agir. Le droit est alors considéré comme un outil permettant la reconnaissance juridique d'une appartenance à un groupe (§I). Néanmoins il ne faut pas que ce sentiment d'appartenance dérive allant à l'encontre de la sécurité de l'ensemble des citoyens. Le droit aura alors vocation à réglementer, voire à sanctionner les excès d'un sentiment d'appartenance trop développé (§II).*

1. Lorsqu'il est question du sentiment d'appartenance, il convient de s'interroger initialement sur l'identité de la personne. L'individu ne pourra s'insérer dans un groupe que s'il a conscience de son identité. Cette identité évolue paradoxalement au fil du temps en fonction du milieu social, des croyances et des origines. L'identité peut se définir comme : « *ce qui fait qu'une personne est elle-même et non une autre, c'est ce qui permet de la reconnaitre et de la distinguer des autres* »[637]. Il existe en réalité différents types d'identité pour une même personne. D'un point de vue sociologique et philosophique, l'identité d'une personne évolue dans le temps en fonction de l'éducation, des croyances et des différentes rencontres de l'individu. Cette identité se modifie également par rapport à l'adhésion à un groupe, d'où une absence de « *mêmeté* » de l'identité d'une personne[638]. Au contraire, d'un point de vue juridique, la conception

---

[637] G. Cornu, *Vocabulaire juridique*, Puf, coll. « Quadrige », 10e éd. mise à jour, 2014, p. 515.

[638] P. Ricoeur, *Soi-même comme un autre*, Seuil, 1990, p. 150 et s. V. aussi : D. Gutmann, *Le sentiment d'identité étude de droit des personnes et de la famille*, préf. F. Terré, LGDJ, 2000.

de l'identité est différente. Elle fige la personne au travers des divers documents juridiques et administratifs comme les documents d'identité par exemple qui vont permettre de l'identifier[639]. L'identité permet à l'individu d'exister juridiquement et d'avoir des droits et des devoirs. Il y aurait donc deux sortes d'identité : « *la personne est à la fois sujet de l'identification sociale et acteur de son identité personnelle* »[640]. Néanmoins même s'il existe une pluralité de conception de l'identité, celle-ci demeure l'essence même d'une personne[641].

2. Le droit protège d'ailleurs cette identité, il réprime son usurpation. Au regard des sources historiques, on constate que de tout temps[642] il a été question de cette infraction et des moyens de la sanctionner : « *Aucun citoyen ne pourra porter de nom ni de prénom autres que ceux exprimés dans son acte de naissance : ceux qui les auraient quittés seront tenus de les reprendre* »[643]. De nos jours, la perception de l'identité d'un individu s'est progressivement modernisée notamment avec le développement d'Internet. En effet l'usurpation est : « *en passe de devenir la 2e infraction en France devant les cambriolages et derrière le vol de voiture* »[644]. La victime se retrouve dépouillée de son statut, de son être. Même si ces dernières années, les textes de loi permettent de réprimer ce type d'infraction[645],

---

[639] Avec le développement des nouvelles technologies, actuellement se met en place l'identification biométrique qui permet également d'identifier une personne. L'identification devient de plus en plus précise.

[640] F. Vasseur-Lambry, « Droit des personnes », LPA 6 mai 2004, n° 91, p. 5.

[641] L'identité est une des bases pour les sociétés occidentales, cela diffère dans d'autres pays comme au Japon par exemple où le groupe prédomine.

[642] Et même dans la littérature française : notamment dans le célèbre roman de Victor Hugo : *Les Misérables*, où Jean Valjean devient M. Madelein ou encore Leblanc.

[643] Art. 1er, loi du 6 Fructidor an II.

[644] F. Mattatia, « L'usurpation d'identité sur Internet dans tous ses états », RSC 2014, p. 331 : Exposé des motifs de la proposition de loi du 24 juillet 2013.

[645] C'est notamment le cas de l'article 434-23 du CP qui dispose que : « *Le fait de prendre le nom d'un tiers, dans des circonstances qui ont déterminé ou auraient pu déterminer contre celui-ci des poursuites pénales, est puni de cinq ans d'emprisonnement et de 75 000 euros d'amende* » ou encore de l'article 226-4-1 du CP qui permet une plus grande répression notamment pour les infractions commise sur Internet : « *Le fait d'usurper l'identité d'un tiers ou de faire usage d'une ou plusieurs données de toute nature permettant de l'identifier en vue de troubler sa tranquillité ou celle d'autrui, ou de porter atteinte à son honneur ou à sa*

il n'en demeure pas moins que les victimes supportent mal cette usurpation qui s'apparente, pour certaines d'entre elles, à un viol. L'identité permet d'exister au regard des autres, à partir du moment où l'individu possède une identité, il est libre d'appartenir à une communauté ou à un groupe.

3. Au cours de sa vie, l'être humain crée des liens avec d'autres personnes. Ces individus vont alors se rassembler et former un groupe. En effet, le groupe peut se définir comme : « *un ensemble de personnes (physique ou morale) ayant un caractère ou un objectif commun ou uni par un lien de droit* »[646]. Cette problématique du rassemblement, est un sujet qui a fasciné les plus grands philosophes, que ce soit Aristote[647] qui énonçait que « *celui qui est sans cité, naturellement et non par suite de circonstances, est ou un être dégradé ou au-dessus de l'humanité* »[648], Hobbes[649] ou encore Rousseau qui écrivait d'ailleurs à ce sujet que : « *les hommes ne peuvent engendrer de nouvelles forces, mais seulement unir et diriger celles qui existent ; ils n'ont plus d'autres moyens pour se conserver que de former par agrégation une somme de forces qui puisse l'emporter sur la résistance, de les mettre en jeu par un seul mobile et de les faire agir de concert* »[650]. Le sentiment d'appartenance naît de ce groupement. Ce sentiment peut relever de la sphère publique, tel est le cas d'un employé d'une entreprise qui a le sentiment d'appartenir à celle-ci, mais également de la sphère privée où il est plutôt question d'appartenance à une communauté religieuse.

---

considération, est puni d'un an d'emprisonnement et de 15 000 € d'amende. Cette infraction est punie des mêmes peines lorsqu'elle est commise sur un réseau de communication au public en ligne ». En fonction des actes commis d'autres qualifications pénales pourront être retenues comme l'escroquerie ou le faux par exemple.

[646] G. Cornu, *Vocabulaire juridique, op. cit.*, p. 499.

[647] Pour ce philosophe, l'homme est un animal politique.

[648] Aristote, *La Politique*, traduction de J. Tricot, Librairie philosophique J. Vrin, 1995, p. 28 et s.

[649] T. Hobbes, *Le Léviathan*, Folio Essai, Gallimard, 2000.

[650] J.-J. Rousseau, *Du contrat social in Œuvres complètes*, Paris Verdière quai des Augustins, 1826, p. 325.

4. Les notions de sentiment d'appartenance et de droit sont singulières. Le sentiment se définit comme : « *une disposition psychologique relevant de l'affectivité, un mouvement de cœur* »[651]. L'appartenance peut se caractériser comme : « *le fait d'appartenir à un groupe, d'en être membre* »[652]. Le sentiment relève du for intérieur de l'individu, de son être. C'est le fait de sentir, d'éprouver ou encore de percevoir[653]. Au regard de ces définitions, il n'y a pas de matérialisation concrète du sentiment, celui-ci relève des sens, de la sphère intime de l'individu. La sphère des sentiments s'oppose à la définition du droit : « *ensemble de règles de conduite socialement édicté et sanctionné qui s'impose aux membres de la société* »[654]. Le sentiment fait partie du ressenti de l'individu alors que le droit sanctionne, régule des actes. Le sentiment ne peut alors être pris en compte par le droit qu'au travers d'actes matériels[655]. Cependant on constate que dans bon nombre d'affaires, la personne qui este en justice est animée d'un sentiment[656]. Sentiment et droit relèvent de deux sphères différentes mais l'un tente d'interférer sur l'autre. Comment dès lors le droit va-t-il appréhender la notion de sentiment et plus spécialement le sentiment d'appartenance ? Le droit vient concrétiser un sentiment d'adhésion à un groupe, il matérialise juridiquement ce sentiment, le sentiment d'appartenance est alors amplifié par le droit **(I)**. Cependant lorsque le sentiment d'appartenance heurte ou trouble l'ordre social, le droit tente alors d'en freiner les dérives, de le refréner **(II)**.

I. Le sentiment d'appartenance amplifié par le droit

5. Le sentiment d'adhésion relève du for intérieur d'un individu. Celui-ci a la possibilité en fonction de son ressenti d'appartenir à un groupe. Le droit, au travers d'outils juridiques, reconnaît le sentiment d'appartenance **(A)**. Il tend même à le renforcer au-delà des frontières

---

651 G. Cornu, *op.cit.*, p. 953.
652 G. Cornu, *op.cit.,* p. 459.
653 Dictionnaire Le Robert Langue Française, 2e éd., 1985, p. 705.
654 G. Cornu, *op.cit.*, p. 373.
655 G. Cornu, *Du sentiment en droit civil*, Extrait des annales de la Faculté de droit de Liège, 1963, p. 200.
656 A. Flückiger, R. Roth et C.-N. Robert, « Droit et émotions, le rôle des émotions dans les processus de régulation juridique et sociale », Rapport final, Travaux Cetel n° 58, Université de Genève, sept. 2010.

nationales **(B)** même si ce sentiment, en partie imposé, est plus difficile à ressentir.

A. Le sentiment d'appartenance reconnu par le droit

6. Lorsque l'individu s'associe avec d'autres personnes, c'est le plus souvent par affinité et dans un but de développement d'un projet commun. De cette association naît la plupart du temps un rapport d'obligation comme le soulignent certains auteurs : « *l'autre envers qui je m'oblige et/ou qui s'oblige envers moi est parfois comme un autre moi-même ou peut, à tout le moins, m'être proche de plus d'une manière* »[657]. Le but étant de réaliser quelque chose ensemble[658]. Le groupe serait donc un facteur de développement du sentiment d'appartenance. Cependant il serait possible de caractériser deux types d'appartenance : il y aurait un sentiment d'appartenance choisi et un subi en fonction des situations de vie de chacun.

7. En ce qui concerne le sentiment d'appartenance choisi, l'individu qui s'associe à un groupe éprouve souvent un certain plaisir, une sorte de satisfaction morale d'appartenance à une entité[659]. Ce sentiment est alors la conscience de partager avec d'autres des valeurs, d'avoir des compréhensions communes et des intérêts identiques[660]. C'est par exemple le cas des personnes qui travaillent dans une même entreprise[661], il existe un sentiment d'appartenance qui se définit par un élément juridique concret : le contrat de travail entre la société et l'employé. D'ailleurs si l'on s'intéresse à la définition juridique de la société, celle-ci se caractérise par trois éléments fondamentaux dont l'un deux illustre parfaitement la volonté de réaliser et d'appartenir à une même structure. Il faut des apports, le

---

[657] E. Putman, « D. Martel, Le rapport d'obligation dans une communauté de personnes préf. Ph. Stoffel-Munck, Bibl. de l'Intitut de Recherche juridique de la Sorbonne, André Tunc, t.34, 558 pages », RTD civ. 2012, p. 812.

[658] A. Reymann, « C'est pas le moment de craquer », résumé de l'ouvrage de M. Le Saget et Pessin, Les cahiers de la DRH, 2009, p. 156.

[659] C. Albiges, « Les déontologies des professions du droit : quel avenir ? Rapport introductif », Droit et patrimoine, 2010, p. 195.

[660] J.-C. Matharan, *Histoire du sentiment d'appartenance en France du XIIe siècle à nos jours*, L'harmattan, 2010, p. 8.

[661] B. Boubli, « Sur la notion de groupe et les droits dans le groupe : libres propos », JCP social, n° 7, 12 fév. 2013, 1077.

partage des résultats et *l'affectio societatis* c'est-à-dire la volonté de s'associer[662]. Cela veut donc dire qu'il n'y a pas de société sans entreprise commune[663]. L'être humain s'unit toujours avec un objectif, un but de création, de revendication. Le droit a pour ambition de matérialiser juridiquement cette association. De nombreux exemples dans l'actualité illustrent cette idée de fierté et d'appartenance à une même société[664]. Le droit permet dès lors d'encadrer ce sentiment d'appartenance grâce à des structures juridiques telles que le contrat de travail ou les statuts d'association par exemple. Le droit concrétise et délimite les actions possibles des personnes qui se rassemblent dans un même but.

8. Ce sentiment d'appartenance peut également apparaître après la survenance d'un fait particulier. Dans ce cas le sentiment est plutôt subi que réellement choisi par les individus.

Ces personnes n'ont initialement pas la volonté de s'associer. Néanmoins en fonction des circonstances, elles vont s'allier pour permettre une meilleure prise en compte de leurs droits. C'est un fait qui va déclencher le sentiment d'appartenance : plusieurs personnes ayant subi le même préjudice se regroupent pour faire valoir leur droit ensemble contre une autre entité ayant commis, selon elles, des actes répréhensibles. Cette action de groupe a pour origine les *Class Actions* américaines. De nombreuses affaires très médiatisées ont fait référence à ce type d'actions. C'est le cas d'un groupe d'habitants qui vivait à côté d'une usine de fabrication d'engrais chimiques et dont les enfants à la naissance souffraient de graves handicaps physiques et mentaux. La population touchée, par le biais de l'action de groupe,

---

[662] Art. 1832 C. civ. : « *La société est instituée par deux ou plusieurs personnes qui conviennent par un contrat d'affecter à une entreprise commune des biens ou leur industrie en vue de partager le bénéfice ou de profiter de l'économie qui pourra en résulter. Elle peut être instituée, dans les cas prévus par la loi, par l'acte de volonté d'une seule personne. Les associés s'engagent à contribuer aux pertes* ».

[663] R. Baillod, « Droit des sociétés », Bull. Joly Société, 1er juin 2000, n° 6, p. 661.

[664] C'est notamment le cas de la célèbre affaire Lejaby, entreprise de confection de lingerie. Les employées n'ont pas voulu arrêter leur savoir-faire et ont créé une nouvelle entreprise « Les Atelières ». Même si l'action n'a pas été un succès du fait du placement par le Tribunal de commerce de Lyon de cette entreprise en liquidation judiciaire le 17 février 2015. Il est à noter qu'il y avait une réelle volonté de ces personnes de s'associer et de continuer, tant pour des raisons économiques que d'appartenance à un groupe et de perpétuation d'un savoir-faire.

a obtenu réparation à hauteur de 700 millions de dollars[665]. L'action de groupe permet donc de se regrouper pour faire valoir ses droits, elle se définit comme : « *l'action exercée par une personne physique ou morale pour représenter en justice un groupe inorganisé de personnes placées dans la même situation juridique* »[666]. Le but est de réparer les préjudices moraux et matériels subis par les victimes[667]. Cette possibilité n'est apparue que très récemment en droit français[668] alors que de nombreuses propositions avaient été présentées ces dernières années[669]. Même si cette action est pour le moment limitée aux seuls consommateurs, l'affiliation à un même groupe permet d'obtenir d'un point de vue juridique une meilleure indemnisation et rassure les victimes[670], elle apparaît comme un véritable besoin de réparation pour les justiciables[671].

9. L'adhésion à un groupe a dès lors un effet juridique certain mais possède également un aspect psychologique primordial. Le droit est un outil permettant la concrétisation juridique du sentiment d'appartenance. Ce sentiment permet à l'individu d'appartenir à une communauté[672].Cela se traduit au niveau européen où le droit tente d'encourager ce sentiment d'appartenance à l'Europe.

---

665 M.- M. Robin, *Le Monde selon Monsanto*, Editions La Découverte/Arte, éd. 2008. Néanmoins même si de bons résultats existent, certaines critiques peuvent être apportées. Certaines affaires permettent aux victimes d'obtenir d'importantes réparations mais dans de nombreux cas, les sommes allouées ne sont pas toujours si conséquentes.

666 S. Guinchard, « L'action de groupe en procédure civile française », RID comp. 1990, p. 599.

667 S. Brunengo-Basso, *L'émergence de l'action de groupe, processus de fertilisation croisée*, préf. C. Prieto, PUAM, 2011, p. 28.

668 Loi n° 2014-344 du 17 mars 2014 relative à la consommation, JORF n° 0065 du 18 mars 2014, p. 5400.

669 L'action de groupe apparait en Europe dès 2005. En France différents projets de lois ainsi que de multiples rapports ont été déposés : en 2007, le projet de Thierry Breton, en 2008, le rapport Attali ou encore en 2009, le rapport Beteille.

670 Cette action permet « *la réparation effective des préjudice de masse* » : Message du Ministre de l'économie et des finances lors de la cérémonie de fin de collège de l'Autorité de la concurrence, 13 févr. 2014.

671 S. Brunengo-Basso, *op.cit.*, p. 293.

672 L. Aynes, P.-Y. Gautier, F. Terré, « Antithèse de "l'entité" », D. 1997, p. 229.

B. Le sentiment d'appartenance encouragé par le droit

10. Durant de nombreuses années, la création de l'Europe représentait un espoir de paix et de cohésion entre les pays[673]. C'est à présent chose faite et actuellement de nombreux textes de loi sont d'origine européenne et s'appliquent en France. Ces textes européens ont de nombreuses finalités. Ils ont pour vocation de défendre de multiples libertés comme la liberté d'association à condition qu'elle ne trouble pas l'ordre public[674]. L'accroissement des différents textes européens démontre qu'il existe un sentiment d'appartenance qui tend à s'élargir considérablement et qui, pourquoi pas, un jour pourrait être poussé à l'extrême notamment par rapport à ce qu'énonçait déjà à l'époque Socrate : « *Je ne suis ni Grec, ni Athénien, mais un citoyen du monde* », il y aurait un sentiment d'adhésion globale de l'humanité toute entière.

Force est de constater qu'un long chemin reste encore à faire car même avec la multiplication des traités européens et les campagnes d'informations sur l'Europe, il n'est pas aisé pour le citoyen de développer un sentiment d'appartenance en dehors des frontières nationales[675].

11. L'année 2013 a beau avoir été « *l'année du citoyen européen* » où l'objectif était : « *de susciter un débat sur les incidences et les potentialités du droit à la libre circulation, en ce qui concerne notamment le renforcement de la cohésion entre les citoyens et donc leur compréhension mutuelle* »[676], l'homme n'a pas pris conscience de cette entité. Il n'arrive pas à matérialiser concrètement ce qu'est l'Europe où pour le moment 28 cultures, langues et sociétés

---

[673] Déclaration adoptée le 25 mars 2007 par les chefs d'État et de gouvernement des États membres de l'Union européenne réunis à l'occasion du cinquantenaire du traité de Rome, « L'Europe est notre avenir commun », JCP Adm. et Coll. ter. n° 14, 2 avr. 2007, 2086.

[674] Art. 11 Convention européenne des droits de l'Homme.

[675] Il est à noter que même dans le pays en question différentes appartenances sont revendiquées : les Corses, les Bretons....Cela montre d'abord un attachement à sa région, et ensuite au pays et à l'Europe.

[676] Communiqué de presse IP/11/959 : http ://europa.eu/rapid/press-release_IP-11-959_fr.htm .

se côtoient[677]. Cela fait plutôt penser à une véritable tour de Babel où les appartenances se superposent mais ne s'unissent pas. La personne est d'abord citoyenne de son pays et après elle est citoyenne européenne[678].

De plus, ces dernières années, on constate que même si l'Europe s'élargit, les cultures régionales tendent à se développer notamment par l'instauration en 2008 de langues régionales dans la Constitution[679]. En France, le sentiment régional est assez fort, même s'il existe d'un point de vue législatif une appartenance européenne, le citoyen se sent plus français qu'européen.

12. L'appartenance à un groupe tant au niveau national qu'européen a néanmoins vocation à s'amplifier. Le but étant de créer des entités car l'homme a besoin de se rassembler, l'union faisant la force. Néanmoins il ne faut pas que ces groupements soient une source de conflits et que cela vienne troubler l'ordre public. Dans ce cas-là, le droit deviendra un frein à ce sentiment d'appartenance.

II. Le sentiment d'appartenance refréné par le droit

13. Le droit a mis en place différents mécanismes qui permettent de freiner les déviations du sentiment d'appartenance. Le droit a vocation à encadrer le sentiment d'appartenance pour en éviter les dérives **(A)**. Cependant, si ce sentiment est poussé à l'extrême celui-ci sera condamné **(B)**.

A. Le sentiment d'appartenance encadré par le droit

14. Le sentiment d'appartenance, lorsqu'il n'est pas encadré peut avoir des conséquences dramatiques. Celui-ci peut être perçu de deux manières divergentes en fonction du point de vue adopté. Si l'on se place du côté de la personne ayant le sentiment d'appartenir à un

---

[677] http ://europa.eu/about-eu/countries/index_fr.htm, il est à noter qu'en 2015, six nouveaux pays sont sur la voie d'adhésion à l'Europe.

[678] Art. 9 TUE : « *Est citoyen de l'Union toute personne ayant la nationalité d'un Etat membre. La citoyenneté de l'Union s'ajoute à la citoyenneté nationale et le la remplace pas* ».

[679] Art. 75-1 de la Constitution : « *Les langues régionales appartiennent au patrimoine de la France* ».

groupe, elle a l'impression que grâce au groupe et à son appartenance à celui-ci, son identité s'est accrue. Elle a alors l'impression d'appartenir à une élite qui détient une certaine vérité.

Cependant d'un point de vue extérieur, cette appartenance se révèle très dangereuse car, en réalité, au lieu de développer sa propre identité, elle nie l'identité de l'individu. La personne est transformée, elle n'existe qu'à travers le groupe et ce sentiment aura des conséquences néfastes sur elle et sur les autres[680]. L'individu se retrouve isolé par rapport au monde extérieur entraînant une modification de sa personnalité et de sa perception.

15. C'est notamment le cas des sectes, entités qui ont de tout temps existé[681] mais dont la définition s'avère ardue car aucun texte juridique n'y fait clairement référence. Ce terme vient du latin *sequi* qui signifie suivre. Dans le Dictionnaire Larousse « *la secte est l'ensemble des personnes professant une même doctrine philosophique, religieuse, etc...* »[682]. Au regard de cette définition, il s'agirait d'un groupe de personnes qui ont la même philosophie, la même religion. La difficulté réside dans la différence entre la religion et la secte car initialement les grandes religions connues aujourd'hui étaient considérées comme des sectes. De plus, il est primordial de rappeler que l'individu est libre de choisir sa religion. La liberté religieuse est un des principes fondamentaux de notre droit. Il y est d'ailleurs fait référence dans la Déclaration des droits de l'homme et du citoyen où l'homme est libre d'appartenir au courant religieux de son choix[683]. La loi du 9 décembre 1905 énonce quant à elle que : « *la République assure la liberté de conscience* »[684]. D'autres textes législatifs comme le Préambule de la Constitution de 1946 énoncent que : « *Tout être humain sans discrimination de race,*

[680] Comme l'illustrent les tristement affaires des suicides collectifs dans de nombreuses sectes.
[681] M.-L. Freyburger-Galland, G. Freyburger, et J.-C. Tautel, *Sectes religieuses en Grèce et à Rome dans l'antiquité païenne*, Les Belles Lettres, coll. « Realia », Paris, 1986.
[682] Dictionnaire encyclopédique, Grand Usuel Larousse, In Extenso, p. 6675.
[683] Art. 10 DDHC : « *Nul ne doit être inquiété pour ses opinions, même religieuses* ».
[684] Art. 1er loi du 9 déc. 1905 concernant la séparation des Eglises et de l'Etat, JORF 1er déc.1905, p. 7205.

de religion, ou de croyance, possède des droits inaliénables »[685]. Néanmoins il ne faut pas que ce sentiment d'appartenance pousse la personne à réaliser des actes contraires à la loi. L'étude de différents critères va permettre de déterminer la différence entre la religion et la secte. Le nombre de personnes n'est pas considéré comme un critère suffisant comme le font remarquer certains auteurs : « *En France, les Baptistes peuvent apparaître, par rapport à leur contexte essentiellement catholiques, comme une secte. Aux États-Unis, il est impossible, si l'on s'en tient au critère du nombre, de leur contester la qualité d'Église* »[686].

16. D'autres éléments vont alors être pris en compte pour déterminer si une organisation peut être ou non qualifiée de secte. Ce sont des faisceaux d'indices[687] qui permettent une identification du groupement notamment par la prise en compte de la personnalité du leader du groupe[688], par l'aspect financier, par l'enseignement proposé, par des pratiques contraignantes ou encore par une rupture avec l'environnement familial. La personne, en rejoignant la secte, a besoin d'un idéal que la secte va lui fournir grâce à différents procédés de séduction comme la recherche du développement des capacités personnelles ou encore la guérison des maladies. Cependant, en réalité, des drames se produisent comme l'illustrent de nombreuses affaires[689], en Corée du Sud où en 1987 à proximité de Séoul 32 cadavres ont été découverts, en 1989 au Texas où un charrier

---

[685] A ces divers textes s'ajoute l'article 2 de la Constitution de la Ve République : « *La France assure l'égalité devant la loi de tous les citoyens sans distinction d'origine, de race ou de religion. Elle respecte les croyances* ».

[686] M. Simon, *Les sectes juives au temps de Jésus*, Puf, coll. « Mythes et Religion », 1960, p. 6.

[687] M. Huyette, « Les sectes et le droit », D. 1999, p. 383 : c'est notamment le cas d'un des deux conjoints qui ne se consacre plus qu'à la secte et qui abandonne progressivement sa famille : CA Nancy, 23 fév. 1996, Juris-data n° 044054. Dans une autre affaire, la maison avait été transformée en édifice religieux : Cass. 2e civ., 19 juin 1975, GP 1975, 2, p. 721.

[688] Tel est le cas de la secte Sun Myiunf Moon où chaque matin les adeptes doivent prier devant le portrait de cet homme en disant : « *Bonjour, notre père... nous voulons t'apporter le plus d'argent possible pour que tu puisses unifier le monde...* », *in* A. Woodrow, « Des vertus d'une méfiance rigoureuse », Revue Grands reportages, n° 63, sept. 1986, p. 83 et s.

[689] C'est également le cas de la secte du Temple solaire où de nombreux massacres se sont produits.

contenant les corps de 12 personnes a été décelé. Après enquête, il est apparu que ces victimes avaient été tuées durant des rites sataniques et leur cœur et cervelle avaient été cuits et mangés[690].

17. C'est la raison pour laquelle le droit, même s'il n'y a pas d'infractions spécifiques relatives aux mouvements sectaires tente de réprimer et d'encadrer ces pratiques au travers de différentes qualifications juridiques. Le droit possède un arsenal juridique pour sanctionner les atteintes qui se produisent au travers de la secte comme l'exercice illégal de la médecine[691], le trafic de stupéfiants, les atteintes sexuelles[692], l'escroquerie[693] ou encore les meurtres : à titre d'exemple, un exorciste avait tué un individu et l'avait préalablement torturé au motif que cette action était nécessaire car il fallait exterminer le démon le possédant. La Chambre d'accusation avait énoncé que : « *le mobile qui avait pu l'animer, compte tenu de ses convictions religieuses, ne pouvait ôter à ses actes leur caractère d'actes de tortures et de barbarie* »[694]. Le droit pénal ne prend pas en compte directement les croyances mais les faits réalisés. Néanmoins en 2001[695], un nouvel article a été inséré dans le Code pénal qui permet de sanctionner les personnes abusant de l'état d'ignorance ou de faiblesse d'une autre personne[696] et de renforcer les infractions

---

[690] AFP « Un charnier découvert à la frontière mexicaine », Le Monde, 13 avr. 1989.

[691] Cass. crim, 29 juin 1967, Bull.crim n° 199, JCP 1968, II, 15377, note Pradel. En l'espèce dans ce cas particulier, ce n'est pas tout à fait l'exercice illégal de la médecine qui est sanctionné mais la non-assistance à personne en danger. En effet, il a été reproché au leader de la secte de seulement prier pour tenter de sauver un enfant agonisant.

[692] Cass. crim., 9 déc. 1998, n° 98-85840.

[693] Cass. crim., 16 oct. 2013, n° 12-81.532.

[694] Cass. crim., 9 sept. 1996, Revue de droit pénal 1997, comm. 4, note Veron.

[695] Loi n° 2001-504 du 12 juin 2001 tendant à renforcer la prévention et la répression des mouvements sectaires portant atteinte aux droits de l'homme et aux libertés fondamentales, JORF n° 135 du 13 juin 2001, p. 9337.

[696] Art. 223-15-2 du CP : « *Est puni de trois ans d'emprisonnement et de 375 000 € d'amende l'abus frauduleux de l'état d'ignorance ou de la situation de faiblesse soit d'un mineur, soit d'une personne dont la particulière vulnérabilité, due à son âge, à une maladie, à une infirmité, à une déficience physique ou psychique ou à un état de grossesse, est apparente (L. n° 2009-526 du 12 mai 2009, art. 133-II) «ou connue» de son auteur, soit d'une personne en état de sujétion psychologique ou physique résultant de l'exercice de pressions graves ou réitérées ou de techniques propres à altérer son jugement, pour conduire ce mineur ou cette personne à un acte ou à une abstention qui lui sont gravement préjudiciables.*

contre les mouvements sectaires. Le droit sanctionne les membres actifs de ces organisations, ceux qui agissent contre l'ordre public. En sanctionnant les membres actifs, le droit pose un cadre au sentiment d'appartenance. Il ne s'agit pas uniquement de condamner, mais de préserver la société en mettant des limites à ce sentiment qui n'est pas nié mais restreint.

18. Il convient néanmoins de relativiser ces propos, car tout dépend de l'individu et de ses actions. La seule appartenance à une secte, selon de nombreux arrêts de la Cour de cassation et de la Cour européenne des droits de l'homme, ne peut être considéré *a priori* comme justifiant la restriction de certains droits et notamment des droits parentaux[697] ou comme étant une source de divorce[698]. Cependant il ne faut pas que cette appartenance ait des effets contraignants sur l'individu ou sur les membres de son entourage. Diverses affaires sont relatives aux enfants de parents appartenant à un mouvement sectaire[699]. Il apparaît que certains enfants sont privés de soins médicaux nécessaires comme les vaccinations[700] ou encore, dans d'autres cas, ils n'ont pas acquis les bases d'éducation demandées, certains ne sachant ni lire ni écrire alors que normalement ils devraient

---

Lorsque l'infraction est commise par le dirigeant de fait ou de droit d'un groupement qui poursuit des activités ayant pour but ou pour effet de créer, de maintenir ou d'exploiter la sujétion psychologique ou physique des personnes qui participent à ces activités, les peines sont portées à cinq ans d'emprisonnement et à 750 000 € d'amende ».

697 S. Plana, « Influence de l'appartenance à un mouvement religieux sur la résidence des enfants », AJ Famille 2004, p. 62.

698 Cass. 2e civ., 8 nov. 1995, n° 94-10685, D. 1995, IR p. 274 : « *Attendu que, pour accueillir la demande en divorce du mari, l'arrêt se borne à énoncer, par motifs adoptés, que l'appartenance de la femme à une secte a eu un effet néfaste sur les relations conjugales ; Qu'en statuant ainsi, sans apporter la moindre précision sur la détérioration des relations conjugales qu'elle retenait à la charge de la femme, la cour d'appel n'a pas donné de base légale à sa décision* » ; Cour Edh, 16 déc. 2003, req. n° 64927/01, Palau-Martinez c/ France ; B. de Lamy, « Pratique religieuse d'un parent et détermination de la résidence d'enfants mineurs », Revue Droit de la famille, n° 2, Fév. 2004, comm. 30.

699 Tel est le cas à Pau, le 16 juin 2015 où dix dirigeants de la secte « Tabitha's Place » ont été arrêtés. Ils sont soupçonnés de violences sur mineurs : http ://www.lemonde.fr/police-justice/article/2015/06/17/operation-de-gendarmerie-contre-la-secte-tabitha-s-place_4655748_1653578.html.

700 CA Pau, 1re Ch. corr., 19 mars 2002 : Juris-Data n° 2002-181327.

en être capables[701]. L'exemple le plus marquant est celui d'un enfant de six ans envoyé en Inde par ses parents adeptes de la secte Sahaja Yoga[702]. Celui-ci était non seulement seul mais malade[703].

Le sentiment d'appartenance à un groupe ne doit pas être remis en cause, chacun est libre d'adhérer à l'association qu'il désire cependant, certaines limites doivent être fixées pour préserver la sécurité de l'ensemble des citoyens, cela pourrait se traduire par : « *Adhérer n'est pas fauter... à condition qu'on n'adhère pas trop !* »[704].

19. Le droit encadre le sentiment d'appartenance et tente d'en limiter la portée lorsque celui-ci est attentatoire aux libertés fondamentales. Dans certains cas cette appartenance est poussée à l'extrême, des mesures sont alors prises pour condamner ce sentiment et les conséquences qui en découlent.

B. Le sentiment d'appartenance condamné par le droit

20. Lorsqu'il est question du sentiment d'appartenance et d'un certain repli sur celui-ci, il est également possible de s'interroger sur les groupes dans la ville notamment au sein des quartiers dits « sensibles ». Dans ces cas particuliers, le sentiment d'appartenance à un groupe ne permet pas l'appartenance à la ville et à la société toute entière. C'est plutôt le développement d'une société de « *l'entre*

---

701 R. Bidart, « Les décisions du juge des enfants et la protection des enfants enlevés par une secte », LPA 29 nov. 1999, n° 237, p. 30.

702 Il est à noter qu'il existe une jurisprudence importante. De nombreux enfants ont été envoyés seuls en Inde. C'est notamment le cas d'un arrêt du 11 juill. 1994 où : « *le fait de confier un enfant de six ans et demi à une école dirigée par des adeptes d'une secte en Inde constitue le délit de manque de direction nécessaire à l'enfant compromettant sa santé, sa sécurité ou sa moralité* », D. 1994, p. 223. Sur ce sujet voir C. Courtin, « L'intérêt de l'enfant et les droits et libertés fondamentaux des parents », D. 2001, p. 422. Pour une décision contraire voir Cass. crim 17 oct. 2001, « Scolarisation d'un enfant dans une secte indienne : ses parents sont relaxés », AJ Famille 2002, p. 27.

703 F. Monéger, « Abandon de famille. Enfant très jeune envoyé en Inde », DRSS 1994, p. 327, Rennes, Ch. corr. 18 fév. 1993, JCP G 22210, 1994, note. J.-Y Chevalier.

704 J. Hauser, « La faute et la liberté de conscience des époux : les sectes », RTD civ. 1996, p. 367.

soi »[705]. En effet l'actualité démontre que ce sentiment d'appartenance doit avoir des limites notamment lorsqu'il est question des cités où l'appartenance prime souvent sur les valeurs de la République ce qui entraîne des dérives. Des travaux sur les violences urbaines illustrent que ce sont d'abord les jeunes de ces quartiers qui se regroupent. Ce groupement : « *satisfait les besoins du jeune, mais par des voies antisociales. L'agressivité individuelle, canalisée dans le cadre collectif, se libère par les comportements délictueux de la bande* »[706]. Ces groupements commencent la plupart du temps par de petites infractions notamment dans des centres commerciaux et urbains[707], mais au fil du temps ces infractions peuvent devenir de plus en plus graves.

21. Le droit de l'urbanisme du fait de la construction de grands ensembles a été pendant longtemps considéré comme responsable des diverses crises des cités[708]. C'est la raison pour laquelle le législateur est intervenu ces dernières années, pour tenter de remédier à cette problématique[709] par le biais de diverses lois comme la loi d'orientation pour la ville en 1991[710] où il était énoncé initialement que : « *l'État et leurs établissements publics assurent à tous les habitants des villes des conditions de vie et d'habitat favorisant la cohésion sociale et de nature à éviter ou à faire disparaître les phénomènes de ségrégation. Cette politique doit permettre d'insérer chaque quartier dans la ville et d'assurer dans chaque agglomération la coexistence des diverses catégories sociales* »[711] ou la loi SRU[712] ou plus récemment encore la loi de programmation pour la ville et la

[705] J. Monéger, « Le ghetto français d'Erin Maurin, enquête sur le séparatisme social », Revue Loyers et copropriété n° 5, Mai 2005, alerte 37.
[706] R. Vouin et J. Leauté, *Droit pénal et criminologie*, Puf, coll. « Thémis », 1956, p. 289.
[707] A. Bauer et X. Roufe, *Violences et insécurité urbaines*, Puf, coll. « Que sais-je ? », 1998, p. 24.
[708] M. Prieur, « Urbanisme et environnement », AJDA 1993, p. 80.
[709] G. Baudin, « La mixité sociale : une utopie urbaine et urbanistique », Revue CREHU 2001, p. 10.
[710] Loi n° 91-662 du 13 juill. 1991 d'orientation pour la ville, JORF n° 167 du 19 juill. 1991, p. 9521.
[711] Art. 1er de la loi n° 91-662 du 13 juill. 1991.
[712] Loi 2000-1208 du 13 déc. 2000 relative à la solidarité et au renouvellement urbain, JORF n° 289 du 14 déc. 2000, p. 19777.

cohésion urbaine[713]. Néanmoins, même si l'amélioration de l'habitat est fondamentale, ce n'est pas le seul problème comme l'énonce Gérard Larcher : « *bien moins qu'une question d'habitat, c'est une question d'habitants confrontés à de lourdes difficultés [....] Et ces difficultés ne pourront pas être résolues par de simples changements du cadre de vie...* »[714]. Il reste donc beaucoup à faire pour tenter de remédier aux phénomènes des cités.

22. Ce phénomène de groupement peut entraîner dans certains cas un autre sentiment d'appartenance qui peut être encore plus grave : le terrorisme. Il se caractérise par la pratique d'agissements criminels destinés à semer l'épouvante dans la population civile par leur caractère meurtrier systématiquement aveugle[715]. Cette appartenance à un groupe terroriste peut aller très loin : jusqu'à la mort de l'individu pour l'idéologie qu'il défend. Le terrorisme est « *l'une des menaces les plus gaves à la paix et à la sécurité internationales au XXIe siècle* »[716]. Le droit tente de lutter contre ce sentiment extrême d'appartenance où là encore le regard de l'autre a son importance : « *si on est terroriste, c'est presque toujours sous le regard de l'autre* »[717]. De nombreux textes de loi existent et se sont multipliés ces dernières années notamment avec la loi du 9 octobre 1986[718] modifiée et complétée par la loi du 30 décembre 1986[719]. Cette loi marque le point de départ de l'action juridique contre le terrorisme[720]. D'autres lois sont venues progressivement enrichir l'arsenal juridique

[713] Loi n° 2014-173 du 21 fév. 2014 de programmation pour la ville et la cohésion urbaine, JORF n° 0045 du 22 fév. 2014, p. 3138.
[714] G. Larcher, Rapport d'information sur la politique de la ville, JO doc. Sénat, n° 107, 10 déc. 1992, p. 76.
[715] G. Cornu, *op.cit.*, p. 1021.
[716] Déclaration annexée à la résolution 1377 (2001) adoptée par le Conseil de sécurité des Nations Unies sur la menace à la paix et à la sécurité internationales résultant d'actes terroristes, 12 nov. 2001.
[717] M. Wieviorka, *Sociétés et terrorisme*, Paris, Fayard, 1988, p. 10.
[718] Loi n° 86-1020 du 9 sept. 1986 relative à la lutte contre le terrorisme, JORF n° 0210 du 10 sept. 1986, p. 10956.
[719] Loi n° 86-1322 du 30 déc. 1986 modifiant le Code de procédure pénale et compétant la loi 86-1020 du 9 sept. 1986 relative à la lutte contre le terrorisme, JORF 31 déc. 1986, p. 15890.
[720] Y. Mayaud, « La politique d'incrimination du terrorisme à la lumière de la législation récente », AJ Pénal 2013, p. 442.

comme l'illustre dernièrement la loi du 21 décembre 2012[721]. La criminalité terroriste est considérée par certains comme « *un véritable ovni* » car elle est « *au cœur du droit pénal* »[722].

23. Dans ce cas particulier, non seulement la personne ayant commis l'infraction sera sanctionnée notamment en vertu de l'article 121-1 du Code pénal qui dispose que : « *Nul n'est pénalement responsable que de son propre fait* » mais le seul fait d'appartenir à un groupe illicite sera également prohibé. La seule appartenance à un groupe peut entraîner des sanctions[723] tout comme l'infraction d'association de malfaiteurs où la participation est sanctionnée. Néanmoins les infractions prévues à l'encontre du terrorisme sont d'un degré supérieur car il est question d'un grave trouble à l'ordre public par l'intimidation ou la terreur[724] ce qui n'est pas le cas de l'article 450-1 du Code pénal relatif à l'association de malfaiteurs[725]. Le but étant, dans le cas du terrorisme, d'ériger l'appartenance à un groupement en une infraction autonome[726] et de pouvoir également sanctionner les responsables à différents stades de l'infraction[727].

---

[721] Loi n° 2012-1432 du 21 déc. 2012 relative à la sécurité et à la lutte contre le terrorisme, JORF n° 0298 du 22 déc. 2012, p. 20281.

[722] J. Alix, *Terrorisme et droit pénal, Etude critique des incriminations terroristes*, préf. G. Giudicelli-delage, Dalloz, 2010, p. 599.

[723] Art. 421-2-1 CP : « *Constitue également un acte de terrorisme le fait de participer à un groupement formé ou à une entente établie en vue de la préparation, caractérisée par un ou plusieurs faits matériels, d'un des actes de terrorisme mentionnés aux articles précédents* ».

[724] Art. 421-1 CP : « *Constituent des actes de terrorisme, lorsqu'elles sont intentionnellement en relation avec une entreprise individuelle ou collective ayant pour but de troubler gravement l'ordre public par l'intimidation ou la terreur, les infractions suivantes...* ».

[725] Art. 450-1 CP : « *Constitue une association de malfaiteurs tout groupement formé ou entente établie en vue de la préparation, caractérisée par un ou plusieurs faits matériels, d'un ou plusieurs crimes ou d'un ou plusieurs délits punis d'au moins cinq ans d'emprisonnement. Lorsque les infractions préparées sont des crimes ou des délits punis de dix ans d'emprisonnement, la participation à une association de malfaiteurs est punie de dix ans d'emprisonnement et de 150 000 euros d'amende. Lorsque les infractions préparées sont des délits punis d'au moins cinq ans d'emprisonnement, la participation à une association de malfaiteurs est punie de cinq ans d'emprisonnement et de 75 000 euros d'amende* ».

[726] E. Verny, *Le membre d'un groupe en droit pénal*, préf. A. Decocq, LGDJ, 2002, p. 332.

[727] E. Verny, *préc.*, p. 334.

L'appartenance, dès lors qu'elle est prohibée par la loi devient une infraction. L'individu reste responsable de ses propres faits et l'appartenance à un groupe peut être également une cause de sanction. Le sentiment d'appartenance est ici sanctionné dans son individualité mais également dans le caractère collectif ce qui fait dire à certains que « *même si la participation collective à l'infraction peut être prise en considération tandis que certaines infractions sont même collectives par nature. Pourtant le principe de responsabilité personnelle doit toujours dominer comme une exigence préalable à toute référence à un groupe criminel* »[728].

24. Néanmoins, le problème de toutes ces incriminations repose sur les coupables qui, la plupart du temps sont décédés, le droit pénal apparaît alors comme un moyen dérisoire de lutte contre le terrorisme face à des personnes qui sont prêtes à sacrifier leur vie[729]. De plus même si ces personnes sont arrêtées, ce ne sont pas les acteurs premiers du mouvement mais des exécutants rendant difficile l'arrêt définitif des actions terroristes.

25. Le sentiment d'appartenance est un sentiment particulier car il nous oblige à nous situer par rapport à l'autre. En effet, sans l'autre et son regard, ce sentiment ne pourrait pas exister. Comme tout sentiment, il relève du psychisme de l'individu et il se développe en fonction du vécu d'une personne et de son identité. L'individu a besoin du groupe pour se construire. Cependant ce n'est qu'au moment où le sentiment d'appartenance se matérialise par des actes concrets que le droit devient un outil majeur pour l'encadrer : soit pour le sublimer, soit pour le réprimer et le sanctionner. De nos jours, en raison de la mondialisation il existe une multiplication et une diversité de groupements ce qui tend à complexifier le choix des individus qui ne savent plus exactement à quelle entité ils appartiennent, c'est la raison pour laquelle il ne faut pas oublier comme le disait Philippe Tizon que : « *Malgré la mobilité des hommes et la globalisation des enjeux socio-économiques, il faut être et se sentir de quelque part pour agir et être reconnu* »[730].

---

[728] E. Verny, *op.cit.,* p. 339.

[729] F. Géré, *Les volontaires de la mort. L'Arme du suicide*, Bayard, 2003.

[730] Ph. Tizon, « Qu'est-ce que le territoire ? », *in* G. di Méo, *Les Territoires du quotidien*, L'Harmattan, p. 17-34.

BIBLIOGRAPHIE

I. Ouvrages Généraux et Spéciaux

- Aristote, *La Politique*, traduction de J. Tricot, Librairie philosophique J. Vrin, 1995, 595 pp.

- A. Bauer et X. Roufe, *Violences et insécurité urbaines*, Puf, coll. « Que sais-je ? », 1998, 127 pp.

- G. Cornu :

. *Du sentiment en droit civil*, Extrait des annales de la faculté de droit de Liège, 1963, 17 pp.

. *Vocabulaire juridique*, Puf, coll. « Quadrige », 10e éd. mise à jour, 2014, 1100 pp.

- M.-L. Freyburger-Galland, G. Freyburger, et J.-C. Tautel, *Sectes religieuses en Grèce et à Rome dans l'antiquité païenne*, Les Belles Lettres, coll. « Realia », Paris, 1986, 338 pp.

- F. Géré, *Les volontaires de la mort. L'Arme du suicide*, Bayard, 2003, 294 pp.

- V. Hugo, *Les Misérables*, Petits Classique Larousse, Larousse, 2007, 287 pp.

- T. Hobbes, *Le Léviathan*, Folio Essai, Gallimard, 2000, 1024 pp.

- J.-C. Matharan, *Histoire du sentiment d'appartenance en France du XIIe siècle à nos jours*, L'harmattan, 2010, 330 pp.

- P. Ricoeur, *Soi-même comme un autre*, Seuil, 1990, 424 pp.

- M.-M Robin, *Le Monde selon Monsanto*, Editions La Découverte/Arte, éd. 2008, 370 pp.

- J.-J. Rousseau, *Du contrat social in Œuvres complètes*, Paris Verdière quai des Augustins, 1826, 1708 pp.

- M. Simon, *Les sectes juives au temps de Jésus*, Puf, coll. « Mythes et Religion », 1960, 138 pp.

- R. Vouin et J. Leauté, *Droit pénal et criminologie*, Puf, coll. « Thémis », 1956, 629 pp.

- M. Wieviorka, *Sociétés et terrorisme*, Paris, Fayard, 1988, 576 pp.

- Dictionnaire Le Robert Langue Française, 2e éd., 1985.

- Dictionnaire encyclopédique, Grand Usuel Larousse, In Extenso, 1997.

II. Thèses

- J. Alix, Terrorisme et droit pénal, Etude critique des incriminations terroristes, préf. G. Giudicelli-delage, Dalloz, 2010.
- S. Brunengo-Basso, L'émergence de l'action de groupe, processus de fertilisation croisée, préf. C. Prieto, PUAM, 2011.
- D. Gutmann, Le sentiment d'identité étude de droit des personnes et de la famille, préf. F. Terré, LGDJ, 2000.
- F. Pardo, Le groupe en droit pénal, th. Nice, 2004.
- E. Verny, Le Membre d'un groupe en droit pénal, préf. André Decocq, LGDJ, 2002.

III. Chroniques

- C. Albiges, « Les déontologies des professions du droit quel avenir ? Rapport introductif », Droit et patrimoine, 2010, p. 195.
- L. Aynes, P.-Y. Gautier, F. Terré, « Antithèse de "l'entité" », D. 1997, p. 229.
- R. Baillod, « Droit des sociétés », Bull. Joly Société, 1er juin 2000, n° 6, p. 661.
- G. Baudin, « La mixité sociale : une utopie urbaine et urbanistique », Revue CREHU 2001, p. 10.
- R. Bidart, « Les décisions du juge des enfants et la protection des enfants enlevés par une secte », LPA 29 nov. 1999, n° 237, p. 30.
- B. Boubli, « Sur la notion de groupe et les droits dans le groupe : libres propos », JCP social, n° 7, 12 fév. 2013, 1077.
- C. Courtin, « L'intérêt de l'enfant et les droits et libertés fondamentaux des parents », D. 2001, p. 422.
- B. de Lamy, « Pratique religieuse d'un parent et détermination de la résidence d'enfants mineurs », Revue Droit de la famille, n° 2, Févr. 2004, comm. 30.
- J. Hauser, « La faute et la liberté de conscience des époux : les sectes », RTD civ. 1996, p. 367.
- S. Guinchard, « L'action de groupe en procédure civile française », RID comp. 1990, p. 599.
- M. Huyette, « Les sectes et le droit », D. 1999, p. 383.
- F. Mattatia, « L'usurpation d'identité sur Internet dans tous ses états », RSC 2014, p. 331.
- Y. Mayaud, « La politique d'incrimination du terrorisme à la lumière de la législation récente », AJ Pénal 2013, p. 442.

- F. Monéger, « Abandon de famille. Enfant très jeune envoyé en Inde », DRSS 1994, p. 327.

- J. Monéger, « Le ghetto français d'Erin Maurin, enquête sur le séparatisme social », Revue Loyers et copropriété n° 5, mai 2005, alerte 37.

- S. Plana, « Influence de l'appartenance à un mouvement religieux sur la résidence des enfants », AJ Famille 2004, p. 62.

- M. Prieur, « Urbanisme et environnement », AJDA 1993, p. 80.

- E. Putman, « D. Martel, Le rapport d'obligation dans une communauté de personnes préf. Ph. Stoffel-Munck, Bibl. de l'Intitut de Recherche juridique de la Sorbonne, André Tunc, t.34, 558 pages », RTD civ. 2012, p. 812.

- A. Reymann, « C'est pas le moment de craquer », Résumé de l'ouvrage de M. Le Saget et Pessin, Les cahiers de la DRH, 2009, p. 156.

- Ph. Tizon, « Qu'est-ce que le territoire ? », *in* G. di Méo, *Les Territoires du quotidien*, L'Harmattan, p. 17-34

- F. Vasseur-Lambry, « Droit des personnes », LPA 6 mai 2004, n° 91, p. 5.

- A. Woodrow, « Des vertus d'une méfiance rigoureuse », Revue Grands reportages, n° 63, sept. 1986, p. 83 et s.

- « L'Europe est notre avenir commun », JCP Adm. et Coll. ter. n° 14, 2 Avr. 2007, 2086.

IV. Rapports

- G. Larcher, Rapport d'information sur la politique de la ville, JO doc. Sénat, n° 107, 10 déc. 1992.

- A. Flückiger, R. Roth et C.-N. Robert, « Droit et émotions, le rôle des émotions dans les processus de régulation juridique et sociale », Rapport final, Travaux Cetel n° 58, Université de Genève, sept. 2010.

Propos conclusifs

Frédéric ROUVIERE

Les sentiments ont une emprise sur le droit et le droit a une emprise sur les sentiments. Telle était la ligne directrice de cette journée d'étude. Par une sorte de paradoxe ou de mise en abîme, le plan révèle le sentiment du droit sur le sentiment. **Le droit est ambivalent**. Si on pouvait faire allonger la déesse Justice sur un divan, elle nous dirait sans doute son tourment. Doit-elle prendre en compte le sentiment ou doit-elle le refouler? Je n'ose dire qu'entre les deux son cœur *balance*...

Oui, la justice est aveugle, elle affiche une certaine **indifférence**[731] au nom de l'égalité devant la loi, son bras est censé frapper indifféremment le pauvre et le riche, le puissant et le misérable, le jeune et le vieux et ainsi de suite. Aveugle, elle l'est aussi aux motifs nobles qui peuvent animer l'individu : la décision du bon juge Magnaud, empli de **compassion**[732] pour la femme-enfant ayant volé du pain pour nourrir son enfant malade, sera impitoyablement réformée en appel : peu importe le motif, l'intention délictueuse est bien caractérisée. Point de bons sentiments. Les syllogismes se déploient de manière froide et implacable, la hiérarchie des normes impose le respect. Tout est formel, tout est froid[733]. « *L'État est le plus froid de tous les monstres froids* » selon l'expression de Nietzsche. Au fond, tout se résume dans un adage que nous connaissons tous : *dura lex, sed lex*. Le droit avant les sentiments.

La justice est certes aveugle mais elle n'est pas sourde. Elle entend les cris et les larmes de la souffrance. Elle a **compassion** des victimes (à l'excès diront certains). Il suffit de songer à l'emblématique affaire *Perruche*[734]. Le handicap de l'enfant avait

---

[731] Charlotte DAUTUN.

[732] Caroline HUCK.

[733] Thibaut GOUJON-BETHAN.

[734] Qui a outrepassé l'irrecevabilité du « je souffre de te voir souffrir » dont a fait état Caroline HUCK ; Ass. Plén. 17 nov. 2000, n° 99-13701.

été causé par la rubéole, non par le diagnostic erroné du médecin. Peu importe, la souffrance appelle réparation. Ce mouvement de **compassion** et d'ultra-indemnisation des victimes a été si souvent décrit et fustigé qu'il est inutile d'y insister. Il n'empêche que la Justice est à l'écoute. C'est même l'une de ses missions : elle écoute les parties en litige et leurs conflits, c'est une forme minimale de compassion. Cette mission est sans doute plus visible dans le droit de la famille, un terrain propre à tous les psychodrames. Les avocats et les juges ne le savent que trop bien. Mais en réalité tout le droit est traversé par ce mouvement : on donne la parole aux parties.

L'indifférence et la compassion sont des sentiments on ne peut plus éloignés l'un de l'autre. Et pourtant le droit est animé des deux. Cette ambivalence est bel et bien généralisée. Le droit est à la fois méfiant et bienveillant à l'égard des sentiments. Mais si le droit hésite et balance, cette ambivalence n'est-elle pas au fond un aveu d'impuissance ? L'ambivalence (**I**) paraît être le symptôme de l'impuissance (**II**).

I. L'ambivalence

A. Méfiance

J'imagine la Déesse Justice qui me parle. Voici ce qu'elle me dirait : « Méfiance ! Ici commence le territoire des affects et des passions. Ici commence la subjectivité et la confusion. » Elle parlerait comme *La Beauté* de Baudelaire : « *Je suis belle ô mortels ! comme un rêve de pierre (...) je hais le mouvement qui déplace les lignes, et jamais je ne pleure et jamais je ne ris* ».

Méfiance devant la subjectivité du juge et son possible arbitraire. Méfiance devant les procès passionnels ou passionnés. Méfiance au fond pour tout ce qui est vivant et proprement humain. L'arbitrage du juge est censé être **indifférent**[735].

Bien évidemment, la méfiance se manifeste face aux passions mauvaises, celles qui amènent à perdre tout sens de la mesure. Le testament déchiré dans un trait colère (*ab irato*) sera encore valable.

---

[735] Charlotte DAUTUN.

Une solution remarquable car elle n'est inscrite dans aucun texte. Elle témoigne du fait que le droit n'admet pas que la raison soit obscurcie par la **passion**.

Mais le meilleur exemple des passions mauvaises n'est-il pas celui de l'homme qui cède à la bête qui sommeille en lui, de l'homme qui laisse l'**excitation**[736] l'envahir et son cœur se remplir du désir de faire le mal ? Le droit pénal condamne implicitement l'exposition à un excitant (substance, fantasme...) comme il réprime le fait d'exciter à commettre une infraction.

Contre toute attente, le droit se méfie également des sentiments nobles. Il suffit de se rappeler tout le formalisme et les règles d'incapacité qui entourent les donations. La générosité est suspecte. Les économistes nous l'avaient déjà appris et Portalis ne se faisait guère d'illusion sur les véritables motifs qui animent les hommes. De même, le sentiment d'**appartenance** communautaire qui fonde pourtant la solidarité est vu comme suspect. On craint la démesure, le débordement, l'excès de passion, l'excès de subjectivité et pour tout dire les pires choses : sectarisme, satanisme ou terrorisme[737] ! Pourtant, le droit renforce aussi d'un autre côté l'**appartenance** : c'est la nationalité ou plus modestement l'*affectio societatis*[738].

En vérité, la **passion** elle-même est ambivalente. Elle anime autant la colère et la vengeance que l'amour et le don sous toutes ses formes. Jean Carbonnier a signé un ouvrage qui ne fait que confirmer cela : *Droit et passion du droit sous la Ve République*.[739] Trop de droit tue le droit et trop peu de droit aboutit au désordre. La mesure fait-elle bon ménage avec la passion ? Sans doute s'il s'agit de la passion de la justice qui vise à rendre à chacun le sien selon la célébrissime formule venue d'Aristote. Ainsi, la passion est à la fois le drame et la grandeur du droit. Nous sommes au sommet de l'ambivalence.

---

[736] Audrey BOUILLEZ.
[737] Joanna GENOVESE.
[738] Joanna GENOVESE.
[739] Olympe DESIO.

En définitive, le fond de cette méfiance, c'est que d'un moment à l'autre tout peut dégénérer : l'amour peut se changer en haine, l'amitié en adversité, la compassion en orgueil, la fierté en honte et ainsi de suite. Bien des sentiments sont intrinsèquement frappés par cette ambivalence : la passion porte le droit ou l'emporte, l'amour peut-être un idéal ou une illusion, le sentiment d'appartenance peut-être une exaltation ou une aliénation. Autant de raisons de maintenir le sentiment à distance ou à défaut de le couvrir du voile de la raison.

Comme le disait Antoine Garapon, la justice met de la raison à la place de la **passion** et de l'argent à la place de la **souffrance**. Elle écoute certes mais ensuite, elle pèse et calcule. Dommages-intérêts, amendes, peines de prison : toute vie a son prix, tout forfait a sa peine. Les cris et larmes sont entendus puis ils sont tous mis dans la balance. La justice entend tout mais elle se méfie du sentiment. Elle transforme tout en nombre et elle fait les comptes.

Pourtant, certains sentiments sont si puissants qu'ils peuvent être mis au service du droit. Au fond qui sait si ce n'est pas l'amour qui a rendu la justice aveugle ?

B. Bienveillance

La bienveillance à l'égard de certains sentiments paraît incontournable, notamment en droit de la famille. Même le droit fiscal s'adoucit au sein de la famille proche, c'est dire ! Les donations en ligne directe ou entre époux sont ainsi soumises à une fiscalité moins rude. Dans ses calculs, le droit fiscal lui-même n'est pas indifférent à l'amour qui peut animer le don. Il paraît difficile de résister à l'**amour**[740].

La bienveillance à l'égard des nobles sentiments n'en demeure pas moins toujours ambivalente. L'indulgence dont a fait preuve la Cour de cassation dans l'affaire *Galopin*[741] est un signe d'une bienveillance qui tourne à la complaisance. Si la jeune femme qui entretenait une relation adultère avec un homme qui était de plus de 65 ans son aîné lui avait écrit « pas d'argent, pas d'amour »,

---

[740] Hania KASSOUL.
[741] Ass. Plén. 29 oct. 2004, n° 03-11238.

le Conseiller rapporteur a argumenté sur le fait qu'ils s'étaient bien aimés un jour et même assez longtemps (15 ans) pour considérer que la jeune fille n'était pas exclusivement mue (du moins au début) par l'appât du gain. Le testament a donc été validé. Un peu d'**amour** semble ainsi avoir effacé tout le reste. Mais là où l'ambivalence se dévoile est que, dans cette affaire, les juges semblent avoir raisonné comme s'il fallait pardonner à la fois la cupidité et même l'adultère, oubliant peut-être que le pardon vient avant tout de l'offensé ! Pire, la Cour a même réduit l'adultère à une affaire privée et validé par principe ce type de libéralité. Le droit a été emporté par la **passion**[742].

Aussi, je crois que c'est surtout le droit pénal qui manifeste sans doute le mieux l'existence d'un pardon légal mieux même que le fait justificatif de l'**excitation** ou provocation[743]. Le pardon légal, c'est la grâce présidentielle - jadis pour la peine de mort, aujourd'hui encore pour toutes les infractions. La grâce ne peut être inspirée que par des sentiments liés à la bienveillance : **amour, compassion, passion de la justice**...

La gratuité (caractéristique des libéralités) et la grâce ont d'ailleurs la même racine. Le droit semble d'ailleurs avoir pris acte que certains contrats sont des **contrats d'amis** et ne peuvent être que gratuits[744]. Tel sont le cautionnement ou le dépôt ; encore : le prêt et le mandat. L'emprise de cette idée est manifeste en jurisprudence. Le sort de la caution est sans cesse adouci et le montant de sa dette (qui est avant tout la dette d'autrui) est sans cesse jugulé. De même, le dépôt par complaisance n'est même pas un dépôt, ce n'est pas un contrat selon les juges[745]. Rendre service, ce n'est pas juridiquement s'engager. Bref, les bons sentiments ne doivent pas causer de méchants procès.

La bienveillance du droit se manifeste encore lorsqu'il cherche à réparer ce qui est mauvais. C'est l'évidence pour la souffrance. Mais c'est encore le cas lorsque le droit est un remède contre la **honte**[746].

---

[742] Olympe DESIO.
[743] Audrey BOULLEZ.
[744] Thibaut GOUJON-BETHAN.
[745] Com. 25 sept. 1984, n° 83-12666.
[746] Emmanuelle DIVE.

La dignité permet de protéger comme l'humiliation, ainsi dans le cas où un gardé à vue serait mis nu ou frappé. Plus sobrement, la protection de l'honneur reste une protection contre une honte injuste. Pourtant, toujours ambivalent, le droit connaît encore les *shame penalties* aux États-Unis.

Tous ces exemples confirment de façon éclatante que le même sentiment nous élève ou nous abaisse. Cela explique sans doute pourquoi le droit est **ambivalent** à l'égard du sentiment, il ne sait s'il doit s'en méfier ou s'en réjouir. Écarter le sentiment s'il est mauvais et l'accueillir s'il est bon n'est même pas une solution. Chaque sentiment a son revers et aucune volte-face n'est à exclure. Même après le procès, les parties peuvent encore s'entendre en effectuant une transaction. Au fond, cette ambivalence ne témoigne-t-elle pas plus profondément de l'impuissance du droit face au sentiment ?

II. L'impuissance

A. Incapacité

Le droit est avant tout une technique, une *construction indifférente*[747]. Une technique bien limitée à vrai dire. À la puissance du sentiment répond en écho l'impuissance du droit.

Certains sentiments échappent manifestement au droit. L'**amitié** est ainsi le choix délibéré de se placer hors du droit. Nul doute que si des amis se font un procès c'est qu'ils n'ont plus d'amis que le nom. Si le prêt d'ami n'a pas été remboursé, la trahison de l'ami nous ramène au droit[748]. Comme le disait Ambrose Bierce dans son *Dictionnaire du diable*, l'amitié est un bateau assez grand pour tout le monde sauf pendant la tempête.

Le droit est bien trop limité. C'est l'évidence. La douleur n'a pas de prix. La souffrance ne s'éteint pas avec le procès. L'amertume et la rancune ne sont pas même effacées par une médiation. Même le divorce par consentement mutuel cache bien des peines et surtout un sentiment d'échec.

---

[747] Charlotte DAUTUN.
[748] Thibaut GOUJON-BETHAN.

À vrai dire, le droit arrive toujours trop tard. Il a beau réprimer la tentative, il n'amende pas l'individu. La prison ne rend pas meilleur, le procès ne rétablit qu'imparfaitement la situation antérieure. Il n'y a ici que des fictions dont la première est celle de la rétroactivité des annulations. C'est désespérant mais bien vrai : le droit se meut dans le monde de l'échec, celui des préjudices avérés, certains et tangibles. Le droit est le monde des déceptions, des frustrations.

Le droit est rarement le chemin de la joie. Gagner un procès n'est qu'une demi-joie. Sans doute, seule une activité véritablement désintéressée comme la contemplation théorique du droit[749] procure une joie véritable mais le droit ne joue alors qu'un rôle très secondaire.

Ne pouvant rétablir l'**amour** (mais seulement prescrire des relations sexuelles[750]) ni ne pouvant réprimer les mauvaises passions, le droit interdit, blâme ou récompense. Maigre consolation de savoir qui obtiendra le chien quand le divorce arrive ! Maigre consolation que le prix de la douleur ! Maigre récompense que celle de savoir, au bout de dix ans de procédure que vous aviez finalement raison, alors que vous avez été dans le conflit et dans l'angoisse pendant toutes ces années ! Le droit perd toujours car il est fondamentalement lié au mal comme le faisait remarquer Jean Carbonnier. Il traite du mal, il cherche à le maîtriser, à défaut de l'éradiquer. Il le nomme sans parvenir à l'exorciser. L'impuissance du droit est ici manifeste.

La situation peut être pire encore. Dans le régime de Vichy, la **honte** est sur le droit[751]. Mais il l'appelle encore aujourd'hui lui-même quand il promet trop. Le droit à la santé, le droit au travail, le droit à un environnement sain sont finalement des avatars du droit au bonheur. Mais nul besoin d'une longue démonstration pour savoir que le droit est impuissant à nous rendre heureux, il nous permet tout juste de vivre ensemble. Quand le droit oublie son impuissance et fait

---

[749] C'est l'œuvre de la doctrine libre mais elle peut se dégrader en inflation comme le soulignait Olympe DESIO.

[750] Comme le rappelait Hania KASSOUL.

[751] Emmanuelle DIVE.

comme s'il était puissant à créer n'importe quelle réalité c'est alors qu'il appelle sur lui la honte et dévoile sa faiblesse.

B. Faiblesse

Même lorsque le droit est plus modeste, conscient de sa faiblesse, il n'a pas même les moyens d'assumer la réalisation de ses objectifs. Comment connaître l'intention criminelle si ce n'est par l'aveu ? Comment s'assurer des motifs frauduleux ou à l'inverse de la bonne foi ? L'appréciation verse souvent dans l'apparence, dans les présomptions, dans le probable. Des indices, des signes, mais jamais de certitude. Quel objectif, louable ou blâmable, ont véritablement poursuivi les contractants ? L'acheteur a-t-il vraiment contracté sous l'empire d'une erreur ? À toutes ces questions, les juristes de l'ancien droit répondaient par un adage fort modeste. « *Le droit ne peut sonder les cœurs et les reins* ». L'intériorité est encore une terre inviolée, même si le droit feint de pouvoir y poser le pied. La tentative n'est-elle pas punie comme l'infraction consommée[752] ?

La complexité des motifs qui agitent le cœur des femmes et des hommes rend la connaissance des sentiments très difficile, si ce n'est impossible. D'ailleurs, la connaissance est même l'opposé des sentiments. Le sentiment s'éprouve plus qu'il ne se prouve. Celui qui cherche des preuves d'**amour** est bien trop légaliste. L'amour se ressent, il est intérieur. On peut acheter des preuves d'amour mais on ne peut acheter l'amour lui-même. Il en va de même de l'**amitié**, l'argent la fait basculer dans les relations commerciales, « l'amitié d'intérêt »[753]. La **passion** même est éprise de son objet, elle sacrifie souvent à des calculs financiers plus rationnels.

L'impuissance du droit face aux sentiments devrait le rendre modeste. Non qu'il doive renoncer à les apprécier et les juguler s'ils sont mauvais. Mais les sentiments ne sont pas faits de la même étoffe que le droit. Il y a ici une profonde différence de nature. Les sentiments ont une nature intime, spirituelle et mystérieuse qui échappe largement au droit et même à la science en général. Être conscient de sa faiblesse est une force et l'humilité permet de s'élever.

---

[752] Charlotte DAUTUN.
[753] Thibaut GOUJON-BETHAN.

Les grands maîtres spirituels ne disent d'ailleurs pas autre chose. Mais l'humilité doit être vraie, c'est à cette condition qu'elle dévoile sa force.

Le sentiment possède sa propre puissance et son propre mystère. Le droit paraît bien précaire à ses côtés. Le droit voudrait inciter à un idéal éthique et moral mais il ne le peut. Il se réfugie alors souvent dans le formalisme et le raisonnement.

« Jamais homme n'a été conquis à un idéal moral par la force d'un raisonnement mais uniquement par l'irradiation de cet idéal, par l'admiration que nous arrachent ceux qui l'incarnent et par son appel vers un don de tout notre être »[754].

Le grand droit est humble. Les grands sentiments sont admirables. La terre et le ciel ne peuvent se confondre mais ils ne peuvent aller l'un sans l'autre. Chacun a sa propre grandeur.

Sans doute est-ce pour cela que cette journée devait être organisée. Désormais, nous discernons avec plus d'acuité combien le droit et les sentiments sont comme deux étrangers que tout sépare mais qui peuvent pourtant marcher la main dans la main. « Unis dans la grandeur, séparés dans la crainte », voilà un mystérieux proverbe, inventé pour l'occasion, qui pourrait résumer la singulière alliance du droit et des sentiments.

---

[754] E. Sourioux, *La couronne d'herbes*, Paris, 10I18, 1975, p. 9.

Questions juridiques aux éditions L'Harmattan

Dernières parutions

DIVORCE (LE) DU CHEF D'ENTREPRISE
Artiste, libéral, artisan, commerçant, actionnaire – Se marier, payer, divorcer
Rond Patrice
Patrice Rond, expert financier auprès des tribunaux, donne dans cet ouvrage les clés incontournables qui permettent à un entrepreneur, quel qu'il soit, d'anticiper sur ses droits et ses risques en cas de divorce. Prendre les bonnes décisions de protection de son patrimoine en choisissant les bons contrats de mariage, savoir changer de régime matrimonial quand il s'avère inadapté est tout à fait possible et souhaitable.
(16.50 euros, 158 p.)
ISBN : 978-2-343-05282-3, ISBN EBOOK : 978-2-336-36540-4

L'EXPERTISE NON JUDICIAIRE À L'AUNE DES DROITS FONDAMENTAUX
Goujon-Bethan Thibault
L'expertise déjudiciarisée est en plein essor, d'une part parce que l'avis d'experts se révèle indispensable dans un nombre croissant de matières juridiques irriguées par la technique (construction, dommage corporel), et d'autre part, car la recherche d'une efficacité économique conduit à minimiser le recours au juge. Cet ouvrage est conçu comme un mode d'emploi pour aider à la décision.
(Coll. Droit privé et sciences criminelles, 21.00 euros, 196 p.)
ISBN : 978-2-343-05335-6, ISBN EBOOK : 978-2-336-36778-1

TRANSPARENCE (LA) FINANCIÈRE DES ÉLUS POLITIQUES FRANÇAIS
Les conséquences des mesures législatives de 2013
Cael Céline - Préface de Sébastien Jakubowski ; postface de Pierre-Yves Néron
Cet ouvrage veut étudier les apports des lois et dispositifs mis en œuvre pour lutter contre la corruption depuis l'affaire Cahuzac, avec notamment la mise en place d'une haute Autorité pour la Transparence de la Vie Publique, le durcissement des conditions d'éligibilité, l'encadrement du *lobbying*, la naissance d'un procureur financier,... L'auteur analyse les conséquences de ces mesures et rend compte à l'aide d'entretiens d'élus politiques, des résistances de ces derniers à une publicité financière envers les citoyens.
(Coll. Logiques sociales, 21.00 euros, 214 p.)
ISBN : 978-2-343-05013-3, ISBN EBOOK : 978-2-336-36817-7

QUI A PEUR DE LA NOUVELLE PEINE SANS PRISON ?
Ajouter du «lien» et non du «rang» pour réussir la contrainte pénale et en finir avec la récidive
Delamotte Danielle
La contrainte pénale, nouvelle peine sans prison, fait peur. Car, ce qu'on retient d'elle, c'est qu'elle évite la prison. Le sujet est pourtant plus complexe et plus nuancé. Les psychologues et les criminologues s'accordent à dire que la délinquance est la maladie du lien. Pour soigner cette maladie, il faut s'intéresser à la personne et la placer au centre de la réflexion pour envisager la «contrainte pénale» sous un autre angle.
(11.50 euros, 86 p.)
ISBN : 978-2-343-04717-1, ISBN EBOOK : 978-2-336-36487-2

JUSTICE (LA) PÉNALE INTERNATIONALE EN AFRIQUE
Aspects juridiques, défis et perspectives
Diakité Kémoko - Préface du professeur Alioune Sall
Cet ouvrage met en exergue le contexte de création ainsi que les aspects juridiques et judiciaires des juridictions pénales internationales en Afrique, notamment le TPIR (Tribunal Pénal International pour le Rwanda), la CPI (Cour Pénale Internationale)... Il montre également les défis et les perspectives de la Justice pénale internationale en Afrique.
(23.00 euros, 234 p.)
ISBN : 978-2-343-05050-8, ISBN EBOOK : 978-2-336-36705-7

GOUVERNANCE, ENJEUX ET MONDIALISATION
Recherche sur les politiques environnementales de zonage maritime
Le challenge maritime de la France de Méditerranée et d'Outre-mer
Sous la direction de François Féral et Bernard Salvat
Dans le Pacifique et l'Océan Indien, la France ne participe pas très activement au mouvement de création d'aires marines protégées géantes alors que les possibilités y sont grandes. En métropole et Outre-mer, la mise en place des parcs naturels marins apparaît laborieuse. Le programme Gouvernance des Grandes Aires Marines Protégées a donné l'occasion à deux équipes de se pencher sur ce phénomène institutionnel majeur dans la conduite globale des politiques de protection des mers et des océans.
(23.00 euros, 218 p.)
ISBN : 978-2-343-04160-5, ISBN EBOOK : 978-2-336-36489-6

COLLECTIVITÉS TERRITORIALES ET ORGANISATIONS RÉGIONALES
De l'indifférence à l'interaction
Sous la direction de Danielle Perrot
Cet ouvrage traite des modes d'insertion des collectivités territoriales dans des organisations internationales conçues par leurs États de rattachement dans diverses régions du monde. Ces collectivités, ou «entités infra-étatiques» selon le droit international, sont souvent oubliées lors des débuts de ces constructions régionales. Elles tentent d'obtenir d'être représentées, et leur participation peut générer une interaction moins inégalitaire.
(Coll. Grale, 47.00 euros, 488 p.)
ISBN : 978-2-343-05111-6, ISBN EBOOK : 978-2-336-36639-5

ÉTHIQUE (L') DE L'AVOCAT PÉNALISTE
Rude-Antoine Edwige - Préface de Jean Danet
L'avocat est représenté, dans la fiction, sous les traits d'un être ambigu, sans cesse sur le fil... ce livre tente d'en approcher la réalité, qui est tout autre. Quelles relations d'ordre éthique l'avocat entretient-il avec lui-même mais aussi avec l'autre : son client, qu'il soit prévenu ou accusé, les jurés, les magistrats ? Peut-on parler du rapport de l'avocat à la vérité ? Comment peut-il construire des lignes de défense tout en restant partenaire de justice ?
(Coll. Éthique en contextes, 21.00 euros, 208 p.)
ISBN : 978-2-343-05222-9, ISBN EBOOK : 978-2-336-36460-5

NAISSANCE DE L'OBSERVATOIRE DE LA RÉCIDIVE ET DE LA DÉSISTANCE
Un long processus inachevé
Tournier Pierre V.
L'analyse de la récidive aurait logiquement dû relever de la compétence de l'Observatoire national de la délinquance et des réponses pénales placé sous l'autorité du Premier ministre. Mais sous l'impulsion de Christiane Taubira le choix s'est porté sur la création d'un observatoire *ad hoc* de plus, dépendant du ministère de la Justice : l'Observatoire de la récidive et de la désistance (août 2014). Ne s'est-on pas ainsi privé des outils d'une évaluation indépendante de la loi du 15 août 2014 sur la contrainte pénale et la libération sous contrainte ?
(Coll. Criminologie, 19.00 euros, 184 p.)
ISBN : 978-2-343-05118-5, ISBN EBOOK : 978-2-336-36387-5

ÉLÉMENTS DE PRÉVENTION DU CRIME
Lemaître André
Cet ouvrage montre la diversité des modèles de prévention de la délinquance, leur spécificité mais aussi leur nécessaire complémentarité. Il insiste également sur l'obligation de veiller aux aspects éthiques des politiques de prévention mises en place. En effet, l'utopie d'une société débarrassée de toute forme de criminalité contient la disparition de toute liberté.
(Coll. Sciences criminelles, série Controverses, 15.50 euros, 160 p.)
ISBN : 978-2-343-04666-2, ISBN EBOOK : 978-2-336-36324-0

SEXUALITÉ (LA) À L'ÉPREUVE DU COUPLE
Les révélations d'une avocate
Dalbin Agnès
Dans la majorité des divorces, les difficultés d'ordre sexuel sont souvent pointées du doigt comme une cause majeure de la rupture. S'appuyant sur les confidences recueillies lors de ses entretiens avec les couples qui divorcent, l'avocate Agnès Dalbin tente d'apporter son éclairage personnel sur cette problématique. Ce livre évolue comme une véritable histoire humaine, du mariage au divorce, en passant par la parentalité et l'après-divorce.
(Coll. La justice au quotidien, 13.50 euros, 118 p.)
ISBN : 978-2-343-04938-0, ISBN EBOOK : 978-2-336-36399-8

DROIT (LE) DU HANDICAP ET LA GESTION DU PATRIMOINE CULTUREL
Vers un modèle européen ?
B. Degros Eric
La rencontre entre le droit du handicap et le droit du patrimoine peut conduire à une confrontation d'intérêts contradictoires, nécessitant de trouver un équilibre entre le principe de l'accessibilité et le respect de l'authenticité, en faveur d'une conservation durable du patrimoine culturel. Il apparaît essentiel de trouver un équilibre entre «le droit des gens» et celui «des pierres».
(40.00 euros, 424 p.)
ISBN : 978-2-343-04418-7, ISBN EBOOK : 978-2-336-36269-4

DROIT BANCAIRE ISLAMIQUE
Notions, mécanismes et protections pénales
Jafari Amin
Conçu comme un manuel de droit, l'ouvrage étudie trois thèmes principaux : la notion de finance islamique et son fonctionnement, les instruments bancaires islamiques et enfin la protection du système bancaire dans l'ensemble de ses instruments et fonctionnements. La 3e partie propose un regard classique de droit pénal des affaires en matière de droit bancaire de finance islamique. Les branches chiite et sunnite de la finance islamique ont été distinguées dès le départ, permettant ainsi une comparaison tout au long du livre.
(Coll. Sciences criminelles, 33.00 euros, 326 p.)
ISBN : 978-2-343-04637-2, ISBN EBOOK : 978-2-336-36380-6

DROIT (LE) INTERNATIONAL. ASPECTS POLITIQUES (Volume 1)
Sous la direction de Jacques Bouineau – Textes réunis par Burt Kasparian
Ces contributions invitent à réfléchir sur la recomposition contemporaine de l'espace méditerranéen et sur le droit international qui s'y applique, à partir d'exemples tirés des plus grandes civilisations méditerranéennes aux époques antique et médiévale. Elles invitent le lecteur à s'interroger sur les piliers de la Méditerranée dans le jeu des relations entre les hommes et les institutions, et à découvrir l'essence des réponses juridiques et politiques.
(Coll. Méditerranées, 16.50 euros, 158 p.)
ISBN : 978-2-343-04661-7, ISBN EBOOK : 978-2-336-36366-0

DROIT (LE) INTERNATIONAL. ASPECTS POLITIQUES (Volume 2)
Sous la direction de Jacques Bouineau – Textes réunis par Burt Kasparian
Ce volume offre une réflexion sur la recomposition de l'espace méditerranéen contemporain à partir de l'histoire ou de l'actualité. L'histoire est traitée de la période qui s'étend de la Renaissance

à la fin du XIXe siècle. En ce qui concerne l'actualité, le jeu des emprunts et des modèles juridiques transparaît aussi bien dans la fiscalité internationale actuelle que dans les transpositions constitutionnelles du droit français en Égypte ou dans l'observation du fonctionnement de l'Europe.
(Coll. Méditerranées, 19.00 euros, 184 p.)
ISBN : 978-2-336-30904-0, ISBN EBOOK : 978-2-336-36367-7

SECRETS (LES) DU DROIT
Secret, droit et cinéma
Sous la direction de Stéphane Boiron, Nathalie Goedert et Ninon Maillard
Notre société du visible, pour savoir, exige de tout voir et tout montrer, sans délai, au risque de confondre espaces privés et espaces publics. Parce qu'on l'accusait de dissimuler les abus, de servir l'arbitraire, de diviser les hommes entre initiés et profanes, le secret a été condamné comme contraire au pacte démocratique. Pourtant, c'est aussi au nom de la liberté que, face à une transparence érigée en dogme, certains osent faire l'éloge du secret. C'est pourquoi, il appartient au droit d'orchestrer l'équilibre et de distinguer le bon du mauvais secret.
(Coll. Presses Universitaires de Sceaux, 24.00 euros, 248 p.)
ISBN : 978-2-343-04670-9, ISBN EBOOK : 978-2-336-36326-4

TABLES (LES) DE LA LOI : DE L'ARGILE AU NUMÉRIQUE
La diffusion de la règle de droit à travers les âges
Evrard Sébastien
On parle aujourd'hui de «culture digitale» ou culture numérique et de diminution du papier. Est-ce un bien ou un mal ? Comment les textes, la jurisprudence et toutes les normes juridiques sont-ils diffusés aujourd'hui ? Enfin, quelles sont les spécificités de l'édition dite juridique par rapport à l'édition générale ? Répondre à ces questions nécessite d'envisager l'histoire de la connaissance puis de la diffusion de la règle de droit, ce qui fait l'objet de ce livre.
(Coll. Logiques Juridiques, 13.00 euros, 122 p.)
ISBN : 978-2-343-04478-1, ISBN EBOOK : 978-2-336-36201-4

ARTICULATION (L') DES VOIES DE DROIT DANS LE CONTENTIEUX DE LA COMMANDE PUBLIQUE À L'INITIATIVE DES TIERS AU CONTRAT
Tallet-Preud'homme Laura - Préface de Paul Cassia
Parallèlement à la formation progressive d'un «droit de la commande publique», le contentieux à l'initiative des tiers au contrat a muté, à tel point que le changement de paradigme opéré tend à faire émerger un «contentieux de la commande publique». Diverses voies de droit ont été instituées, engendrant «l'embarras du choix» voire «l'embarras tout court» du tiers concurrent évincé. La complexité de ce contentieux est telle qu'il faut détruire pour reconstruire ce paysage contentieux.
(Coll. Logiques Juridiques, 49.50 euros, 536 p.)
ISBN : 978-2-343-04827-7, ISBN EBOOK : 978-2-336-36265-6

APPRÉHENSION (L') DES PRATIQUES RESTRICTIVES PAR LES AUTORITÉS FRANÇAISES ET EUROPÉENNES DE LA CONCURRENCE
Analyse des pratiques contractuelles abusives entre professionnels à l'épreuve du droit des pratiques anticoncurrentielles
Mallen Guillaume - Préface de Linda Arcelin-Lécuyer
Définies au sens de l'étude comme des comportements contractuels unilatéraux et abusifs dans les rapports commerciaux entre professionnels, les « pratiques restrictives » peuvent être réprimées au titre du droit des pratiques anticoncurrentielles (abus de domination et entente). L'ouvrage permet d'exposer l'office des autorités de concurrence lorsqu'elles sont confrontées à ces pratiques contractuelles abusives et d'envisager des solutions concrètes en vue de perfectionner le droit positif actuel.
(Coll. Logiques Juridiques, 65.00 euros, 874 p.)
ISBN : 978-2-343-04739-3, ISBN EBOOK : 978-2-336-36189-5

L'HARMATTAN ITALIA
Via Degli Artisti 15; 10124 Torino
harmattan.italia@gmail.com

L'HARMATTAN HONGRIE
Könyvesbolt ; Kossuth L. u. 14-16
1053 Budapest

L'HARMATTAN KINSHASA
185, avenue Nyangwe
Commune de Lingwala
Kinshasa, R.D. Congo
(00243) 998697603 ou (00243) 999229662

L'HARMATTAN CONGO
67, av. E. P. Lumumba
Bât. – Congo Pharmacie (Bib. Nat.)
BP2874 Brazzaville
harmattan.congo@yahoo.fr

L'HARMATTAN GUINÉE
Almamya Rue KA 028, en face
du restaurant Le Cèdre
OKB agency BP 3470 Conakry
(00224) 657 20 85 08 / 664 28 91 96
harmattanguinee@yahoo.fr

L'HARMATTAN MALI
Rue 73, Porte 536, Niamakoro,
Cité Unicef, Bamako
Tél. 00 (223) 20205724 / +(223) 76378082
poudiougopaul@yahoo.fr
pp.harmattan@gmail.com

L'HARMATTAN CAMEROUN
BP 11486
Face à la SNI, immeuble Don Bosco
Yaoundé
(00237) 99 76 61 66
harmattancam@yahoo.fr

L'HARMATTAN CÔTE D'IVOIRE
Résidence Karl / cité des arts
Abidjan-Cocody 03 BP 1588 Abidjan 03
(00225) 05 77 87 31
etien_nda@yahoo.fr

L'HARMATTAN BURKINA
Penou Achille Some
Ouagadougou
(+226) 70 26 88 27

L'HARMATTAN SÉNÉGAL
10 VDN en face Mermoz, après le pont de Fann
BP 45034 Dakar Fann
33 825 98 58 / 33 860 9858
senharmattan@gmail.com / senlibraire@gmail.com
www.harmattansenegal.com

L'HARMATTAN BÉNIN
ISOR-BENIN
01 BP 359 COTONOU-RP
Quartier Gbèdjromèdé,
Rue Agbélenco, Lot 1247 I
Tél : 00 229 21 32 53 79
christian_dablaka123@yahoo.fr

648194 - Avril 2016
Achevé d'imprimer par

1livre.com
du rêve à la réalité !

www.ingramcontent.com/pod-product-compliance
Lightning Source LLC
LaVergne TN
LVHW011039061026
849535LV00006B/2085